Kohlhammer

BWL und VWL für die Praxis
herausgegeben von Thorsten Krings

Thorsten Krings

Wirtschaftsliberalismus

Wurzeln und Perspektiven

Verlag W. Kohlhammer

Dieses Werk einschließlich aller seiner Teile ist urheberrechtlich geschützt. Jede Verwendung außerhalb der engen Grenzen des Urheberrechts ist ohne Zustimmung des Verlags unzulässig und strafbar. Das gilt insbesondere für Vervielfältigungen, Übersetzungen, Mikroverfilmungen und für die Einspeicherung und Verarbeitung in elektronischen Systemen.

1. Auflage 2025

Alle Rechte vorbehalten
© W. Kohlhammer GmbH, Stuttgart
Gesamtherstellung: W. Kohlhammer GmbH, Stuttgart

Print:
ISBN 978-3-17-037812-4

E-Book-Formate:
pdf: ISBN 978-3-17-037813-1
epub: ISBN 978-3-17-037814-8

Für den Inhalt abgedruckter oder verlinkter Websites ist ausschließlich der jeweilige Betreiber verantwortlich. Die W. Kohlhammer GmbH hat keinen Einfluss auf die verknüpften Seiten und übernimmt hierfür keinerlei Haftung.

Inhaltsverzeichnis

1	Einleitung		7
2	Kapitalismus und Marktwirtschaft		10
	2.1	Kapitalismus: ein Phantom	10
	2.2	Kapitalismus und politische Emanzipation	14
	2.3	Kapitalismus und Moral	17
	2.4	Marktwirtschaft	21
	2.5	Jenseits von Gut und Böse	26
3	Gesellschaftstheoretische Grundlagen: Hobbes und Locke		30
	3.1	Thomas Hobbes (1588-1679)	30
	3.2	John Locke (1632-1704)	33
	3.3	Zusammenfassung	38
4	Klassik		39
	4.1	Adam Smith (1723-1790)	39
		4.1.1 Grundzüge von Smiths Denken	42
		4.1.2 Staatliche Kernaufgaben	44
		4.1.3 Natural Liberty	47
		4.1.4 Arbeitsteilung und freie Märkte	48
		4.1.5 Der Kapitalist	51
		4.1.6 Eigeninteresse als Handlungsmotivation	53
		4.1.7 Zusammenfassung	53
	4.2	Exkurs: Die Hölle der Industriellen Revolution und die Gründerzeit	55
	4.3	Die Zeit des Pessimismus	65
		4.3.1 Thomas Robert Malthus (1766-1834)	65
		4.3.2 David Ricardo (1772-1823)	70
		4.3.3 John Stuart Mill (1806-1873)	76
	4.4	Zusammenfassung	82
5	Neoklassik		85
	5.1	Léon Walras (1834-1910)	86
	5.2	William Stanley Jevons (1835-1882)	89
	5.3	Carl Menger (1840-1921)	97

	5.4	Alfred Marshall (1842-1924)	101
	5.5	Zusammenfassung	105
6	**Exkurs: John Maynard Keynes (1883-1946)**		**106**
7	**Österreichische und Chicagoer Schule**		**110**
	7.1	Ludwig von Mises (1881-1973)	110
	7.2	Friedrich August von Hayek (1899-1992)	114
	7.3	Milton Friedman (1912-2006)	121
	7.4	Zusammenfassung	130
8	**Walter Eucken (1891-1950) und die Freiburger Schule**		**133**
9	**Zusammenfassung und Ausblick**		**141**

Literatur **155**

Nachweis der Bildquellen **161**

1 Einleitung

»Alles, was universalgeschichtliche Anschauung und was Denken in Wirtschaftsordnungen behindert, erschwert die Erkenntnis des Werdens und des Seins moderner Wirtschaft.« (Eucken 1944, S. 76)

Die Idee zu diesem Buch ist sehr alt, denn es war mein ursprüngliches Dissertationsprojekt, was ich 1993 jedoch verworfen habe, weil sich das Thema schwer eingrenzen lässt. Aus heutiger Sicht muss ich feststellen, dass die Herausforderung nicht darin besteht, eine akademische Abhandlung über die Ideengeschichte des Wirtschaftsliberalismus zu schreiben, sondern vielmehr in der Auswahl, was davon heute noch relevant sein kann. Einige Jahrzehnte später begann ich mich jedoch erneut mit dem Thema zu beschäftigen, weil ich beobachtete, dass viel über Wirtschaft, Staat und Kapitalismus gesprochen wird. Ich war erstaunt, und teilweise entsetzt darüber, welchen scheinbaren wirtschaftspolitischen »Wahrheiten« als gegeben akzeptiert werden und wie wenig theoretischer Hintergrund in den Diskurs einfließt. Daraus entstand dann die Idee zu diesem Buch.

Obschon wir in den meisten europäischen Ländern – und so auch in Deutschland – ein nie gekanntes Niveau von Wohlstand und materieller Sicherheit erreicht haben, mehren sich die Stimmen, die den Kapitalismus grundsätzlich in Frage stellen. Besonders die öffentlich-rechtlichen Medien und vermeintlich linksliberale Publikationen werden nicht müde, eine Renaissance des Marxismus zu beschwören und den Systemwechsel zu propagieren. Dafür gibt es sicherlich verschiedene Gründe:

- die politische Ausrichtung einiger Redakteure, besonders bei öffentlich-rechtlichen Sendern
- und mangelnde Kenntnisse in Wirtschafts- und Dogmengeschichte,
- dass viele politisch linksstehende »Experten« sichere Plätze im intellektuellen Establishment haben,
- dass jüngere und in materieller Sicherheit aufgewachsene Generationen weder politische Unfreiheit noch materielle Not erfahren haben,
- gebetsmühlenartiges Nachplappern »kapitalismuskritischer« Phrasen.

Ein trauriger Höhepunkt war der taz-Artikel »All Cops are berufsunfähig«, in dem eine »Journalistin«, die sehr viel Pech beim Denken hat, irgendwie einen Zusammenhang zwischen dem Kapitalismus und der Abschaffung der Polizei sieht. Also muss der Kapitalismus abgeschafft werden, damit seine Schergen entsorgt werden können. Der Kapitalismus wird immer häufiger als die Wurzel allen Übels ausgemacht. Beseitigt man ihn, sind alle wieder glücklich.

Aber was ist denn der Kapitalismus überhaupt? Das wird Gegenstand des ersten Kapitels sein. Vor allem steht hier die Frage im Mittelpunkt, ob Kapitalismus zwangsläufig mit Marktwirtschaft gleichzusetzen ist.

Kapitalismuskritik wird heute verpackt, um zu verschleiern, was ein alternatives Wirtschaftssystem denn wirklich bedeuten würde: Es gibt nun einen guten und einen bösen Kapitalismus. Der neue Schuldige ist der Neoliberalismus. Es ist also nicht der Kapitalismus an sich, der überwunden werden muss, sondern nur eine bestimmte Ausprägung. Das ist natürlich in mehrerlei Hinsicht eine Mogelpackung. Da der Begriff liberal in unserer Gesellschaft positiv besetzt ist, ist es schwer, argumentativ gegen eine liberale Wirtschafts- und Gesellschaftsordnung vorzugehen. Also modifiziert man den Begriff mit dem Präfix »neo«, um zwischen gutem und bösem Liberalismus zu unterscheiden. Hier zeigt sich aber auch die Unkenntnis vieler, die sich am Diskurs beteiligen. Der Kampfbegriff »neoliberal« wird in diesem Kontext auch meist falsch verwendet[1], weil man sich dabei auf rein marktliberale Ansätze wie die Chicagoer oder die Österreichische Schule bezieht. (Piekenbrock, 2008, S. 71 ff.) Als Feindbild dient da besonders Margaret Thatcher, deren wirtschaftspolitischer Kurs stark von Friedrich August von Hayek beeinflusst war und deren Name für viele als Synonym für soziale Kälte und Exzesse des Raubtierkapitalismus steht. Tatsächlich beschreibt der Begriff Neoliberalismus historisch betrachtet jedoch eine Denkschule, die sich als Ziel gesetzt hatte, eine liberale Antwort auf die Extreme Kommunismus und Kapitalismus zu finden und daher einer der Wegbereiter der sozialen Marktwirtschaft war. (Hartwich 2009, S. 13; Piekenbrock, 2008, S. 41 ff.) Wenn »liberal« also positiv ist und Liberale als »neoliberal« diffamiert werden, so hat die politisch Linke damit für sich selbst in Anspruch genommen, der eigentliche Gralshüter des Liberalismus oder der sozialen Marktwirtschaft zu sein. Im Wesentlichen kann man also davon ausgehen, dass jemand, der den Begriff »neoliberal« verwendet, keine Ahnung von wirtschaftlichen Zusammenhängen und Ideengeschichte hat.

Begriffe wie Raubtierkapitalismus oder Heuschrecken werden gern verwendet, um Marktwirtschaft und Kapitalismus zu diskreditieren. Genau an dieser Stelle muss jedoch nicht die Systemfrage gestellt werden, sondern vielmehr die, inwiefern Kapitalismus und Marktwirtschaft sich unterscheiden. Ist eine bestimmte Form des Kapitalismus vielleicht sogar die Antithese zu Marktwirtschaft? In anderen Worten: Die Systemfrage wird zu oft gestellt, weil viele sich mit dem System gar nicht auseinandergesetzt haben.

Deshalb soll in diesem Buch zunächst geklärt werden, was Kapitalismus und Marktwirtschaft (nicht) sind und welche liberalen Denkansätze es gab, welche

---

[1] Exemplarisch kann hier der Artikel Kommt jetzt der Neoliberalismus zurück? von Mark Schieritz in der Zeit stehen. Online: https://www.zeit.de/wirtschaft/2022-05/neoliberalismus-wirtschaftspolitik-angebotspolitik-5vor8?, abgerufen am 24.06.2024.

Relevanz diese heute haben und welche sich auch als Irrweg entpuppt haben. Dieses Werk soll vor allem zu einer Versachlichung der Debatte um Kapitalismus und Wirtschaftsliberalismus beitragen. Dies scheint mir ein sehr wichtiger Beitrag zur politischen Debatte zu sein, denn gerade in Folge der Corona-Krise stellen auch Politiker der Mitte immer wieder die Frage nach der Sinnhaftigkeit des bisherigen Wirtschaftens und fordern mehr Staat und mehr Kontrolle.

2 Kapitalismus und Marktwirtschaft

2.1 Kapitalismus: ein Phantom

Eine pauschale Kapitalismuskritik greift zwangsläufig immer zu kurz, weil sie einen Begriff verwendet, der gar nicht trennscharf definiert werden kann. (Eucken 1944, S. 54) In anderen Worten: Man kritisiert eine Chimäre, deren wahre Gestalt man gar nicht kennt und in dieser vereinfachten Form auch gar nicht kennen kann. Den Kapitalismus in der ein oder anderen Form gab es nämlich schon lange bevor es den Begriff gab. Der Kapitalismus hat sich über Jahrhunderte hinweg entwickelt und es gibt ihn in vielen Erscheinungsformen seit dem Hochmittelalter. (Eucken 1944, S. 54 f.) Der Begriff an sich wurde erst durch seine Kritiker im 19. Jahrhundert ex post in den Diskurs eingeführt. Es gibt und gab Kapitalismus und Marktwirtschaft jedoch in vielen Schattierungen und Ausprägungen. Daher wird in der »Kapitalismuskritik«, die momentan wieder *en vogue* ist, oft mit Schlagworten statt mit differenzierten Begrifflichkeiten argumentiert. Die Fundamentalkritik am »Kapitalismus« ist ein gesamteuropäisches Phänomen, sicherlich angefeuert durch Jugendbewegungen wie Fridays for Future. In Großbritannien war die Labour Partei unter Jeremy Corbyn von einer liberalen Sozialdemokratie deutlich nach links gerückt. Corbyn selbst bezeichnet sich zwar »nur« als Sozialist, steht dem Marxismus, von dem er nach eigener Aussage jedoch wenig weiß, aber aufgeschlossen gegenüber. (Plickert 2019) In Frankreich hat die linkspopulistische Partei La France Insoumise ihren festen Platz in der politischen Landschaft gefunden. In Deutschland gelang es dem Bündnis Sarah Wagenknecht, sich in kürzester Zeit zu etablieren, mit einem Programm, das Angst vor allem schürtBeide Länder haben jedoch auch eine lange Tradition von kapitalismuskritischen Parteien, die wesentlich fundamentaler in ihrer Systemkritik sind als dies in Deutschland bis 1990 denkbar gewesen wäre, was seine Ursache sicher im deutschen Konzept der sozialen Marktwirtschaft hat. Ein offener Dualismus zwischen Marktwirtschaft und gesamtgesellschaftlichen Interesse gehörte nicht zum politischen Diskurs in Deutschland nach 1945. Es schien immer um Wohlstand für alle zu gehen und um Sozialpartnerschaft. Wie kommt diese fundamentale Systemkritik nun nach Deutschland und wie ist sie einzuordnen? Immerhin haben bei einer Umfrage aus dem Jahr 2017 gerade mal 16 Prozent der Befragten den Kapitalismus als etwas Positives gesehen und 52 Prozent lehnen ihn gar ab. (Inhoofen 2017)

Begeben wir uns auf eine historische Spurensuche: Die heute in Die Linke umbenannte SED hat sich ab 1990 in ihren Wahlkämpfen sehr konsequent gegen die alte Bundesrepublik und deren Wirtschaftssystem positioniert. Nachdem Helmut Kohls »blühende Landschaften« in den ostdeutschen Bundesländern sich als Luftschlösser entpuppten, gab es plötzlich Enttäuschte, Verlierer und Gewinner, die sich an den Verlierern bereicherten – oder zumindest wurde diese Wahrnehmung kolportiert. Dies war die Geburtsstunde dieses Ressentiments in der Politik auf nationaler Ebene. Genau diese Chance nutzt die in ihrer ersten Häutung in PDS umbenannte SED, um sich als »Anwalt des Ostens« gegen den Kapitalismus des Westens zu positionieren. Dies bedingt natürlich, dass eben diese Ressentiments geschärft werden. So gab es Slogans wie »Der Osten wählt rot«, »Damit es nicht noch kälter wird«, »Das ist auch unser Land« oder »Dieses Plakat ist nicht im Westen gedruckt«. Aber auch klare Angriffe auf das politische Establishment blieben nicht aus: »Mehr Arbeit, weniger Phrasen« (eine Phrase par excellence). Es ist klar, dass diese Aussagen sich auf die hohe Arbeitslosigkeit in der ehemaligen DDR nach der Wiedervereinigung bezogen, an der ironischerweise ja die SED bzw. der real existierende Sozialismus und eben nicht der Kapitalismus schuld war.

Nachdem die im Westen neu gegründete WASG in der PDS aufgegangen war und die Partei sich nun Die Linke nannte, wurde die Rhetorik nun in eine andere Richtung geschärft, nämlich gegen die vermeintlichen reichen Sozialschmarotzer. Nun wurden Slogans aufgerufen wie »Millionäre[2] zur Kasse«, »Teilen macht Spaß: Millionär-Steuer«, »Millionäre besteuern, mehr Geld für Kitas und Schulen«, »Solidarität!«, »Millionen sind stärker als Millionäre«, Sarah Wagenknecht unterstellt gar jedem Reichen, dass er kriminell und asozial ist, wenn sie sagt: »Die wirklich teuren Flüchtlinge, das sind nicht die, die vor Krieg und Terror fliehen. Die wirklich teuren, das sind die, die Steuerflüchtlinge, das sind die Konzerne und reichsten Familien, die mit tausend Tricks die öffentliche Hand in Deutschland jedes Jahr um bis zu 100 Milliarden Euro prellen.« (Wagenknecht, 2015) Wo die Zahl herkommt, wird nicht wirklich geklärt, aber es wird das klare Feindbild des Reichen herausgearbeitet. Freilich mag man fragen, wie Großverdiener der Linkspartei wie Lafontaine oder Gysi dazu passen. Gysis Erwiderung, dass ein Linker nicht arm, sondern nur gegen Armut sein müsse (o. V. 2015), wirkt angesichts der Rhetorik der Partei nicht gegen Armut, sondern gegen Reichtum, dann doch wenig überzeugend. Schließlich wurde gar die Figur des »Flaschensammlers« geprägt und immer wieder bemüht, um die urdeutsche Angst vor Verelendung zu schüren. Tatsache ist jedoch, dass die Zahl der über 65-Jährigen, die von staatlichen Transferleistungen abhängig sind, gering ist und meist nur Menschen mit fragmentierter Erwerbsbiographie betrifft. Jeder einzelne Fall mag tragisch sein, aber es ist kein Massenphänomen (Eckert 2019). Doch wenn man eben nur lange genug von einem Problem redet, existiert es irgendwann auch. So war es dann nicht verwunderlich, dass die SPD aus einem Angstreflex heraus im Wahlkampf zur Bundestagswahl 2017

---

[2] Es wird auch nicht spezifiziert, ob man Einkommens- oder Vermögensmillionäre meint. Letztgenannte besitzen lediglich Eigentum im Wert von mindestens einer Million, was z. B. ein abbezahltes Haus sein kann. In dem Fall käme eine Millionärssteuer einer Enteignung gleich.

eine Gerechtigkeitsdebatte mit einfachen Antworten führen wollte, statt sich differenziert mit sozialen und wirtschaftlichen Fragestellungen auseinanderzusetzen. Kernpunkt war, dass in der Bundesrepublik alles furchtbar ungerecht ist und ein irgendwie gearteter Systemwechsel Wirklichkeit werden muss. Zum einen muss man natürlich die Frage nach der Glaubwürdigkeit stellen, denn die SPD unter Gerhard Schröder hat die deutsche Sozialpolitik mit der Agenda 2010 schließlich maßgeblich beeinflusst. Andererseits waren 2017 jedoch 87 Prozent aller Deutschen mit ihrer wirtschaftlichen Lage sehr zufrieden und Armut war eher rückläufig. (o. V. 2017) Und das obwohl der Neoliberalismus bzw. der Kapitalismus doch angeblich solch negative Folgen gehabt hat?

Daher soll im Folgenden auf die Entwicklung des Kapitalismus und seine politische und (kultur-)historische Bedeutung eingegangen werden. Für dieses Kapitel soll folgende technische Definition des Begriffs Kapitalismus gelten: Aufgeschobener Konsum von Kapital mit dem Zweck durch Investition und steigende Produktivität eine Rendite zu erzielen. Dies wiederum erfordert eine Marktwirtschaft, in der die Produktion und Allokation von Gütern und Dienstleistungen durch den Markt bzw. die Marktteilnehmer gesteuert werden.

Kapitalismus beruht also auf Wachstum. Wenn Kapitalismus nun bedeutet, dass man Kapital investiert, um zu dem Kapital noch eine Rendite zu haben, dann müssen mehrere Rahmenbedingungen gewährleistet sein. Waren und Dienstleistungen müssen zu Preisen verkauft werden, die eine Investition attraktiv machen. Da eine Investition mittel- bis langfristig getätigt wird, müssen diese Preise steigen und/ oder die Kosten sinken. Insofern sind Innovationen mit allen Konsequenzen für das Funktionieren der Marktwirtschaft notwendig. Preise müssen steigen, um kontinuierliche Gewinne zu ermöglichen. Folglich ist eine gesunde Inflation immer Teil des Kapitalismus. Aber die Waren und/ oder Dienstleistungen müssen auch gekauft werden, d. h. Märkte sind nur dann attraktiv, wenn dort Kaufkraft vorhanden ist. In einer Marktwirtschaft besteht folglich immer ein Eigeninteresse an einer gleichmäßigen Verteilung von Kaufkraft. Gleichzeitig bringen Kostensteigerungen Dynamik in Märkte, weil sie wiederum Innovationen zur Kostensenkung erfordern. Insofern zeigt sich, dass ein funktionierender Markt immer etwas Selbstzerstörerisches hat, das aber zu Neuem führt.

Die eingangs formulierte Frage lautet, was Kapitalismus überhaupt ist. Hier beginnt nämlich schon das Problem. Im Gegensatz zum Kommunismus oder zum Feudalismus ist der Kapitalismus kein geschlossenes System, sondern kommt in vielen Spielarten vor. Er wurde nicht als Wirtschaftsmodell entworfen, sondern er hat sich entwickelt. Kapitalismus gab es also schon lange, bevor es den Begriff überhaupt gab. Schon im Mittelalter arbeiteten Menschen mit ihrem Kapital, vermehrten es und ließen andere für sich arbeiten. Hier kann man sicher nur von einer Vorform des Kapitalismus reden, denn ein sicheres Rechtssystem als Grundvoraussetzung für Geldverkehr und einheitliche Zahlungsmittel gab es nur in bestimmten Gebieten Europas.

Gerade durch die von Rousseau beschworene »Entfremdung der Arbeit« wurde diese vorkapitalistische Zeit häufig verklärt. Der Kapitalismus mit seiner Arbeitsteilung habe dem Arbeiter die Sinnstiftung geraubt. Der Wirtschafts- und Sozialwissenschaftler Karl Polanyi wirft die Frage auf, ob es Arbeitsteilung nicht schon immer gegeben habe. (Polanyi 2001, S. 46 ff.) Die »Entfremdung der Arbeit« selbst bleibt eine theoretische Argumentationsfigur, aber empirisch ein letztlich nicht belegter Mythos. Dahingegen weist Adam Smith darauf hin, dass gerade die Arbeitsteilung der entscheidende Faktor für einen Kapitalismus war, der auf Produktivitätssteigerungen beruht. Die vermeintliche vorkapitalistische Idylle dürfte von vielen Zeitgenossen eher als eine Hölle erlebt worden sein, da sie fast täglich mit existenzbedrohenden Situationen konfrontiert waren. Die höhere Produktivität einer arbeitsteiligen Wirtschaft hat letztlich mehr materielle Sicherheit für die vielen geschaffen. Materielle Sicherheit wiederum ist eine Grundvoraussetzung für die Selbstverwirklichung des Individuums.

Man kann und muss an dieser Stelle jedoch vor allem auch die Frage stellen, ob Arbeit unter archaischen und damit potenziell immer existenzbedrohenden Produktionsbedingungen etwas Befriedigendes oder gar Idyllisches haben kann. Auch muss man berücksichtigen, dass Menschen in der vorkapitalistischen Zeit stets mit lebensbedrohenden Schwierigkeiten rechnen mussten, da sie komplett von externen und nicht beeinflussbaren Faktoren wie z. B. dem Wetter abhängig waren und keine andere Möglichkeit der wirtschaftlichen Betätigung hatten, um diese Risiken auszugleichen. Ackerbau und Viehzucht bedeutete in den meisten Fällen Subsistenzwirtschaft. Eine schlechte Ernte konnte den Unterschied zwischen Leben und Tod ausmachen. Im sogenannten Verlagswesen stellten Landbewohner in Heimarbeit Dinge (meist Textilien) für Unternehmer aus den Städten her. Man könnte dies nun als eine Form der Ausbeutung sehen. Diese Zuverdienstmöglichkeiten durch Heimarbeit bedeuteten aber ein Mehr an Sicherheit. Die Einführung von Geldverkehr anstelle von Tauschhandel bedeutete aber auch einen zusätzlichen Mehrwert, da Geld nicht zwangsläufig sofort verzehrt wird, sondern in Form von Erspartem dann eingesetzt werden kann, wenn man es braucht. Also zeigt sich auch hier, dass der Kapitalismus in seiner Frühform allen Beteiligten einen Nutzen gebracht hat. Mit dem Voranschreiten von Kapitalismus und Marktwirtschaft verschwanden existenzbedrohende Situationen zunehmend. Die letzte Hungersnot in Europa datiert vom Ende der 1860er-Jahre. Hunger als existenzbedrohendes Element des Lebens wurde also durch den Kapitalismus überwunden. (Herrmann 2017, S. 153 f.)

Insofern muss man die »Verklärung vorkapitalistischer Zeiten« (Kocka 2017, S. 9) wie sie seit Rousseau und Marx zu den Topoi der Linken gehört, sehr kritisch betrachten. Diese Frühform des Kapitalismus war also ein Schritt hin zur offenen Gesellschaft und weg von der in wirtschaftlicher Hinsicht unsicheren und von persönlicher Unfreiheit geprägten Gemeinschaft.

Vorformen des Kapitalismus begannen im 13. Jahrhundert, eben mit dem erwähnten Verlagswesen: »Ein neues ökonomisches System beginnt sich herauszubilden : der Kapitalismus; seine Entwicklung erfordert neben neuen Techniken (...) auch den massiven Gebrauch von Praktiken, die die Kirche seit jeher verdammt hat.« (Le Goff 1988, S. 8) Die »ökonomischen Tauschandlungen« der Gemeinschaft waren identitätsstiftend für eine »auf christlichen und feudalen Beziehungsgeflechten beruhende Gesellschaft.« (Le Goff 1988, S. 17) Wenn man nun berücksichtigt, dass die Feudalgesellschaft das Prinzip der persönlichen Freiheit nicht kannte, dann ist der Kapitalismus in dieser Frühform ein erster Schritt zur politischen Emanzipation des Menschen. Dazu gehört auch, dass der beginnende Kapitalismus zur Verstädterung beitrug, weil Städte Wirtschaftszentren waren und Sicherheit boten. Die Städte wiederum waren in großen Teilen eigenständig und frei von Fremdherrschaft. Vor allem kannten die Städte das Konzept der persönlichen Freiheit. Insofern waren die Städte der Gegenentwurf zur Feudalgesellschaft.

2.2 Kapitalismus und politische Emanzipation

Aber Vorformen des Kapitalismus führten nicht nur zu einer beginnenden politischen Emanzipation in den Städten, sondern auch zu einer geistigen und kulturellen. Durch die Reconquista, die Rückeroberung des iberischen Raums von arabischer Herrschaft, wurden neue Handelswege frei, die vor allem von italienischen Händlern aus urbanen Ballungszentren genutzt wurden. Dies führte zu einem enormen Anstieg von Wohlstand in den italienischen Städten, die ja auch Handels- und Wirtschaftszentren waren. Die reichen Kaufleute wurden nun auch wichtige Mäzene von Kunst und Literatur und lösten damit die Kirche als Ausgangspunkt für jede künstlerische und literarische Betätigung ab. Kultur wurde also in der Renaissance verweltlicht. Im Laufe der Zeit griff das auch auf die Wissenschaft über. Der Historiker Jacob Burckhardt formuliert diese Entwicklung wie folgt: »Im Mittelalter lagen die beiden Seiten des Bewusstseins –nach der Welt hin und nach dem Inneren des Menschen selbst – wie unter einem Schleier (...). Der Schleier war gewoben aus Glauben, Kindesbefangenheit und Wahn: durch ihn hindurchgesehen erschienen Welt und Geschichte wundersam gefärbt, der Mensch erkannte sich nur als Rasse, Volk, Partei, Korporation, Familie oder sonst in irgendeiner Form des Allgemeinen. In Italien zuerst verweht dieser Schleier in die Lüfte; es erwacht eine objektive Betrachtung des Staates und der sämtlichen Dinge überhaupt; (...) der Mensch wird geistiges Individuum und erkennt sich als solches.« (Burkhardt 1972, S. 217) Die durch den Fernhandel ausgelöste wirtschaftliche Entwicklung mündete in der Emanzipation des Menschen, weil dieser nun seine Individualität erkannte und Empirie als einzige Quelle der Erkenntnis sah. Der Mensch lernte damit unabhängig und frei von Verboten zu denken.

Im 17. Jahrhundert setzte sich dieser Prozess in der beginnenden Aufklärung fort. John Locke wendet sich in seinem Werk »An Essay Concerning Human Understanding« gegen »angeborene Ideen« und postuliert, dass die Wahrnehmung durch die eigenen Sinne die einzige Quelle der Erkenntnis sein kann und alle übergeordneten Ideen nur aus diesen abgeleitet werden können. Der Mensch formuliert also sein Wissen über die Welt aus den Beobachtungen, die er tätigt. Damit hatte Locke den absoluten Anspruch auf Deutungshoheit der Kirche in Frage gestellt und den Prozess der Aufklärung eingeleitet. Aber auch Bildung war nun verweltlicht worden, es ging nicht mehr um die Anhäufung von Wissen über religiöse »Wahrheiten«, sondern Bildung wurde zur Grundbedingung für die persönliche, politische und wirtschaftliche Autonomie des Menschen. Die Erklärung wird also nicht mehr von der Religion in die Welt getragen, sondern die Welt wird aus sich selbst heraus erklärt. Das war ein Frontalangriff auf die Rolle der Kirche, die ja wiederum eng mit den Interessen der Machthabenden verknüpft war. Dass solche Überlegungen überhaupt angestellt wurden, hatte vor allem mit der starken ökonomischen Rolle des Bürgertums zu tun, das nun für sich auch entsprechende Partizipationsrechte einforderte. Man muss auch hier einschränken, dass es sich nicht um eine universelle Bewegung handelt, sondern vielmehr um in der Regel städtische Eliten. Für den größten Teil der Bevölkerung spielten diese Emanzipationsbewegungen in ihrem Alltag noch eine untergeordnete Rolle.

Trotzdem waren die Vorformen des Kapitalismus der erste Schritt zum Wandel von der Gemeinschaft zur Gesellschaft. Der Soziologe Ferdinand Tönnies schrieb im Jahr 1887 das grundlegende, wenn auch über lange Zeit wenig beachtete Buch »Gemeinschaft und Gesellschaft«. Hierbei handelt es sich um ein grundlegendes Werk der modernen Sozialwissenschaft. Er trifft dabei folgende Begriffsdefinitionen: »Das Verhältnis selber, und also die Verbindung, wird entweder als reales und organisches Leben begriffen – dies ist das Wesen der Gemeinschaft, oder als ideelle und mechanische Bildung – dies ist der Begriff der Gesellschaft.« (Tönnies 1991, S. 3) Er weist darauf hin, dass die Begriffe umgangssprachlich häufig synonym verwendet werden (Tönnies 1991, S. 3 f.), die Differenzierung jedoch wichtig ist, weil es um fundamental unterschiedliche Modelle menschlichen Zusammenlebens geht. Eine Gemeinschaft ist organisch gewachsen, aber im Gegensatz zur Gesellschaft nicht im Hinblick auf die Rechte der Individuen konstruiert worden. Dies deckt sich mit Le Goffs Charakterisierung der Feudalgesellschaft, die durch den Kapitalismus aufgeweicht wird. In einer Gemeinschaft ordnet der Einzelne sich dem Kollektiv unter. Mill spricht hier vom Despotismus des Brauchs (»despotism of custom«). (Mill 2014, S. 53) Die Zugehörigkeit zum Kollektiv ist also ein wichtiger, wenn nicht der wichtigste Aspekt der eigenen Identität. Folglich muss das Individuum einen Teil der Individualität abgeben, um nicht die Identität der Gemeinschaft zu gefährden. Die Regeln dieser Gemeinschaft wurden nicht planerisch entwickelt, sondern sind das Ergebnis von Stammesriten und Aberglaube und damit stark von irrationalen Kräften geprägt, die sich der Diskussion entziehen, weil sie Glaubenssätze sind. Das Individuum muss sich den Konventionen der Gemeinschaft beugen, weshalb eine hohe Kontrolldimension ein Merkmal der Gemeinschaft ist. Damit gibt es also keine Unterscheidung zwischen öffentlicher und privater Person. Die Gemeinschaft bestimmt somit alle Aspekte des Privatlebens und sanktioniert Verstöße. Karl Popper redet hier von der »Stammes- oder geschlossenen Gesellschaftsordnung, die magischen Kräften unterworfen ist«. (Popper 1992, S. 3) In einer solchen Gemeinschaft oder »geschlossenen Gesellschaft« in Poppers Terminologie ist Religion und/ oder Aberglaube Teil der Ordnung und sie ist von Tabus und Denkverboten geprägt.

Der Gemeinschaft setzt Tönnies nun das Konzept der Gesellschaft entgegen. Diese »konstituiert einen Kreis von Menschen, welche (...) auf friedliche Art nebeneinander leben und wohnen, aber nicht wesentlich gebunden, sondern wesentlich getrennt sind (...)« (Tönnies 1991, S. 34). Hier ist also nicht die Gemeinschaftszugehörigkeit der höchste Wert, sondern das Individuum, seine Freiheit und seine Rechte stehen höher. Die Kontrolldimension des Staates ist also deutlich geringer und wird nur dann ausgeübt, wenn die Freiheit des Individuums oder dessen Grundrechte bedroht sind. Auch Poppers oft beschworene und selten verstandene offene Gesellschaft hat nichts mit einer Laissez-faire-Gesellschaft zu tun, sondern staatliche bzw. gesellschaftliche Institutionen haben zunächst den Zweck, die Freiheit des Individuums zu stärken oder aber Kräfte zu kontrollieren, die diese Freiheitsrechte beschränken könnten. Freiheit ist in diesem Konzept also Selbstzweck. Die Frage, wieviel Freiheit also der Gemeinschaft, ihren Werten oder sozialen Beziehungen schadet, stellt sich also nicht, solange das konkrete Handeln nicht die Freiheitsrechte anderer bedroht. Dies soll dann auch eine Grundproblematik des Wirtschaftsliberalismus sein, wie man später sehen wird. Antworten bieten tatsächlich nur wenige Ökonomen an.

Wenn also die Beziehungen zwischen Menschen in einer Gesellschaft nicht mehr von Werten, Religion, Familie, Zugehörigkeit oder sozialen Beziehungen geregelt werden, so muss an deren Stelle ein anderer transparenter und rationaler Mechanismus treten. Dies sind Gesetze und Regeln, die sich in einer Demokratie die Bürger mittel- oder auch unmittelbar selbst geben. Folglich ist die rationale Gestaltung der Beziehungen in einer Gesellschaft eine Grundbedingung für Freiheit. Diese rationale Gestaltung auch in Form eines berechenbaren Rechtswesens ist wiederum Grundlage von Kapitalismus und Marktwirtschaft. Der Wandel von Gemeinschaft zu Gesellschaft war also auch Teil des ökonomischen Transformationsprozesses.

Dieser Wandel wäre ohne die Entwicklung des Kapitalismus nicht möglich gewesen. Gerade John Locke, der ja auch der Architekt moderner Rechtsstaatlichkeit ist, sieht das Recht auf Privateigentum als wesentlichen Bestandteil eines bürgerlichen Staatswesens. (Krings 2020, S. 19) Der Kapitalismus ist also eine Grundvoraussetzung für die Gesellschaft, aber er führt nicht zwangsläufig dazu, sondern das tut erst eine Marktwirtschaft. Betrachtet man die Geschichte, so war der Kapitalismus bis in das frühe 20. Jahrhundert (die Anwendung der US-amerikanischen Antitrust-Gesetze unter Franklin Roosevelt ab den 30er-Jahren des 20. Jahrhunderts stellen hier eine Zäsur in Form von Marktregulierung dar) oft in autoritäre Systeme eingebunden, die alte Machtstrukturen fortsetzten und persönliche Unfreiheit oder Rechtsungleichheit mit Kapitalwirtschaft verbunden. Ein Markt konstituiert sich also nicht durch Geld, Kapital und Warenwirtschaft, auch wenn diese Grundbedingung dafür sind. Auch der oft verklärte Unternehmerkapitalismus des 19. Jahrhunderts war häufig eine Geschichte von Monopolen und Oligopolen.

Anders als Marx dies postuliert hat, wurden Revolutionen selten von den verarmten Massen getragen, sondern häufig vom Bürgertum (Davies 1973), deren ökonomischer und kultureller Stellenwert nicht in eine archaische Gemeinschaft passten und dem daher Gestaltungsmöglichkeiten versagt blieben. Nun könnte man versucht sein zu argumentieren, dass es dem Bürger eben immer um seine Brieftasche und nicht um die echte Freiheit geht. Eine Revolution ist jedoch eine Totalumwälzung der gesellschaftlichen und politischen Verhältnisse, damit also auch eine Infragestellung des eigenen Besitzstands. Insofern sind die oft monetären Anlässe einer Revolution nur Symptome für das dysfunktionale Verhältnis zwischen Bürger und Staat.

In vorrevolutionären Zeiten war das Bürgertum als Steuerzahler und Wirtschaftsfaktor nützlich, hatte aber keinen politischen Stellenwert. Letztlich kulminiert der Emanzipationsprozess des Bürgertums in der französischen Revolution, die zwar als Revolte des Adels begann, dann zum Projekt des Bürgertums in der beginnenden Industriellen Revolution (Hobsbawm 1977, S. 43) wurde. 1789 korrespondierten Gestaltungsmöglichkeiten und Freiheitsrechte des Bürgertums also nicht mehr mit seinem gesellschaftlichen Stellenwert. So wurden Absolutismus und Feudalherrschaft von einer zunächst bürgerlichen Gesellschaft abgelöst. Dazu gehörte vor allem auch in der Frühphase, dass Zivilrecht an die Stelle von Feudalrecht gesetzt wurde und damit einer der maßgeblichen Schritte in Richtung Gesellschaft getätigt wurde. (Furet, Richet 1987, S. 112) Darauf folgte schließlich das Dokument der bürgerlichen Emanzipation schlechthin, nämlich die Erklärung der Menschen- und Bürgerrechte, in dem das Individuum seine Rechte gegenüber dem Staat definiert. Die historische Betrachtung zeigt also, dass ökonomische und politische Freiheit immer Hand in Hand gingen und daher nicht getrennt voneinander betrachtet werden können. Der Code Napoleon schließlich lieferte die Rechtsgrundlage für eine Marktwirtschaft. (Hobsbawm 1977, S. 216)

Aber dieses Einfordern von Partizipations- und Freiheitsrechten galt zu diesem Zeitpunkt nicht den Massen, sondern ausschließlich einer bürgerlichen Elite. (Polanyi 2001, S. 127) Die Emanzipation derer, die durch Armut unfrei waren, kommt in der politischen und ökonomischen Theorie des 18. Jahrhunderts weitestgehend nicht vor. Gerade hier sieht man den fundamentalen Unterschied zwischen Kapitalismus und Marktwirtschaft: Kapital verschafft Macht, die in einem unregulierten Markt schamlos über den Machtlosen ausgeübt werden kann. Ein Markt ist von einer Gesellschaft reguliert, um allen Beteiligten einen fairen und freien Marktzugang zu ermöglichen, der wiederum für die Wahrnehmung ihrer bürgerlichen Freiheitsrechte unerlässlich ist. Das zeigt wiederum, dass sowohl über- als auch unterregulierte Märkte für die Gesellschaft schädlich sind. Doch hat die Geschichte auch gezeigt, dass Märkte nicht mehr ohne Weiteres funktionieren, wenn der Markt(-preis) überreguliert wird.

2.3 Kapitalismus und Moral

Geldwirtschaft hat also langfristig für mehr Unabhängigkeit, Sicherheit und Freiheit für viele geführt. Nun mag man einwenden, dass die furchtbaren Lebensbedingungen der Unterschicht im frühen 19. Jahrhundert besonders in England das Raubtierhafte des Kapitalismus zeigt. Friedrich Engels beschreibt in seiner Schrift *Die Lage der arbeitenden Klasse in England* realistisch und sehr eindringlich das aus heutiger Sicht unfassbare Elend des Proletariats. Das übersieht jedoch, dass das Elend auf dem Land ebenso groß war (Hobsbawm 1977, S. 46). Die Bevölkerungsexplosion im 19. Jahrhundert sowie der Zuzug von Arbeitskräften vom Land und aus dem Ausland (vor allem Irland) hatte in den Städten zu einem Überangebot an Arbeitskräften geführt, was wiederum Lohndumping und die Verelendung bereiter Bevölkerungsschichten (Pauperismus) zur Konsequenz hatte. Auch führten technische Neuerungen im 19. Jahrhundert dazu, dass Arbeitsschritte mit deutlich weniger Aufwand verrichtet werden konnten und dem Überangebot an Arbeitskräften somit eine sinkende Nachfrage und niedrigere Margen, die in niedrigeren Löhnen resultieren, gegenüberstand. Auch wenn Malthus dem Problem mit einer Kontrolle des Bevölkerungswachstum begegnen wollte (Starbatty 2016, S. 79 ff.), so war es letztlich der Freihandel, der zu sinkenden Getreidepreisen führte und somit das Elend linderte[3]. Insofern war also nicht der Kapitalismus die Ursache des Elends, sondern er hat – zynisch betrachtet – nur daran partizipiert und es für seine Zwecke genutzt. Umgekehrt mag man sich aber auch die Frage stellen, was passiert wäre, hätte es die Städte nicht als Abwanderungsziel für die stetig wachsende Landbevölkerung gegeben.

Auch heute wird ja vom linken Lager immer wieder die Frage gestellt, ob man denn wirklich jede technische Neuerung verfolgen muss. Das muss man, denn Kapitalismus funktioniert u. a. nur unter der Prämisse des Wachstums durch Steigerung von Produktivität. Jede neue Technologie hat aber vor für die Gesellschaft insgesamt positive Auswirkungen, da sie Waren oder Dienstleistungen besser und/oder billiger machen kann. Damit werden Güter und Dienstleistungen für viele verfügbar und steigern die Lebensqualität. Die Frage ist nur, wie die Gesellschaft mit dem Wandel und den Konsequenzen für das Gemeinwesen umgeht. Wandel »frequently does not depend upon our volition, it is the rate at which we allow change to take place which well may depend on us.« (Polanyi 2001, S. 39) Polanyi definiert hier den fundamentalen Unterschied zwischen Kapitalismus und Marktwirtschaft: Der Kapitalismus hat ausschließlich die Vermehrung des Kapitals zum Inhalt, die Marktwirtschaft jedoch auch den Markt selbst bzw. die Auswirkungen auf die Marktteilnehmer. Der Kapitalist hat im Zweifelsfall an einem funktionierenden Markt gar kein Interesse (was auch Adam Smith schon feststellte), weil der Markt symmetrische Machtverhältnisse schafft und die reine Vermehrung des eigenen Kapitals dann gar nicht mehr so einfach funktioniert. Gerade im 19. Jahrhundert konnte man dies am Widerstand der Großgrundbesitzer gegen Freihandel mit Getreide beobachten. Aus rein kapitalistischer – im Gegensatz zur marktwirtschaftlichen – Sicht ist die Kontrolle des Angebots und/oder der Marktpreise durchaus attraktiv. Es gibt also Gründe, um für das Wohlergehen des Marktes als Ganzes steuernd in diesen einzugreifen.

---

3 Zumindest ist dies der überwiegende Konsens in der Geschichtswissenschaft. Für eine gegenteilige Argumentation aus sozialistischer Sicht vgl. Hobsbawm 1977, S. 58.

Kritiker der Marktwirtschaft werfen jedoch bei schmerzhaften Einschnitten wie z. B. Stellenabbau immer ein, dass man ja nicht alles tun müsse, was man tun kann. Insbesondere die Politik echauffiert sich gern publikumswirksam in dieser Form. Sehr deutlich wurde dies bei der ersten, durch Digitalisierung bedingten Entlassungswelle bei der Deutschen Bank, die 1995/96 für großes mediales Echo sorgte. Dass eine Bank Stellen abbaut (wenn auch sozialverträglich) war in der deutschen Gesellschaft und Wirtschaft ein Novum, das viele verunsicherte. Eine vereinfachte Sicht auf den Vorgang könnte zur Schlussfolgerung führen, dass hier also langjährige Mitarbeiter geopfert werden, nur um noch mehr Profit zu erwirtschaften. Dass der damalige Vorstandsvorsitzende Hilmar Kopper sich immer wieder in der Öffentlichkeit als Prototyp des rücksichtslosen Finanzkapitalisten produziert hat, trug natürlich zur sehr negativen Wahrnehmung des Vorgangs bei. Aber wäre es gesamtwirtschaftlich und -gesellschaftlich besser gewesen, auf diesen Stellenabbau zu verzichten? Ging es nur um die kurzfristigen Profite der Aktionäre? Oder stand dahinter eventuell doch eine verantwortungsethische Entscheidung? Die Aktie der Deutschen Bank war damals unterbewertet und das Unternehmen galt seit Jahren als Übernahmekandidat für US-amerikanische Großbanken mit dem Ziel einer Marktbereinigung. Wäre dies passiert, hätte dies wahrscheinlich eine Abwicklung der Deutschen Bank zur Folge gehabt, in jedem Fall jedoch deutlich höhere Arbeitsplatzverluste. Die Restrukturierung des Finanzdienstleisters hatte also das Ziel, durch Kostensenkungen den Kurs der Aktie zu steigern, um so die Unabhängigkeit des Unternehmens zu wahren und seine Zukunftsfähigkeit zu sichern. Hinzu kam, dass die digitale Technik rasante Fortschritte gemacht hatte, die es nun ermöglichten, bis dahin dezentral erbrachte Dienstleistungen zu zentralisieren und Arbeitsschritte in vielen Vorgängen zu eliminieren. Damit hätte die Deutsche Bank bei Nichtdurchführung der Kostenanpassungsmaßnahmen die eigene Wettbewerbssituation deutlich verschlechtert mit mittelfristig großen Nachteilen für das Unternehmen, die Aktionäre und die Belegschaft. Insofern zeigt sich, dass die Frage nach der moralischen Dimension dieser Handlung deutlich schwerer zu beantworten ist, als Teile der Presse und der Politik es uns glauben lassen wollten. Es geht um die Position im Markt und damit um die Frage, welchen Nutzen das Unternehmen Individuen mit unterschiedlichen Interessenlagen und der Gesellschaft langfristig bieten kann. Die von der Politik gestellte Suggestivfrage, ob man den alles tun muss, was man tun kann, ist also so einfach doch nicht zu beantworten. Denn, wenn ein Unternehmen den Regeln des Marktes und der Marktwirtschaft (Steigerung von Profiten durch höhere Preise und/ oder niedrige Kosten) nicht folgt, schadet es sich und dem Markt. Heißt das also nun, dass ein Unternehmen immer grundsätzlich alles tun sollte, was nicht illegal ist? Der liberale Wirtschaftswissenschaftler Milton Friedman hat sich bereits in den 1970er-Jahren in seinem in der New York Times erschienenen Aufsatz mit dem Titel *The Social Responsibility of a business is to increase ist profits* mit dem Thema beschäftigt.

Seit Anfang der 1970er-Jahre wird an Unternehmen verstärkt der Anspruch gestellt, die Unternehmensführung an gesamtgesellschaftlichen Erfordernissen auszurichten. Das klingt zunächst recht sympathisch, besonders wenn man sich

Exzesse des Kapitalismus in dieser Zeit betrachtet (Krings 2024, S. 12 f.). Dieser Forderung setzt Milton Friedman eine grundsätzlich andere Sichtweise entgegen. Friedman wird heute gern als eine Art »radikalkapitalistischer« Dinosaurier belächelt. Doch bei näherer Betrachtung sind seine Forderungen zwar einseitig, aber an vielen Stellen valide. Zunächst argumentiert er, dass moralisches Handeln nur von natürlichen Personen eingefordert werden kann. Die meisten Unternehmen sind jedoch rechtliche Personen und können daher kein moralisches Bewusstsein haben. Insofern zeigt er, dass es also nicht das System Kapitalismus ist, das moralisch oder unmoralisch handelt, sondern der Mensch als Marktteilnehmer.

Die Führungskräfte können zwar individuell »moralisch« handeln, haben aber von den Eignern kein Mandat dazu, ihre individuellen Vorstellungen von Moral umzusetzen. Der Manager verwaltet das Geld der Eigenkapitalgeber mit dem alleinigen Ziel, dies zu vermehren. Damit weist Friedman auf den grundsätzlichen Unterschied zwischen Führungskraft und Unternehmer hin. Der Unternehmer zeichnet sich in Abgrenzung zum Manager dadurch aus, dass er Geldgeber ist, selbst das Risiko trägt und haftet. Die Führungskraft hingegen hat einen klaren Handlungsauftrag und die meisten Unternehmen haben das Erwirtschaften von Profiten zum Geschäftszweck. Handelt die Führungskraft nicht in diesem Sinne, veruntreut sie das Geld der Besitzer. Führt das vermeintlich moralische Handeln einer Führungskraft dazu, dass eine Ware oder Dienstleistung verteuert wird, erhebt er damit faktisch eine Steuer. Der Wettbewerb im Markt führt jedoch dazu, dass sich das durchsetzt, was der Kunde für richtig hält. Dieser wiederum kann als Individuum moralisch entscheiden. Im Prinzip schlägt Friedman damit also eine basisdemokratische Entscheidung über moralische Standards vor. Als einziger Standard für die Bewertung des Handelns von Unternehmen dienen Gesetze. (Friedman 1970) Das mag aus heutiger Sicht tatsächlich erstaunlich naiv anmuten, aber man darf dabei nicht außer Acht lassen, dass es zu diesem Zeitpunkt nur den Gegensatz zwischen dem kapitalistischen Westen und dem kommunistischen Osten gab. Jede Alternative zum reinen Kapitalismus schien nach herrschender Meinung zwangsläufig in die Unfreiheit des Sozialismus zu führen. Zum damaligen Zeitpunkt war die Demokratie die einzige Regierungsform, die mit Freiheit auch das Versprechen des Wohlstands verband. Heute findet man auch autokratische Systeme, in denen es den Bürgern materiell sehr gut geht. Einige Staaten propagierten damals einen »dritten Weg« und es ging Friedman darum zu vermitteln, dass Eingriffe in freies Marktgeschehen zwangsläufig zu Unfreiheit führen müssen.

Man muss Friedman jedoch vorhalten, dass er eine vollkommen unrealistische Vorstellung vom Kunden als autonomem Marktteilnehmer hat. Er betrachtet asymmetrische Machtverhältnisse, Sachzwänge und Informationsdefizite überhaupt nicht. Den Widerspruch, wie denn zu handeln sei, wenn fairer und freier Marktzugang eben nicht für alle Marktteilnehmer gegeben ist, kann er nicht auflösen, weil freiheitsbeschränkende Maßnahmen für ihn mit Sozialismus und damit mit Unfreiheit gleichzusetzen sind. Dennoch lässt sich also festhalten, dass Friedman recht hat, wenn er postuliert, dass Unternehmen eine rein wirtschaftliche Daseinsberechtigung haben, Führungskräfte das Geld der Eigenkapitalgeber zu mehren haben und dass erfolgreiche Unternehmen den Wohlstand für alle mehren. Gleichzeitig wissen wir jedoch aus der Geschichte auch, dass dies allein zu kurz greift.

Der englische Dichter John Donne (o. J., online) beginnt eines seiner bekanntesten Gedichte mit den Worten: »Niemand ist eine Insel, in sich selbst vollständig; jeder Mensch ist ein Stück des Kontinentes, ein Teil des Ganzen.« Die Inselmetapher lässt sich auch gut auf die Marktwirtschaft anwenden, denn kein Marktteilnehmer agiert im luftleeren Raum, sondern ist von der Kooperationsbereitschaft anderer Interessengruppen abhängig. Diese bezeichnet man als Stakeholder. Dazu gehören die Mitarbeiter, Fremd- und Eigenkapitalgeber, Kommunen, Gewerkschaften, der Gesetzgeber u. v. a. Die offensichtlichste Gruppe sind die Kunden. Diese trifft ihre Kooperationsentscheidung glaubt man der heutigen Theorie nicht nur auf Basis von Preis, Qualität und Auswahl, sondern vielmehr auf Grundlage des Verhaltens des Unternehmens in der Gesellschaft (Corporate Citizenship). Was bedeutet die Marktmacht der Stakeholder nun für die Unternehmensführung? Friedman denkt ohne Umwege und stellt die Frage, ob ein unternehmerisches Handeln unmittelbar dem Geschäftszweck des Unternehmens dient. Der Stakeholderansatz ist im Gegensatz zum orthodoxen Shareholder Value-Ansatz längerfristig angelegt: Er stellt die Frage, wie nachhaltig eine Kooperationsbereitschaft der relevanten Bezugsgruppen gewährleistet bleibt. Das heißt, dass unternehmerisches Handeln unmittelbar weniger profitabel sein kann als es möglich wäre, dafür aber mittelbar einen größeren Nutzen für die Organisation bietet. Mit anderen Worten der Markt reguliert mit den moralischen Werten der Marktteilnehmer, was moralisches Handeln ist und was nicht. Sicherlich kann man jetzt einwenden, dass genau das häufig eben nicht passiert, weil unmoralisches Handeln von Konzernen sonst nicht möglich wäre. Dem ist entgegenzusetzen, dass der Markt formale Regeln hat, die ihm die Gesellschaft gibt. Das sind verbindliche Vorschriften, Regeln und Gesetze. Letztlich stellt Friedman also die Frage, ob es für die Gesellschaft besser ist, wenn eine kleine Elite die Regeln macht oder wenn der Markt als Ganzes die Regeln bestimmt. Je kleiner die Gruppe derer ist, die darüber entscheiden dürfen, ob ein unternehmerisches Handeln individuellen ethischen Vorstellungen genügt und daher sanktioniert werden muss, desto höher ist die Gefahr von Willkür. Die Tatsache, dass Stakeholder ihre Rolle im Markt heute oft aktiv wahrnehmen, hat dazu geführt, dass Unternehmen in der Summe gezwungen sind, die ethischen Standards der Gesellschaft in einem ganz anderen Maße zu berücksichtigen als früher. Bei aller berechtigten Kritik spielten Ethik und Verantwortung wahrscheinlich nie eine größere Rolle in der Wirtschaft als heute. Dass dies so ist, ist auch ein Ergebnis eines funktionierenden Marktes.

2.4 Marktwirtschaft

Betrachtet man die Staaten des ehemaligen Ostblocks vor 1990 oder die Volksrepublik China heute, so wird schnell deutlich, dass Gier, Einflussname und Kriminalität nicht in einem Wirtschafts- und Gesellschaftssystem begründet sind, sondern individuelle moralische Entscheidungen sind. Naturvölker haben in der Regel nicht nachhaltiger und umweltschonender gehandelt als Industrienationen[4] (o. V. 2018). Das Problem ist also nicht der Kapitalismus und Marktwirtschaft an sich, sondern das Handeln der Personen in dieser Wirtschafts- und Gesellschaftsordnung. Kein politisches und oder gesellschaftliches System in der Menschheitsgeschichte kann also für sich in Anspruch nehmen, ethischer gehandelt zu haben als die Marktwirtschaft. Das gilt aber nicht für den Kapitalismus, da er an symmetrischen Machtverhältnissen nicht unbedingt ein intrinsisches Interesse hat. Im Kapitalismus geht es nur um die Vermehrung von Kapital, nicht um langfristige Kooperationen. Deshalb kann ein Kapitalismus ohne Marktwirtschaft jedoch auch nie auf Dauer erfolgreich sein.

Man kann nun die grundsätzliche Frage aufwerfen, ob ein System, das scheinbar auf Ausbeutung und Verbrauch von Ressourcen aufbaut, vielleicht überwunden werden muss, um eine lebenswerte Zukunft auf der Erde zu ermöglichen. Aber es ist eben nur scheinbar so, denn andere Systeme waren keinen Deut ökologisch nachhaltiger als die Marktwirtschaft, weil sie letztlich alle von Ressourcennutzung abhängig sind. Das große ökologische Problem der Erde ist nicht der Kapitalismus, sondern die Tatsache, dass 8 Milliarden Menschen auf ihr leben. (Swiaczny 2022, online) Hier ist die Marktwirtschaft sicherlich in der Bringschuld, weil das Problem des Bevölkerungswachstums und des damit nicht mehr nachhaltigen Wirtschaftens zum Teil seine Ursache in einem Wohlstandsgefälle hat. Aber die Probleme der Überbevölkerung werden nur durch flächendeckenden Wohlstand und moderne Technologie gelöst werden können. Es wird nicht funktionieren, den Ärmsten der Welt Verzicht zu predigen.

Es ist sicherlich eine legitime Frage, wie es sein kann, dass Profite aus dem Wirtschaften privat sind, die Folgekosten in Form von Umweltschäden, jedoch in vielen Fällen sozialisiert und an nachfolgende Generationen weitergegeben werden. Diese Aspekte künftig in ein Modell der Marktwirtschaft einzubauen, wird sicherlich eine der großen Herausforderungen der Zukunft sein. Aber genau dies ist möglich, denn Kapitalismus und Marktwirtschaft sind eben keine geschlossenen Systeme, sondern zur Evolution fähig. Vor allem aber ist die nicht kapitalistisch und marktwirtschaftlich geprägte Art des Wirtschaftens von Subsistenzwirtschaft und existentieller Unsicherheit geprägt. Damit hängt auch ein Verzicht auf technischen und zivilisatorischen Fortschritt zusammen, der sich ja durchgesetzt hat, weil er den Menschen Nutzen bringt. Das bedeutet nun nicht, dass Unterschiede verschwinden. Die Marktwirtschaft hat sicherlich keine Ungleichheit beseitigt, aber sie hat diese auch nicht geschaffen, denn diese sind nicht systemimmanent. Jedoch hat die Marktwirtschaft dazu geführt, dass es allen wirtschaftlich besser

---

4 Das berühmte Zitat »Erst wenn der letzte Baum gerodet, der letzte Fluss vergiftet, der letzte Fisch gefangen ist, werdet ihr merken, dass man Geld nicht essen kann« ist keine Weissagung der Cree-Indianer, sondern wurde wohl Anfang der 1970er-Jahre für einen Film erfunden. (Rieff 2015)

geht. Auch wenn die Ungleichheit also bleibt, findet sie auf höherem Niveau für alle statt. Bereits der Urvater der Marktwirtschaft, Adam Smith, hat festgestellt, dass eine Gesellschaft sich nicht wirtschaftlich entwickeln kann, wenn ein großer Teil der Bevölkerung arm ist. (Polanyi 2001, S. 129) Zu starke Schwankungen im Wohlstandsgefüge z. B. durch Massenarbeitslosigkeit in Folge von technischen Neuerungen würden das System destabilisieren. Insofern kann die Antwort nicht sein, dass man sich der Innovation versagt (denn das würde die Wachstumsprämisse in Frage stellen), sondern wie man strategisch damit umgeht. Es entbehrt nicht einer gewissen Ironie, dass die Sozialversicherungssysteme, die viele Unternehmen im 19. Jahrhundert eher nicht begrüßt haben, letztendlich in deren ureigenem Interesse sind. Hier zeigt sich wieder der fundamentale Unterschied zwischen Kapitalismus und Marktwirtschaft: Der bloße Kapitalismus ohne Markt vermehrt den Wohlstand einzelner; die Marktwirtschaft schafft Wohlstand für alle Marktteilnehmer, weil der Markt sonst überhaupt nicht funktionieren kann.

In einer funktionierenden Marktwirtschaft kann der Staat also nicht nur ein Nachtwächterstaat sein, wie es dem Wirtschaftsliberalismus ja oft vorgeworfen wird, sondern das Verhältnis von Staat und Kapitalismus muss stets mit Blick auf die politischen und sozialen Rahmenbedingungen gestaltet sein. Der sogenannte Manchester-Kapitalismus hat gezeigt, mit welch rücksichtsloser Brutalität Unternehmen vorgehen, wenn sie nicht kontrolliert werden. Polanyi weist darauf hin, dass die Regeln des Marktes auch nur in einer geregelten Marktwirtschaft funktionieren, die dennoch selbstregulierend ist, da nur die Marktpreise relevant sind. (Polanyi 2001, S. 40 ff.) Deshalb muss es Regeln geben und einen starken Staat, der diese durchsetzt. Ein schwacher Staat würde zulassen, dass nicht demokratisch legitimierte Kräfte (z. B. Kapital, organisierte Kriminalität, Interessengruppen) Macht auf den Bürger ausüben. Diese Macht muss kontrolliert werden. Also ist »Freiheit zu« im Kapitalismus eine Komponente, die genauso wichtig ist wie die »Freiheit von«. Dies erzeugt ein Spannungsfeld politischen Handelns, nämlich Marktkräfte sich entfalten zu lassen, ohne dass die Allgemeinheit darunter leidet, sondern im Gegenteil einen Nutzen davon hat.

In einem Markt haben alle Marktteilnehmer die gleichen Rechte und Pflichten. Eine faire und freie wirtschaftliche und gesellschaftliche Teilhabe muss für jeden möglich sein. Insofern ist Kapitalismus also nicht mit Marktwirtschaft gleichzusetzen. Man denke hier nur an eine Verflechtung von Staat und Wirtschaft wie im Kronkapitalismus, in der russischen Kleptokratie, bei asymmetrischen Machtverhältnissen oder bei Kartellbildung, wie wir Sie in Deutschland ab der zweiten Hälfte des 19. Jahrhunderts beobachten können. Marktwirtschaft konstituiert sich also nicht durch das Vorhandensein von Produktionsmitteln und Kapitel, sondern durch Regeln, die einen fairen und freien Marktzugang ermöglichen. Max Weber spricht hier auch von »rationaler Temperierung.« (Weber 1972, S. 4) Die Industrielle Revolution war eben keine Marktwirtschaft, sondern in vielerlei Hinsicht die Fortsetzung des Feudalismus mit anderen Mitteln (Polanyi 2001, S. 120): Vor allem die britischen Kolonien wurden konsequent deindustrialisiert, um sie von Importen abhängig zu machen (Hobsbawm 1977, S. 50 f.). Wettbewerb, der zum Sinken der Preise für Konsumenten im Inland geführt hätte, wurde unterbunden (Hobsbawm 1977, S. 58). Der Staat erobert Märkte mit militärischen Mitteln (Hobsbawm 1977, S. 51) und Arbeitern wurde es per Gesetz verwehrt, sich in Gewerkschaften zu organisieren. »Private profit and economic development had become accepted as the supreme objects of government policy.« (Hobsbawm 1977, S. 53) Ein solcher Staatskapitalismus unterbindet den fairen und freien Marktzugang für alle und ist damit die Antithese zur Marktwirtschaft. Trotzdem ist bemerkenswert, dass die Industrielle Revolution zu enormen technischen Fortschritten geführt hat. Jedoch waren die meisten technischen Errungenschaften der Industriellen Revolution auch nach damaligen Standards nicht sehr komplex und hätten wahrscheinlich auch schon deutlich früher erfunden werden können, jedoch hatte keine ökonomische Notwendigkeit zur Innovation bestanden, denn Arbeitskraft war billig. (Hobsbawm 1977, S. 45) Erst als steigende Löhne und ein dadurch attraktiver Binnenmarkt Investitionen in Technik attraktiv machten, fand die Industrielle Revolution statt, die jedoch von Zeitgenossen zunächst sicher nicht als solche wahrgenommen wurde und wie der Kapitalismus erst ex post als solche definiert wurde. Insofern war das Kapital der Innovationsmotor. Auch führte das Bevölkerungswachstum zu Innovationen in der Landwirtschaft (Hill 1969, S. 153 ff.) und zu Freihandelsabkommen. (Hill 1967, S. 230 ff.) Diese wurden selbstverständlich auch abgeschlossen, um neue Märkte zu erschließen. Damit nahm diese archaische und quasi feudale Form des Kapitalismus ohne freien Arbeitsmarkt (Polanyi 2001, S. 130) einen großen Schritt hin in Richtung Marktwirtschaft.

Einer der Hauptgründe für die Entwicklung der Industrialisierung in England war das relativ hohe Lohnniveau, das kostenintensive Investitionen in Maschinen zur Produktivitätssteigerung attraktiv machte, und niedrige Energiekosten. (Herrmann 2017, S. 51) Im 19. Jahrhundert nivellierte sich die industrielle Entwicklung dann in Europa, weil die Technik diffundierte, deutlich günstiger wurde und Markteintrittsbarrieren dadurch verschwanden. Ein Ergebnis dieser Entwicklung war, dass die Welt kleiner wurde. Zum effizienten und effektiven Transport von Gütern und Waren wurden Eisenbahnen gebaut. Die enormen Investitionen, die dazu notwendig waren, konnten nur durch die Profite der Industrialisierung aufgebracht werden. Jedoch zeigt dieses Beispiel auch die Grenzen rein privater Märkte. Nach anfänglich rein privatwirtschaftlichen Bahnprojekten wurden diese in vielen Ländern zum ersten staatlichen Infrastrukturprojekt. (Herrmann 2017, S. 54) Diese Investitionen in die Infrastruktur ermöglichten dann auch wieder Mobilität für Menschen, was letztlich ein Zugewinn an persönlicher Freiheit und Lebensqualität war.

Die technikgeprägte Phase der Industrialisierung ab Mitte des 19. Jahrhunderts war (zumindest in vielen Staaten[5]) vor allem von Unternehmerpersönlichkeiten geprägt, die ihre eigenen Visionen hatten, oft im technischen Bereich, und diese

---

5 Großbritannien hatte eine deutlich längere Tradition von Kapitalgesellschaften und war damit eigentlich schon früher in den Managerkapitalismus eingestiegen (Hobsbawm o. J., S. 55 f.).

dann mit Unternehmensgründungen umgesetzt haben. Diese Visionäre waren gleichzeitig auch Innovatoren im technischen Bereich und haben damit auch zum gesamtgesellschaftlichen Fortschritt beigetragen. Fortschritt ist dann auch eines der entscheidenden Merkmale des Kapitalismus. Der stetige Wettbewerb fordert Innovationen und das wirtschaftliche Engagement dieser Visionäre fördert eine »kreative Zerstörung« (Schumpeter 2008, S. 81), in der Altes stetig durch Neues und oft Besseres ersetzt wird. Daher steht die Marktwirtschaft einem staatlichen Engagement in der Wirtschaft kritisch gegenüber, da dieser meist dazu führt, dass es keinen Wettbewerb gibt und die Entwicklung mangels Konkurrenz stagniert. Jedoch muss man auch die Frage stellen, ob die Daseinsvorsorge des Menschen wirtschaftlichen Überlegungen untergeordnet werden kann. Auch darf die Privatisierung um ihrer selbst Willen nie ein marktwirtschaftliches Mantra sein, denn sie macht nur dort Sinn, wo es auch Wettbewerb gibt. Aus diesem Grund hat z. B. die Bahnprivatisierung in Großbritannien zu Chaos geführt: Da eine pauschale Privatisierung von British Rail zu einem Monopol geführt hätte, wurden Schienennetz und Züge separat privatisiert und für das Betreiben bestimmter Bahnlinien Konzessionen vergeben. Diese Komplexität hat sich als nicht handhabbar erwiesen. Aber auch an diesem Beispiel zeigt sich wieder der Unterschied zwischen Kapitalismus und Marktwirtschaft: Eine pauschale Privatisierung hätte dem neuen Besitzer genutzt und dem Markt geschadet. Erst der Wettbewerb macht die Privatisierung für den Markt attraktiv.

Auf den Unternehmerkapitalismus folgte der Managerkapitalismus. Hier hat sich nun in vielen Unternehmen ein Wandel von der Personen- zur Kapitalgesellschaft vollzogen. Angestellte Führungskräfte leiten nun häufig die Unternehmen und haben oft mehr Macht in der Unternehmensführung als die eigentlichen Eigentümer. Parallel zu dieser Entwicklung vollzog sich jedoch auch der Wandel vom Manager- zum Finanzmarktkapitalismus, in dem nun die Eigenkapitalgeber stärker Einfluss nehmen und weniger die Langfristperspektive einnehmen als eher eine kurzfristige Rendite bzw. Wertsteigerung. Das heißt der Entscheidungshorizont bewegt sich im Extremfall in den zeitlichen Reportingzyklen der Börse. Das wiederum führt zu oft kurzfristigen Entscheidungen, die einer ökonomischen Nachhaltigkeit im Wege stehen können. Auch hat der Finanzkapitalismus – gern auch als Heuschreckenkapitalismus bezeichnet – zur Folge, dass Investmentfonds unvorstellbare Summen verwalten und investieren und damit faktisch im Staat nicht legitimierte Macht ausüben. Man kann an dieser Stelle sicherlich kritisieren, dass Unternehmen nun zu Spekulationsobjekten werden, anders als bei Investoren wie George Soros oder Warren Buffet, die strategisch investieren. Doch ist dies eine Frage des Systems oder des Verhaltens einzelner Marktteilnehmer? Die Finanzwirtschaft hat im augenblicklichen System tatsächlich ihre Kernfunktion als Wegbereiter der Realwirtschaft teilweise aus den Augen verloren. Ein gesamtwirtschaftlicher Nutzen ist an einigen Punkten in deren Agieren tatsächlich nicht mehr zu erkennen. Doch es wäre falsch, deshalb die Systemfrage zu stellen, denn die Bereitstellung von Kapital ist für die Wirtschaft enorm wichtig. Bloße Spekulationen sind gesamtwirtschaftlich eher schädlich. Hier ist sicherlich Handlungsbedarf zu konstatieren, insbesondere wenn es um die unzulässige Verquickung von Politik und Finanzinvestoren geht. Dennoch sollte man auch hier die Vergangenheit nicht verklären. Einen Finanzmarkt mit den entsprechenden Spekulationen gibt es schon seit dem 17. Jahrhundert. Seit dieser Zeit sind Manipulationen und Finanzskandale bekannt, die jedoch in ihrer volkswirtschaftlichen Auswirkung wenig Schaden anrichten konnten, denn was der eine gewann, verlor der andere. (Herrmann 2017, S. 144 ff.) Der erste wirklich disruptive Eingriff in Finanzmärkte vollzog sich nach dem Börsencrash von 1929. Die Behauptung, dass der Markt überhitzt gewesen wäre, weil es zahlreiche Kleininvestoren gab, kann getrost in das Reich der Mythen verwiesen werden. Es waren tatsächlich die Reichen, die Geld in nie gekanntem Ausmaß an der Börse investierten, so dass die Spekulationsgewinne irgendwann in keinem Verhältnis mehr zum realen Wertzuwachs der Unternehmen standen. (Herrmann 2017, S. 162 ff.) Dies führte in eine weltweite Weltwirtschaftskrise, die wiederum zu einer Gefahr für die Demokratie wurde, denn politische Stabilität kann es nur dort geben, wo es auch wirtschaftliche gibt. Freiheit wird erst dann ein relevantes Motiv, wenn Grundbedürfnisse abgedeckt sind. Es zeigt sich also wieder einmal, dass die Marktwirtschaft mit ihrem Wohlstandsversprechen auch zur politischen Stabilität beiträgt und dass der Finanzkapitalismus dann zum Problem wird, wenn er seine primäre Funktion als Kapitalbeschaffer für die Realwirtschaft aus den Augen verliert. Der nächste große Skandal, in dem hypothetische Spekulationsgewinne den realen Wert weit überstiegen, was am Ende zur Vernichtung von Werten und Arbeitsplätzen führte, war der Enron-Betrugsfall 2001. Allerdings verstieß Enron damals gegen zahlreiche Vorschriften und Gesetze, was einerseits ein Resultat der Verflechtung von Wirtschaft und Politik war, andererseits gab aber auch Grauzonen und ein klares Vollzugsdefizit. (o. V. 2020) Wie konnte es so weit kommen, dass die Finanzmärkte sich so weit von ihrer eigentlichen Kernaufgabe entfernten und eine solche Eigendynamik entwickelten? Einer der Hauptgründe liegt in einer weitgehenden Deregulierung der Finanzmärkte in den USA in Folge der Dollarschwäche ab 1973. Um hohe Spekulationsgewinne realisieren zu können, wurde ein Risikoverhalten legalisiert, das zu weitgehenden Dysfunktionalitäten im System führte. (Herrmann 2017, S. 184 ff.) Auch hier handelt es sich letztlich nicht um eine grundlegende Frage, ob das System Kapitalismus wie eingangs definiert, falsch ist, sondern welche Ordnung die Wirtschaft hat.

2.5 Jenseits von Gut und Böse

Der Laie neigt dazu, historische Persönlichkeiten, Ereignisse oder Prozesse in die Kategorien »gut« oder »schlecht« einteilen zu wollen. Zum einen ist es nicht möglich, eine Zeit aus einer anderen heraus zu beurteilen. Die bilderstürmerischen Aktivitäten der neueren Vergangenheit zeigen, dass dann nicht mehr viel übrigbleibt, was unseren heutigen moralischen Anforderungen genügt. Trotz allem sind Personen, Ereignisse oder Prozesse historisch bedeutsam und sogar dann identitätsstiftend, wenn man sie für sich selbst ablehnt. Der Kapitalismus ist nicht gut oder schlecht, er ist.

»Gut« und »schlecht« sind keine Kategorien der Wissenschaft. Für den Historiker ist die Vergangenheit nicht »gut« oder »schlecht, sondern sie ist. Aufgrund dessen ist sie Gegenstand seiner Untersuchungen, die er wertneutral durchzuführen hat, denn der Schluss vom Sein auf das Sollen ist formal-logisch nicht möglich. Also lässt sich aus einer historischen Betrachtung nicht ableiten, ob der Kapitalismus nun »gut« oder »schlecht« ist, zumal man die historische Entwicklung schwerlich falsifizieren kann. Selbst wenn man postulierte, dass es den einfachen Menschen im Kapitalismus schlecht ginge, kann man dadurch nicht ableiten, dass es ihnen in einem anderen System besser gegangen wäre. Insofern ist der Marxismus als Gegenentwurf zum Kapitalismus nichts anderes als eine säkulare Heilslehre.

Es hat sich also gezeigt, dass es »den Kapitalismus« nicht gibt und dass Kapitalismus und Marktwirtschaft nicht das gleiche sind und dass er auch nicht zwangsläufig zu einer offenen Gesellschaft führt. Aber der Kapitalismus ist die Grundvoraussetzung für beide Phänomene. Vorformen des Kapitalismus haben die Feudalgesellschaft hin zum Merkantilismus bis zur Marktwirtschaft verändert und damit einen Emanzipationsprozess auf politischer, gesellschaftlicher und kultureller Ebene angestoßen, wenn auch nicht immer für alle, sondern nur als historischen Prozess. Insofern gibt es eine enge Verknüpfung zwischen ökonomischer und politischer Freiheit. Aber galt im Kalten Krieg die Demokratie auch immer als Garant für Wohlstand, finden sich heute auch andere Gesellschaftsmodelle, die Kapitalismus und Wohlstand mit autoritären Regimen verbinden.

Gerade im Mittelalter und der frühen Neuzeit brachte die Frühform des Kapitalismus in Form des sogenannten Verlagswesens, also die abhängige Heimarbeit, für die in Subsistenzwirtschaft lebenden Bauern, ein Mehr an materieller Sicherheit. Allerdings ist es wichtig, hier nur von einer Frühform des Kapitalismus zu sprechen, da von einer Marktwirtschaft und von Produktivitätssteigerungen nicht die Rede sein konnte. Der Merkantilismus war von staatlicher Lenkung und Kontrolle geprägt, aber auch davon, dass einzelne Interessengruppen dies nutzen, um für sich möglichst günstige Regeln zum Nachteil anderer Interessengruppen zu bekommen. Hier kann man in der Tagespresse verfolgen, dass nicht wenige Unternehmen einer freien Marktwirtschaft gar nicht so positiv gegenüberstehen, da sie nur ein begrenztes Interesse an einem echten Wettbewerb haben und gern Nachteile ausgeglichen sehen wollen. Natürlich würde dies – wie Trumps America First-Politik – damit zu Lasten des Verbrauchers gehen, der minderwertige oder weniger leistungsfähige Produkte oder Dienstleistungen zu überteuerten Preisen kaufen müsste. Ebenso findet sich immer wieder der Wunsch nach der Sozialisierung von Verlusten in Krisenzeiten, mit Verweis auf einen angeblichen gesamtwirtschaftlichen Nutzen oder aber Systemrelevanz.

Die Renaissance läutete den Aufstieg der Kaufleute mit grundsätzlichen Auswirkungen auf Kunst, Kultur und Wissenschaft und auf die Emanzipation des Menschen ein. Der Aufstieg des Bürgertums förderte die Verbreitung aufklärerischer Gedanken. Im späten 18. Jahrhundert wandelte sich die Wirtschaft vollkommen im

Rahmen der Industriellen Revolution. Güter wurden nicht mehr für den individuellen Bedarf, sondern für (Massen-)Märkte produziert. Die wirtschaftliche Entwicklung führte dazu, dass das Innovationstempo höher wurde. Gleichzeitig führte die Industrielle Revolution zur Verelendung der Massen und zu einer Deindustrialisierung der Kolonien. Jedoch handelte es sich hierbei nicht um einen marktwirtschaftlichen Kapitalismus, sondern um ein paradoxes System aus Märkten, Protektionismus, Staatsintervention und Unterdrückung des Proletariats.

War Adam Smiths Wirtschaftstheorie noch von Optimismus geprägt, so wandelte sich das Menschenbild dramatisch: Der Arme wurde vollkommen entmenschlicht und jede Verantwortung der Gesellschaft wurde negiert. Wer nicht arbeitete, sollte auch nicht essen und Ausbeutung schien besser zu sein als staatliche Alimentierung. Smiths Grundgedanke, dass das Eigeninteresse der Individuen am Ende das Gemeinwohl fördert, wurde praktisch ad absurdum geführt. Der wirtschaftliche Optimismus war nun der Angst gewichen, dass die Ressourcen eben nicht mehr ausreichen können, um alle zu versorgen. Es ging nun nicht mehr darum die Bevölkerungszahl durch scheinbare Marktwirtschaft zu reduzieren. Statt staatlicher Eingriffe sollte die Verfügbarkeit von Ressourcen über die Population der Armen entscheiden. »Let the market be given charge of the poor, and things will look after themselves.« (Polanyi 2001, S. 122) Im Prinzip war das Sozialdarwinismus vor Darwin, sicher auch gespeist aus dem Puritanismus. Man glaubte, dass nur das harte Gesetz der Natur das Bevölkerungswachstum kontrollieren könnte, d. h. Elend und letztlich Tod wurden in Kauf genommen, weil man glaubte, dass dies letztlich wieder zu einer natürlichen Balance führen würde. (Polanyi 2001, S. 130) Daher: »No assessment of wages, no relief for the able-bodied unemployed, but no minimum wage either, nor a safeguarding oft he right to live.« (Polanyi 2001, S. 122) Das Elend der Massen war also keine Frage der ökonomischen Ordnung, sondern vielmehr eine der gesellschaftspolitischen Werte. Diese zynische Grundeinstellung, die sich fundamental von Smiths Optimismus unterschied, wurde dann sowohl in der Agrarwirtschaft als auch in der Industrie missbraucht, um durch möglichst niedrige Löhne die Profite kurzfristig zu steigern. Aber genau an diesem Punkt stellt sich die Frage nach der Sinnhaftigkeit staatlicher Intervention. Polanyi weist darauf hin, dass dieses System erst durch den eigentlich gut gemeinten Speenhamland Act möglich wurde: Es handelte sich dabei um eine Art Kombilohn, der Lohndumping subventionierte, denn die Gemeinde musste den Lohn aufstocken, wenn er unter dem Existenzminimum lag. (Polanyi 2001, S. 128 ff.)

Der Arbeitsmarkt und die Marktwirtschaft trugen dann aber maßgeblich dazu bei, dass es den Menschen besserging. Durch Freihandel und neue Märkte steigerte sich der Lebensstandard der Massen. Die Lösung der sozialen Frage war keinesfalls eine historische Gesetzmäßigkeit oder das Werk wohlwollender Politiker. Die entscheidende Rolle spielte hierbei, dass die Arbeiter sich organisierten und in Form von Parteien und Gewerkschaften im Laufe der Zeit zu gleichberechtigten Marktteilnehmern wurden. Es entstand ein offener und fairer Wettbewerb.

Wenn man also die vorkapitalistische Zeit verklärt, dann redet man im Prinzip über das 12. Jahrhundert. Die durchschnittliche Lebenserwartung lag bei etwa

30 Jahre. Die meisten Menschen waren persönlich unfrei, Religion mit Tabus und Verboten bestimmte ihren Alltag, es gab keine Gesundheitsversorgung, die Kindersterblichkeit war hoch, eine verhagelte Ernte konnte über Leben und Tot entscheiden. Auch wenn wir heute in einer Umweltkrise ungeahnten Ausmaßes stecken, so ist die Menschheitsgeschichte allen Kulturpessimisten zum Trotz eine Geschichte des Wandels zum Besseren. Trotz aller Dellen in der Entwicklung und aller Ungerechtigkeiten, geht es den meisten Menschen besser als je zuvor. Dabei geht es nicht nur um die Sicherung der nackten Existenz, sondern auch um die Selbstverwirklichung. Der Kapitalismus und die Marktwirtschaft haben maßgeblich dazu beigetragen.

3 Gesellschaftstheoretische Grundlagen: Hobbes und Locke

3.1 Thomas Hobbes (1588-1679)

»He who appropriates land to himself by his labour, does not lessen, but increase the common stock of mankind: for the provisions serving to the support of human life.« (Locke 2021, S. 176)

Hobbes: Leben und Werk

Dar. 1: Thomas Hobbes (Gemälde von J. M. Wright)

Thomas Hobbes wurde als Sohn eines Pfarrers geboren, der aufgrund eines Skandals in seiner Gemeinde die Familie verließ. Hobbes und seine drei Brüder wurden von ihrem Onkel großgezogen. Hobbes galt als Wunderkind, besuchte mit vier Jahren bereits die Schule und studierte schließlich mit 15 in Oxford. Nach Abschluss seines Studiums 1608 wurde er von der wohlhabenden Cavendish-Familie als Hauslehrer engagiert. Hobbes blieb in verschiedenen Funktionen im Dienst der Familie und fand sich dadurch im englischen Bürgerkrieg auf Seite der Royalisten wieder. Im Rahmen seiner Tätigkeit für die Cavendish Familie bereiste er Europa, war Mitglied in vielen Gelehrtenzirkeln und hatte Kontakt zu den herausragenden Geistern seiner Zeit wie z. B. Descartes. 1640 schrieb Hobbes sein erstes politisches Traktat, in dem er die Machtfülle des Königs verteidigte. Ab den 1630er-Jahren beschäftigte Hobbes sich auch mit den Naturwissenschaften und galt als Autorität in den Bereichen Optik und Ballistik. Damit war er sowohl in den Bereichen Philosophie als auch Naturwissenschaften anerkannt. Im Bürgerkrieg flüchtete er nach Paris, wo er Privatlehrer des späteren Königs Charles II. wurde. Hobbes schrieb drei politische Werke: De Cive (1642) war auf Latein verfasst und hatte Gelehrte als Zielgruppe. Dort legte er die Grundzüge seines Gesellschaftsvertrags dar, der das Herzstück von *Leviathan* (1652) ist. The Elements of Law war auf Englisch verfasst und beschäftigte sich konkret mit politisch-juristischen Fragen der Regentschaft Charles I. Sein Hauptwerk *Leviathan* war an den späteren König gerichtet. Trotzdem kehrte Hobbes 1651 nach England zurück und arrangierte sich mit der Herrschaft Cromwells. Dennoch gelang es ihm nach der Restauration der Monarchie wieder eine prominente Rolle bei Hofe zu erreichen. Er genoss den Ruf eines herausragenden Intellektuellen seiner Zeit in In- und Ausland. 1666 verbrannte Hobbes die meisten seiner Aufzeichnungen, da er eine Strafverfolgung wegen Atheismus befürchtete. Im Alter von 84 Jahren übersetzte er Homers Odyssee in Reimform ins Englische. Noch vier Monate vor seinem Tod im Alter von 91 Jahren kündigte er seinem Verleger ein neues Manuskript an. (Sorrel o. J.)

Thomas Hobbes gilt als Begründer der Theorie des Gesellschaftsvertrags. Er geht grundsätzlich davon aus, dass der Mensch in einer vorstaatlichen Zeit in einem permanenten Kriegszustand zu anderen stand, weil er seiner Natur nach einerseits nach absoluter Freiheit für sich selbst strebe und gelichzeitig nach Herrschaft über andere. (Hobbes 2017, S. 77) Ohne Staat gäbe es keine Gesetze und vor allem keine staatliche Macht, die diese Gesetze in Rechtsprechung überführt und ihnen dann auch Geltung verleiht. Der Staat diene den Bürgern also dazu »getting themselves out of the miserable condition of war.« (Hobbes 2017, S. 77) Die menschliche Natur stehe also im Widerspruch zum Naturrecht jedes einzelnen. Daher gibt das Individuum einen Teil seiner Selbstbestimmungsrechte an den Staat ab, um Sicherheit zu bekommen. (Hobbes 2017, S. 79) Eines der fundamentalen Rechte in einem Staatswesen ist für Hobbes Eigentum. Wenn Eigentum nicht eindeutig rechtlich geklärt ist und auch nicht auf dem Rechtsweg verteidigt werden kann, herrscht Krieg, denn ein jeder versuche dann, für sich selber so viel wie möglich zu bekommen, auch auf Kosten anderer. (Hobbes 2017, S. 66 und 83) Eigentum ist für Hobbes also kein Naturrecht, sondern viel mehr Konsequenz und Grundbedingung eines geplanten Gesellschaftsvertrags. Wo der Sozialismus Eigentum als Beginn der Unfreiheit sieht, ist es für Hobbes Grundbedingung für Freiheit unter dem Gesetz. Wie später auch Smith sieht Hobbes eine starke und unabhängige Rechtsprechung als

Grundvoraussetzung für Rechtsgleichheit, so dass nicht faktische Macht über Eigentumsrechte entscheidet, sondern objektive Regelungen. (Hobbes 2017, S. 72) Hobbes erkennt, dass ein Staat Geld bzw. Ressourcen benötigt, um seine Kernaufgaben zu erfüllen: Rechtsprechung sowie innere und äußere Sicherheit. Insofern stellt er klar, dass es keine Obergrenzen geben kann, sondern dass die Einnahmen des Staates sich zwangsläufig an den sich ändernden äußeren Bedingungen orientieren müssen. (Hobbes 2017, S. 109) Allerdings könne dies nur funktionieren, wenn die Wirtschaft eine entsprechende Dynamik an den Tag lege. Relevant sei also nicht der Reichtum einzelner Individuen in der Binnensicht, sondern Wirtschaftsdynamik durch nationalen wie internationalen Handel, der wiederum klar gesetzlich geregelt sein müsse. (Hobbes 2017, S. 113) Daher sei Geldwirtschaft der Schlüssel zu einem volkswirtschaftlichen Wohlstand und einem funktionierenden Staat. (Hobbes 2017, S. 114) Ökonomische Macht könne zu Machtausübung nicht legitimierter Kräfte über Individuen führen und müsse deshalb durch Gesetze kontrolliert werden. (Hobbes 2017, S. 149) Bei der Steuer wiederum kommt Hobbes sehr wirtschaftsliberal daher: nicht die Finanzkraft des Steuerzahlers sei maßgeblich, sondern in welchem Maße jeder die staatliche Infrastruktur nutze. Steuergerechtigkeit heißt für ihn also, nach dem Verursacherprinzip vorzugehen. Dieser Grundgedanke von einkommens- und vermögenunabhängigen Steuern findet sich heute noch vielerorts im Wirtschaftsliberalismus, auch wenn die Französische Revolution (Schubert 2009, S. 32 ff.) und die Poll Tax Riots (Whitmore 2015) im Vereinigten Königreich gezeigt haben, dass Kopfsteuern offensichtlich nicht konsensfähig sind. Auch mag eine Flat Tax (einheitlicher Steuersatz ohne Progression für alle Formen des Einkommens) durchaus die Vorteile von »Einfachheit in der Steuererhebung und -verwaltung sowie seine objektive Transparenz« (Minter o.J.) haben, so zeigt sich doch, dass – sicher auch in Abhängigkeit von der nationalen Kultur- solche Systeme große Akzeptanzprobleme haben.

Dennoch sieht Hobbes (wie später auch Locke) Grenzen des Eigentums. Aufgrund seines negativen Menschenbildes geht er davon aus, dass jeder sich ungeachtet des tatsächlichen Nutzens möglichst viel aneignen möchte. Daher schlägt er vor, das was nicht sinnvoll in Eigentum aufgeteilt werden kann »be enjoyed in common«. (Hobbes 2017, S. 71) Hier zeigt sich ein starker Bruch zum Wirtschaftsliberalismus des 19. Jahrhunderts, in dem ja durch die Enclosures die Allmendrechte abgeschafft und gemeinschaftlich genutztes Land privatrechtlich eingefriedet wurde. Da der Grundgedanke von Hobbes' Gesellschaftsvertrag darin besteht, dass der Mensch absolute Freiheit abgibt, um eine Freiheit unter dem Gesetz zu gewinnen, darf Macht folglich auch nur von einer legitimierten Staatsmacht ausgeübt werden. Daher wendet er sich ausdrücklich gegen jede andere Form von nicht legitimierter Machtausübung über den Bürger. Dazu gehören für ihn vor allem Kartelle, die Monopole bilden, um ihre eigenen Interessen gegen diejenigen der Allgemeinheit durchzusetzen. (Hobbes 2017, S. 105 f.)

Obschon *Leviathan* primär ein gesellschaftspolitisches Werk ist, finden sich dennoch wichtige Grundzüge einer Wirtschaftsordnung darin. Das zeigt, dass Politik und Wirtschaftspolitik immer untrennbar miteinander verbunden sind. Sicher kann man Hobbes nicht pauschal als Wirtschaftsliberalen bezeichnen. Dennoch sieht man bereits hier, dass Privateigentum konstituierend für eine Gesellschaft in Abgrenzung zur Gemeinschaft ist. Auch grenzt Hobbes sich deutlich von einem späteren Laissez-faire-Kapitalismus ab, wenn er die Bedeutung ökonomischer Macht und deren staatlicher Kontrolle erkennt. Märkte müssen gesetzlich reguliert werden, wenn ein Marktzugang für alle gewährleistet sein soll. Wie das politische Denken Hobbes' ist auch das ökonomische davon geprägt, dass ein Faustrecht der Freiheit zwar einzelnen nutzt, nicht jedoch der Allgemeinheit. Alles in allem zeigen sich hier viele Elemente, die Adam Smith später aufnehmen wird. Es wäre jedoch sicherlich überzogen, Smith zu unterstellen, dass er nur eine »vulgarized version« (Hobsbawm 1977, S. 289) von Hobbes' Gedanken wiedergegeben hätte.

3.2 John Locke (1632-1704)

Locke: Leben und Werk

Dar. 2: John Locke (Gemälde von G. Kneller)

John Locke wurde 1632 in der Nähe von Bristol als Sohn eines Anwalts geboren, der im Bürgerkrieg als Offizier auf der republikanischen Seite diente. Mit 14 Jahren wurde er Schüler an der Westminster Schule in London. Die Schulzeit war wohl alles andere als glücklich, da sie von Strenge und körperlichen Übergriffen durch den Schulleiter geprägt war. Mit 20 wechselt er an die Universität von Oxford, wo er im Schwerpunkt Medizin studierte. Auch diese Zeit bewertet er selbst sehr kritisch, da ihm die Universität deutlich zu wenig fortschrittlich war. 1660 verfasste er anlässlich der Restoration der Monarchie sein erstes größeres politisches Werk, *Two Tracts on Governement*, das jedoch über dreihundert Jahre unveröffentlicht blieb. Bemerkenswerterweise vertritt er hier noch Ansichten, die denen aus *Two Treatises of Government* diametral gegenüberstehen. 1666 wird Locke Leibarzt des Earl of Shaftesbury. Daraus entwickelt sich eine Freundschaft, die Locke stark prägt und vor allem auch auf seine politischen Ansichten Einfluss hat. So wandelt er sich nun zum Befürworter einer parlamentarischen Demokratie. Für seine medizinischen Forschungen wird er Fellow der Royal Society. Gleichzeitig wird er Sekretär der Proprietoren (eine Art Gouverneur) von Carolina. In dieser Funktion erarbeitet er einen Verfassungsentwurf, in dem Religionsfreiheit und bürgerliche Freiheiten garantiert werden sollten. 1672 fallen der Earl of Shaftesbury und Locke bei Hof in Ungnade und müssen ins französische Exil fliehen. Nach einigen Irrungen und Wirrungen gelingt es Lockes Dienstherren jedoch, seine Stellung bei Hof wieder zu gewinnen. Folglich kehrt auch Locke 1679 wieder zurück nach England. Allerdings hält Shaftesburys Glück nicht lange an. Schon 1681 wird er im Zuge der Thronbesteigung James II. des Hochverrats angeklagt, flieht nach Holland, wo er 1683 stirbt. Locke bleibt bis 1689 ebenfalls in Holland, wo er *Two Treatises of Government* schreibt und damit die Blaupause für eine moderne Demokratie liefert. Ebenfalls zu dieser Zeit bringt er das Manuskript von *An Essay Concerning Human Understanding* zu Ende, mit dem er die Grundlage für eine moderne Erkenntnistheorie legt. Er kehrt dann mit Mary II. nach England zurück und unterstützt diese bei der Formulierung der Bill of Rights, obschon ihm die finale Version nicht weit genug ging. Er verstirbt 1704. (Rogers o. J.)

Gemeinhin gilt John Locke als der wohl einflussreichste Vordenker des Liberalismus und der Aufklärung. Zum einen schuf Locke mit *An Essay Concerning Human Understanding* (1690) die theoretische Grundlage für die moderne empirische und erkenntnisgeleitete Wissenschaft und steht damit im ideengeschichtlichen Kontext von Isaac Newton und David Hume. Bei Locke zeigt sich sehr deutlich, dass die intellektuelle Emanzipation des Menschen untrennbar mit seiner politischen verbunden ist. Locke wendet sich gegen scheinbar unumstößliche Wahrheiten, die aus der Religion stammen. (Helbling 1983, S. 127 ff.) Das soll nun auf keinen Fall heißen, dass Locke Agnostiker oder gar Atheist gewesen sei. Worum es ihm geht, ist jedoch, dass die Welt nur aus sich und ihren eigenen Gesetzmäßigkeiten heraus erklärt werden kann. Somit wird der Mensch in Lockes Gedankensystem zum Gestalter seiner eigenen Welt – mit allen Konsequenzen. Locke fordert Freiheit ein, ermahnt jedoch auch, dass jeder Mensch dann Verantwortung für sein eigenes Handeln übernehmen muss und auch die daraus entstehenden Konsequenzen akzeptieren muss. (Helbling 1983, S. 123) Das menschliche Vermögen zur Erkenntnis ist also die Begründung für die Forderung nach der Privatisierung von Verantwortung. So liegt es nahe, dass Locke sich dann in *Two Treatises on Government*

(1689) mit dem Verhältnis zwischen Bürger und Staat beschäftigt. Allerdings muss man anmerken, dass Locke hier gern den intellektuellen Taschenspielertrick verwendet, sich bei normativen Aussagen auf Gott bzw. die Bibel zu berufen, wenn diese nicht wahrheitsfähig sind.

Im ersten Teil geht es um die Legitimierung von Machtansprüchen. Locke geht davon aus, dass der Zustand der Freiheit und Gleichheit ein Naturrecht ist, »natural liberty and equality of mankind«. (Locke 2021, S. 12) Damit erteilt er denen eine Absage, die das Herrschaftsrecht als ein Gottesgnadentum definieren. Tatsächlich habe der Bürger also Rechte dem Staat gegenüber, der diese wiederum nicht verletzen darf. (Locke 2021, S. 11 ff.) Es gibt also kein »divine right to absolute power«. (Locke 2021, S. 11) Die erste der *Two Treatises* ist eine Abrechnung mit einem heute weitgehend unbekannten Traktat zur Rechtfertigung der absoluten Monarchie. Die Argumentation ist weitestgehend theologisch[6]. Dennoch geht es um den zentralen Punkt, wie viel Macht in einer Hand konzentriert sein darf. Bemerkenswert ist, dass Locke sich bereits dort mit der Frage nach Eigentum beschäftigt. In einer sehr langen Argumentationskette legt er dar, dass Eigentum von Gott gegeben ist. Gleichzeitig weist er aber auch auf die soziale Verantwortung des Eigentümers hin: »But we know God hath not left one man so to the mercy of another, that he may starve, him if he please. (...) but that he has given his needy brother a right to the surplusage of his goods.« (Locke 2021, S. 45) Dieser erste Teil ist in der Summe sehr schwer lesbar und sehr langatmig geschrieben, insbesondere die ausschließlich bibelbasierte Argumentation ist für den heutigen Leser kaum nachvollziehbar. Dennoch macht Locke hier eine klare Aussage: Nämlich, dass es eben nicht gottgegeben ist, dass ein Mensch Macht über einen anderen ausübt, sondern dass vielmehr die Freiheit des Individuums das Naturrecht ist und Machtausübung demkratisch legitimiert sein muss. »A man can never be obliged in conscience to submit to any power, unless he can be satisfied who is the person who had a right to exercise power over him. If this were not so, there would be no difference bewtween pirates and lawful princes.« (Locke 2021, S. 82) Tatsächlich hat jeder Mensch auch das Recht, die Machthabenden zu ersetzen: »Men too might as often and as innocently change their governors, as they do their physicians, if the person cannot be known who has a right to direct me, and whose prescriptions I am bound to follow.« (Locke 2021, S. 83) Jedoch argumentiert er –auch wiederum theologisch – dass das Recht auf Eigentum ein von Gott gegebenes Recht ist und dass es Gesetze geben muss, um das Verhältnis zwischen Eigentümern und Gesellschaft zu regeln. (Locke 2021, S. 90) Kinder hätten einen Anspruch auf die Besitztümer ihrer Eltern als Erbe. (Locke 2021, S. 89 und 96) Die Argumentation, dass Eigentum zu nutzen ist, um das Wohl der Gesellschaft zu fördern, findet sich später auch bei Adam Smith wieder.

---

6 Angesichts seiner erkenntnistheoretischen Ausführungen mag das erstaunen, denn dort leugnet er, dass Religion Quelle der Erkenntnis sein kann. Dies liegt daran, dass es sich um eine Gegenschrift zu Robert Filmer Verteidigung der absoluten Monarchie und des Gottesgnadentums handelt. Locke will ihn hier mit seinen eigenen Regeln schlagen und nachweisen, dass er innerhalb seines eigenen Systems nicht logisch stringent argumentiert.

Im zweiten Teil löst Locke sich von der theologischen Argumentation und beginnt mit der Feststellung, dass Menschen »naturally« in »a state of perfect freedom« leben. (Locke 2021, S. 154) Zu den Rechten der »perfect freedom« zählt er dann auch ausdrücklich das Recht auf Eigentum. (Locke 2021, S. 154) Auch führt er den Begriff »equality« näher aus. Gemeint ist damit eine Rechtsgleichheit. (Locken 2021, S. 154) Das hat zwei Dimensionen: nämlich zum einen, dass das Gesetz unparteiisch ist und eben nicht dem Schutz der Besitzenden dient. Zum anderen aber versteht Locke darin auch die Grundbedingung für das, was in der französischen Revolution mit Fraternite bezeichnet wird, also gesellschaftlichen Zusammenhalt. (Locke 2021, S. 154) Jedoch grenzt er klar ein, dass die Freiheit des einzelnen dort endet, wo sie die Freiheit des anderen bedroht. (Locke 2021, S. 155) Der Sinn des Gesellschaftsvertrags, also des Zusammenschlusses der Individuen zu einer Gesellschaft mit Regeln und Gesetzen, die individuelle Freiheiten einschränken, liegt in Schutz von »health, liberty, or possessions.« (Locke 2021, S. 155) Wie später Adam Smith postuliert auch Locke, dass die Wahrung der Interessen des Individuums dann auch gleichzeitig den Interessen der Gesellschaft dient. (Locke 2021, S. 155 f.) Naturrechte können also nur dann wahrgenommen werden, wenn es eine Instanz gibt, die über ihre Einhaltung wacht. (Locke 2021, S. 156) Wie später auch Smith, hebt Locke die Bedeutung einer starken und unabhängigen Judikative hervor. (Locke, S. 160) In Kapitel 5 des zweiten Buchs beschäftigt Locke sich dezidiert mit dem Thema Eigentum. Er stellt grundsätzlich fest, dass jeder Mensch durch seine Geburt das Recht hat, dieses Leben aufrechtzuerhalten. Dazu benötigt er Nahrungsmittel. (Locke 2021, S. 169) Daher stünde die Schöpfung zunächst auch allen zur Verfügung. (Locke 2021, S. 170) Der Besitz eines jeden Individuums sei die Früchte der eigenen Arbeit. In dem Maße, in dem der Mensch die Natur bewirtschaftet, gehören die Resultate der Arbeit ihm und dieser Teil der Natur geht in seinen Besitz über. (Locke 2021, S. 170) Wenn eine Person Arbeit in etwas investiert hat, kann kein anderer gleichzeitig Eigentumsrechte daran geltend machen: »that added something to them more than nature[7], the mother of all, had done; and so they became his private right.« (Locke 2021, S. 170) Insofern ist der Übergang von allgemeinem Eigentum in Individualbesitz für ihn natürlich und der Besitzanspruch wird durch Arbeit begründet. Könnte man also durch die Kultivierung der Natur keine Eigentumsrechte erwerben, würde dies niemand tun, da ohne Eigentumsrechte keine Versorgungssicherheit gewährleistet wäre. (Locke 2021, S. 171) Hier zeigt sich bereits eines der späteren Leitmotive von Adam Smith, nämlich das Partikularinteressen letztlich auch immer positiv für die Gesellschaft sind. Locke wendet sich damit auch sehr deutlich gegen Ansprüche an das Kollektiv, wenn er darauf hinweist, dass die Ressourcen zwar allen zur Verfügung stehen, die Nutzungsrechte aber denen vorbehalten sind, die investieren: »Though the water running in the fountain be every one's (...) but that in the pitcher is his only who drew it out?« (Smith 2010, S. 171) Aber Locke setzt auch

---

[7] Man beachte, dass Locke sich hier zum ersten Mal nicht mehr auf Gott als Schöpfer beruft, sondern auf natürliche Gesetzmäßigkeiten.

klare Grenzen dort, wo das Erwerbsstreben des Einzelnen der Gesellschaft schadet. Eigentum kann für ihn nur durch eigene Arbeit erworben werden und Besitz, der einem selbst keinen Nutzen bringt, gehört anderen: »Nothing was made by God for man to spoil or destroy.« (Locke 2021, S. 172) Ressourcen müssen so aufgeteilt sein, dass sie allen eine Lebensgrundlage bieten, d.h. Reichtum ist für Locke dann vertretbar, wenn er nicht die Existenzgrundlage anderer in Frage stellt. (Locke 2021, S. 173) Dennoch warnt er auch davor, daraus einen Anspruch auf Alimentierung für diejenigen abzuleiten, die »quarrelsome and contentious« seien. (Locke 2021, S. 173) Er erkennt auch, dass gegenseitiger Austausch auf Basis klarer rechtlicher Rahmenbedingungen notwendig ist, wenn eine Gesellschaft als Ganzes prosperieren will. (Locke 2021, S. 174) Eigentum muss daher »without injury to anybody« erworben werden. (Locke 2021, S. 175) Daher sieht er tatsächlich auch als eine zentrale Aufgabe jeder Form von Regierung für eine »gerechte« Verteilung der Ressourcen zu sorgen. (Locke 2021, S. 180) Wie Smith später differenziert auch Locke zwischen dem Gebrauchswert einer Sache und dem Wert, der ihr per Konvention zugeschrieben wird (z. B. Edelmetalle). Diese seien zum einen wichtig, um sich ein Vermögen anzulegen, was eben in verderblichen Naturprodukten nicht möglich sei. Die Anhäufung solcher Werte sei aber unproblematisch, weil sie ja keine Dinge seien, die für das Leben notwendig sind. Folglich schadet diese Anhäufung niemanden. Hier sieht man natürlich, dass die Ökonomie eben noch nicht den Status einer Wissenschaft hatte, weil eben relevante Wechselbeziehungen zwischen Produkten und Zahlungsmitteln außer Acht gelassen werden. Jedoch stellt er klar heraus, dass Zahlungsmittel mehr Sicherheit ermöglichen, weil damit Sparvorgänge getätigt werden können, die es ermöglichen sich vom reinen Ertrag der Natur unabhängig zu machen. Man darf hier nicht außer Acht lassen, dass es sich immer noch um eine Zeit handelte, in der Hunger und Unterernährung auch in Europa Teil des Lebens waren und Naturereignisse wie Trockenheit oder Starkregen über Leben und Tot entscheiden konnten. Gleichzeitig aber habe Geld zur Folge, dass es nun sinnvoll wird, mehr Land und mehr landwirtschaftliche Produkte zu besitzen als man selbst gebrauchen kann, weil man den Überschuss eben in Form von Geld speichern kann. (Locke 2021, S. 183)

Alles in allem zeigt sich bei Locke ein recht gespaltenes Bild: Eigentum ist ein Recht, das man sich durch Arbeit erwirbt. Das ist für ihn auch moralisch vertretbar, weil die Früchte der Arbeit allen einen Nutzen bringen. Im Vordergrund seiner eher rudimentären wirtschaftlichen Überlegungen steht also das Gemeinwohl. Zum anderen aber ist zu hinterfragen, wann Eigentum gesellschaftlich schädlich sein kann.

Daher ist er eben auch sehr kritisch gegenüber Eigentum, das man sich nicht durch Arbeit erworben hat. Insofern fühlt man sich an das Diktum des Frühsozialisten Pierre-Joseph Proudhons erinnert, dass Eigentum, das man sich nicht selbst erarbeitet hat, Diebstahl ist. Locke ist auf jeden Fall weitsichtig genug, um vorauszusehen, dass asymmetrische Machverhältnisse in der Wirtschaft zu Problemen führen können. Hierzu fordert er dann eine starke Judikative, die den Markt ordnet und die Marktteilnehmer unparteiisch behandelt.

Der Staat ist für ihn alles andere als ein Nachtwächterstaat, denn es klingt immer wieder an, dass er in der unbegrenzten Anhäufung von Vermögen durchaus ein Problem sieht. Welche Rolle er dem Staat dabei jedoch genau zugesteht, bleibt im Dunklen.

3.3 Zusammenfassung

Hobbes und Locke beschäftigen sich zunächst beide grundsätzlich mit dem Wesen des Staates. Das ist insofern neu, da der Staat nicht mehr als mehr oder weniger festgefügtes Ergebnis einer göttlichen Ordnung gesehen wird, sondern vielmehr als von Menschen gemacht. Beide Autoren wollen vor allem die Frage beantworten, warum Menschen ihre absolute Freiheit gegen die Einschränkungen eines Gemeinwesens eintauschen. Die Vorteile liegen natürlich auf der Hand. Die zentrale Erkenntnis ist eben, dass ein Staat nur dann eine Daseinsberechtigung hat, wenn er dem Bürger Nutzen stiftet. In diesem Kontext ist dann das Recht auf Privateigentum eines der Grundrechte, die der Staat schützt. Hobbes wie Locke machen sich vor allem aber auch Gedanken über die Herkunft von Eigentum. Eigentum entsteht bei beiden dadurch, dass ein Mensch für eine Sache Verantwortung übernimmt und sie dadurch erst als Ressource nutzbar macht. Insofern greift Smith in der Logik, dass Eigentum gesamtgesellschaftlichen Nutzen stiftet, auf Lockes Gedankengänge zurück. Im Gegensatz zu Smith, der wirtschaftliche Entwicklungen mit unerschütterlichem Optimismus betrachtet, stellen Hobbes und Locke jedoch auch die Frage nach der potenziellen Schädlichkeit von zu großem Besitz. Das ist bemerkenswert, denn die Frage, in welchem Maße faktische ökonomische Verhältnisse individuelle Freiheitsrechte aushebeln können, taucht in der liberalen politischen Ökonomie vor Eucken so gut wie gar nicht auf. Ganz im Gegenteil werden später staatliche Eingriffe als Bedrohung der politischen und der persönlichen Freiheit gesehen. Damit sind Hobbes und Locke sowohl identitätsstiftend für den Wirtschaftsliberalismus, da Privateigentum in diesem Gedankengebäude ein Grundrecht ist. Gleichzeitig stützen sie aber auch die Argumentation der Gegenseite, wenn sie auf notwendige Kontrollmechanismen verweisen bzw. postulieren, dass Eigentum erarbeitet sein muss. Dieser Grundgedanke findet sich dann sogar im Manifest der Kommunistischen Partei von Marx und Engels aus dem Jahre 1848.

4 Klassik

4.1 Adam Smith (1723-1790)

Smith: Leben und Werk

Dar. 3: Adam Smith (Stich von J. Tassie)

Adam Smith kam 1723 an Sohn eines Zollbeamten und einer wohlhabenden Tochter eines Landbesitzers im schottischen Kirkaldy in der Nähe von Edingburgh zur Welt. Über seine Kindheit ist sehr wenig bekannt. Mit 14 Jahren begann Smith sein Studium an der Glasgow University, zum damaligen Zeitpunkt das Zentrum der schottischen Aufklärung. Insbesondere der Moralphilosoph Frances Hutcheson war ein prägender Einfluss auf Smith. 1740 bekam er ein Stipendium für das Baliol College in Oxford. Jedoch erlebte er die Universität, wie auch schon John Locke, als wenig stimulierend. Nach seiner Rückkehr nach Schottland hielt er dort eine Reihe von Vorträgen, die dazu führten, dass er mit 27 zum Professor für Logik in Glasgow berufen wurde. 1752 wurde er an der gleichen Hochschule Professor für Moralphilosophie. Er war ein beliebter Professor und eine treibende Kraft in der akademischen Selbstverwaltung. In dieser Zeit hatte er engen Kontakt zum Chemiker Joseph Black, dem Verleger Robert Foulis, James Watt und David Hume, der dann auch sein Werk beeinflussen sollte. 1759 veröffentlichte Smith sein erstes Werk, *The Theory of Moral Sentiments*. Dieses Werk ist zentral für das Verständnis von *The Wealth of Nations*. Smith geht davon aus, dass Menschen moralisch handeln und ihre eigenen Handlungen nach moralischen Standards bewerten, die ein Gegengewicht zum reinen Eigeninteresse darstellen. Im weiteren Verlauf dieses Buchs wird sich zeigen, dass darin der fundamentale Unterschied zu Malthus und Ricardo liegt, die den Armen letztlich die Fähigkeit zum moralischen Handeln absprechen und sie deshalb ihrem Schicksal überlassen. 1763 bekam Smith die Chance, als Privatlehrer für den Herzog von Buccleuch tätig zu werden. Auf den ersten Blick mag man annehmen, dass das ein Abstieg von einer Professur war, doch Smith wurde sehr gut bezahlt und bekam dadurch die Möglichkeit, den Kontinent zu bereisen. So begann er mit der Arbeit an *Wealth of Nations* in Toulouse. In Paris schließlich lernte er die Physiokraten kennen, die erstmalig die Ökonomie als Wissenschaft ansahen. Der Aufenthalt in Paris fand jedoch ein jähes Ende als der Bruder seines Schülers unerwartet starb. Smith kehrte nach London zurück, wo er Fellow der Royal Society wurde und mit Edmund Burke, Samuel Johnson und Edward Gibbon verkehrte. 1767 kehrte er nach Kirkaldy zurück, wo er *Wealth of Nations* beendete. 1776 wurde es veröffentlicht. Smith setzte sich nach Veröffentlichung zur Ruhe, bekam jedoch die Sinekure des Commissioner of Customs and of Salt Duties – die ihm lukrative 600 Pfund pro Jahr einbrachte. Er verbrachte den Rest seines Lebens in Schottland und starb im Alter von 67 Jahren. Über sein Privatleben ist nichts bekannt, nicht zuletzt auch deshalb, weil seine Aufzeichnungen nach seinem Tod vernichtet wurden. (Heilbroner 2021)

Die Einleitung hat zwei zentrale Themen aufgezeigt: Kapitalismus und Marktwirtschaft sind nicht das gleiche. Beim Kapitalismus geht es um die Vermehrung vom Kapital von Individuen notfalls auch zu Lasten der Allgemeinheit. Der Kapitalismus ist jedoch Grundvoraussetzung für die Marktwirtschaft, in der verschiedene Marktteilnehmer »fair and deliberate exchange« (Smith 2010, S. 25) betreiben. Um diesen fairen und freien Austausch sicherzustellen, gibt es Regeln. Ziel einer Marktwirtschaft ist volkswirtschaftlicher Wohlstand. Diese Entwicklung hin zum Kapitalismus war auch nicht geplant, sondern ein organischer Entwicklungsprozess, der jedoch in den bestehenden Machtstrukturen gewachsen ist und damit zwangsläufig asymmetrische Machtverhältnisse beim Marktzugang zur Folge hatte.

Zwar war Adam Smith nicht der erste Philosoph, der sich mit Volkswirtschaft beschäftigte, doch gebührt ihm der historische Verdienst, der erste Theoretiker der Marktwirtschaft zu sein. Dementsprechend können seine Überlegungen nicht isoliert betrachtet werden, sondern müssen in ihren ideengeschichtlichen Kontext eingeordnet werden: Er greift moralphilosophische Überlegungen seiner Zeit auf und setzt sich mit Merkantilismus, Kameralismus[8], den Physiokraten[9] (Starbatty 2016, S. 18) und den geldmarkttheoretischen Überlegungen Cantillons auseinander. Smith schafft jedoch als erster ein theoretisches System für Marktwirtschaft, das sich aus philosophischen Überlegungen und Empirie zusammensetzt. (Starbatty 2016, S. 130) *The Wealth of Nations* (1776) ist also sowohl wissenschaftlich-analytisch wie auch normativ.

Grundsätzlich neu ist, dass Smith den Wohlstand einer Nation nicht an Edelmetallvorräten misst (Smith 2010, S. 52) oder an der landwirtschaftlichen Produktion, sondern an Wirtschaftsdynamik, ähnlich dem Bruttosozialprodukt. Damit erfindet er ein vollkommen neues Konzept, das letztlich in ähnlicher Form heute noch Bestand hat, auch wenn Smith die Bedeutung von Dienstleistungen noch nicht erkannt hat. Vor allem aber stellte Smith den Wohlstand für alle in den Mittelpunkt seiner Überlegungen. Wohlstand ist für ihn volkswirtschaftlich irrelevant, wenn es keine Verteilungsgerechtigkeit gibt. Das war ein neuer Denkansatz, mit dem er sich deutlich von Zeitgenossen wie Edmund Burke absetzte, der Smiths Forderung nach wirtschaftlicher Teilhabe für alle (Smith 2010, S. 79 ff.) mit großer Skepsis begegnete, da er darin eine Gefahr für die traditionelle Ordnung sah. (Winch 1985) Wohlstand wird in Smiths Gedankengebäude durch Besitz konstituiert. Besitz ermöglicht Menschen, in marktwirtschaftlichen Austausch zueinander zu treten, was Grundlage für die Gesellschaft ist, denn ein Markt erfordert eine Infrastruktur, Regeln, Prozesse und Rollen. (Smith 2010, S. 26) Das Bedürfnis nach Besitz ist für Smith fundamental menschlich (Smith 2010, S. 25 f.) und vor allem sieht er Menschen mit Eigentum der Gesellschaft verpflichtet, weil Eigentum Verantwortung schafft. (Smith 2010, S. 210)

Gleichzeitig war Adams Smiths Gedankenwelt eine des Optimismus und der Zukunftszugewandtheit. Die teilweise furchtbaren sozialen und ökonomischen Realitäten des 19. Jahrhunderts waren ihm nicht bekannt. Insofern mag sein Optimismus ex post heute manchmal naiv wirken. Oft wird Smith jedoch vorgehalten, dass er mit seinen marktliberalen Ideen den Grundstein für den Manchesterliberalismus und die damit verbundene Ausbeutung der Arbeiter im 19. Jahrhundert gelegt hätte. Auch wird immer wieder die Behauptung aufgestellt, Smith hätte den ideologischen Überbau für das, was im 20. Jahrhundert despektierlich als Nachtwächterstaat bezeichnet wurde, geliefert. Im Folgenden wird jedoch aufgezeigt werden, dass Smith eben kein Advokat der Raubtierkapitalismus war, sondern

---

8 Eine Ausprägung der Merkantilismus, in der das Gemeinwohl im Mittelpunkt steht und nicht die Einnahmen der Regierung, wie man vom Namen her vermuten könnte. Bemerkenswert ist vor allem der Einfluss der Naturwissenschaften auf den Kameralismus.

9 Die Physiokraten gingen davon aus, dass ausschließlich Grund und Boden die Quelle von Wohlstand sein kann. Das mag aus heutiger Sicht befremdlich anmuten, die historische Bedeutung der Physiokraten liegt aber in der wissenschaftlichen Betrachtung der Wirtschaft und der Entwicklung von makroökonomischen Modellen.

ganz im Gegenteil ökonomische Machtstrukturen seiner Zeit hinterfragt hat und klare Regeln und damit auch (staatliche) Eingriffe für eine gesunde Volkswirtschaft forderte. Er tritt für einen reduzierten Staat und niedrige Steuern ein, hat jedoch auch ganz klare Vorstellungen, was der Staat leisten muss, damit der Markt funktioniert.

4.1.1 Grundzüge von Smiths Denken

Smiths Denkweise zeigt sich am besten am Beispiel des Verhältnisses zwischen Arbeitgeber und Arbeitnehmer. Smith stellt nüchtern fest, dass Gehälter einzelvertraglich zwischen Arbeitgeber und Arbeitnehmer vereinbart werden und dass beide Parteien divergierende Interessen haben: der Arbeitgeber möchte möglichst wenig bezahlen und der Arbeitnehmer möchte möglichst viel verdienen. In diesem Spannungsfeld sollten sich eigentlich die Verhandlungen abspielen. (Smith 2010, S. 76) Grundsätzlich gesteht Smith dem Arbeitgeber zu, dass er einen Profit daraus erwirtschaftet, dass er die Produktionsmittel zur Verfügung stellt und dem Arbeitnehmer Kontinuität im Cashflow sichert, d. h. er zahlt auch Löhne, wenn der Ertrag aus der geleisteten Arbeit noch nicht vorliegt wie z. B. bei der Ernte. (Smith 2010, S. 74 ff.) Jedoch kritisiert Smith, dass diese Verhandlungen selten fair und frei ablaufen, weil die Machtverhältnisse nicht symmetrisch sind. Zwar herrschte zu Smiths Zeiten noch nicht das Überangebot an Arbeitskräften wie im 19. Jahrhundert, doch stellt er klar fest, dass es gelebte Praxis seiner Zeit ist, dass Arbeitgeber sich zusammenschließen, um eine Allianz zum Lohndumping zu bilden. Gleichzeitig sei es Arbeitern jedoch verboten, sich zusammenzuschließen. Das Gesetz bevorzuge also einseitig die Arbeitgeber (Smith 2010, S. 77), weil die Gesetze eben die faktische Machtverteilung abbilden und nicht dazu da sind, das Verhältnis zwischen Arbeitgebern und Arbeitnehmern neutral zu regeln.

Diese kapitalistische Machtausübung des Stärkeren über den Schwächeren hat für Smith eben nichts mit Marktwirtschaft zu tun. Folglich fordert er aus volkswirtschaftlicher Sicht gleiche Rechte für beide Parteien. (Smith 2010, S. 79) An diesem Beispiel zeigt sich aber auch ein weiterer zentraler Punkt von Smiths Denken. Für ihn sind Eigeninteresse und gesellschaftlicher Nutzen keine Gegensätze. Grundsätzlich fordert er nämlich: »A man must always live by his work, and his wages must at least be sufficient to maintain him.« (Smith 2010, S. 79) Dann rechnet er jedoch vor, dass eine Subsistenzwirtschaft der arbeitenden Bevölkerung gesamtgesellschaftlich schädlich wäre und deshalb das Doppelte der reinen Lebenshaltungskosten für eine Person notwendig seien. Das Interesse des Arbeitnehmers, möglichst viel zu verdienen, trägt also zu einem gesamtwirtschaftlichen und -gesellschaftlichen Nutzen bei, von dem auch der Arbeitgeber langfristig profitiert. Hier kommt die moralphilosophische Dimension seiner Gedanken zum Tragen, nämlich das Handlungen dann moralisch sind, wenn sie »promote the general happiness«. (Raphael 1985, S. 38). Schließlich führt nur eine wachsende Wirtschaft zu hören Profiten und damit zu höheren Löhnen, gerade im Gegensatz zu einem statischen Verständnis von volkswirtschaftlichem Wohlstand. (Smith 2010, S. 81) Er belegt, dass Löhne nicht dort wachsen, wo der absolute Wohlstand groß ist, sondern dort wo die Wirtschaft dynamisch ist.

Was die Höhe der Löhne angeht, so postuliert Smith, dass jeder Beruf einen Marktwert hat, der mit der Schwere der Arbeit, aber auch mit der Wertschöpfung des Arbeiters zu tun hat. Je größer die Spezialisierung (außerhalb der Landwirtschaft) ist, desto produktiver kann gearbeitet werden. Somit ist Arbeitsteilung eine Grundvoraussetzung für Wirtschaftswachstum. (Smith 2010, S. 91 ff.)

In diesem vergleichsweise kurzen Kapitel zeigen sich die wesentlichen Eckpfeiler von Smiths Denken:

- Eine gesunde Volkswirtschaft bringt Nutzen für alle, nicht nur für wenige. Daher nutzt das notwendige stetige Wirtschaftswachstum in einem solchen System allen.
- Dazu betreiben Menschen in einem Markt Handel miteinander.
- Arbeitsteilung ist Grundvoraussetzung für einen effektiven Markt.
- Das Gesetz muss unparteiisch sein, um einen freien und fairen Marktzugang sicherzustellen.
- Egoismus und Gemeinwohl schließen sich nicht aus, sondern bedingen einander.

Die vorherrschende Wirtschaftspolitik zu Smiths Zeiten war der Merkantilismus, die »Bezeichnung für eine durch massive Staatseingriffe in die Wirtschaft gekennzeichnete Wirtschaftspolitik während der Zeit des Absolutismus zwischen dem 16. und 18. Jahrhundert. Ziel war die Steigerung der nationalen Wirtschaftskraft und die Erhöhung der Staatseinkünfte, z. B. durch die Erhebung von Schutzzöllen und die Förderung der frühindustriellen Produktion.« (o. V. 2016) Wohlstand wurde also statisch betrachtet, d. h. je mehr Edelmetalle und andere Wertgegenstände man hortete, desto reicher war man. Also musste der Abfluss verhindert werden, was nur mit massiven Einschränkungen in Form von Zöllen und Abgaben möglich war. Gleichzeitig kam es zu einer Verquickung von Politik und Wirtschaft, so dass Reichtum gleichzeitig politischen Einfluss bedeutete, der sich wiederum in Gesetzen artikulierte, der einzelne Interessengruppen besser bzw. schlechter stellte und fairen und freien Marktzugang für viele unmöglich machte. Vor allem aber war der Wohlstandsbegriff an die Idee der Nation geknüpft, nicht jedoch an das Individuum. Anders als Kritiker der Ungleichheit wie Rousseau stellt Smith also die Frage, wie man relativen Wohlstand in die breite Masse tragen kann. Dies will er jedoch nicht durch Umverteilung oder weitere dirigistische Eingriffe erreichen, sondern durch Wirtschaftsdynamik. Smith entwickelt also nicht etwa eine Theorie des Kapitalismus, sondern eine der Marktwirtschaft. Seine Philosophie wurde von Eamonn Butler prägnant auf den Punkt gebracht: »We do not need to impoverish others to enrich ourselves.« (Smith 2010, Introduction)

Smith weist oft genug darauf hin, dass der merkantilistische Kapitalist im Zweifelsfall sehr wenig Interesse an echter Marktwirtschaft hat und auf Kosten der Allgemeinheit Reichtümer anhäuft. Genau das möchte Smith ändern: Wohlstand soll zirkulieren und neuen Wohlstand schaffen. Er glaubt an eine Zukunft, in der Handel Frieden bringt und in der Wohlstand für alle möglich ist. Der Vorwurf, er sehe die Welt durch »rose-tinted spectacles« (Raphael 1985, S. 79) ist sicherlich sehr harsch, konnte Smith die technische und wirtschaftliche Dynamik des 19. Jahrhunderts, die sicherlich staatlicher Eingriffe zur Gestaltung der gesellschaftlichen Verträglichkeit des Wandels bedurft hätte (Polanyi 2001, S. 133), nicht voraussehen.

Daher wurde die Frage, wie frei Märkte denn nun sein dürfen, im 19. Jahrhundert sicher anders diskutiert als im 18. Jahrhundert. Gleichzeitig darf man aber auch nicht übersehen, dass viele soziale Ungerechtigkeiten des 19. Jahrhunderts eben nur deshalb passieren konnten, weil es keine freien Märkte gab, sondern die ökonomisch Schwachen per Gesetz und durch ökonomische Macht unterdrückt wurden.

Zum anderen hängt Smith seit Schumpeters fundamentaler Kritik, dass Smiths Werk keinen einzigen originellen Gedankengang enthalte (Starbaty 2016, S. 16) auch der Ruf eines intellektuellen Leichtgewichts an. Raphael weist jedoch darauf hin, dass eine reine Zusammenstellung von bereits vorhandenen Ansätzen und Theorien kein so ganzheitliches System von Marktwirtschaft hätte hervorbringen können. (Raphael 1985, S. 84) Smiths Überlegungen sind – wenn an vielen Punkten auch in ihrer Zeit verortet – jedoch auch heute noch relevant, weil sie wichtige Überlegungen zum Verhältnis von Staat und Wirtschaft enthalten.

4.1.2 Staatliche Kernaufgaben

Man würde Smith sicher Unrecht tun, wenn man ihn als Advokaten Laissez-faire-Kapitalismus sieht. Grundsätzlich sieht Smith drei Aufgabenbereiche als staatliche Funktionen:

- die äußere Sicherheit,
- Schutz aller Bürger vor »injustice and opression« (Smith 2010, S. 298),
- Investitionen in materielle und immaterielle Infrastruktur.

Das klingt zunächst tatsächlich nach einem relativ minimalistischen Staatsverständnis, aber wenn man sich vor Augen führt, dass der frühe Kapitalismus an vielen Punkten noch feudalen Regeln folgte und ökonomische Macht auch politische bedeutete und dadurch eben keine rechtliche Gleichstellung der Marktteilnehmer gewährleistet war, dann ist dies durchaus revolutionär und steht z. B. dem Staatsverständnis Edmund Burkes diametral entgegen, dem es darum ging, eine aus seiner Sicht natürliche Ordnung der Dinge zu wahren, in der es Ungleichheiten gibt. Er sieht die Freiheit des Individuums durchaus durch »avarice and ambition of the rich« in Gefahr (Smith 2010, S. 318) und sieht im Schutz der gleichen Bürgerrechte für alle ein staatliches Handlungsfeld. Der Rechtsstaat ist für ihn Grundlage für jede Gesellschaft, die wiederum auf Eigentum beruht. (Smith 2010, S. 319)

Auch bei der Entwicklung von gesamtgesellschaftlichem Wohlstand sieht Smith eine aktive Rolle des Staates, nämlich durch Investitionen. »The person who pays this tax, therefore, gains by the application more than he loses.« Dies ist also ganz klar von Ausgaben in Form staatlicher Transferleistungen abzugrenzen. Ausgaben des Staates müssen ausschließlich Investitionen sein, die eine Rendite erwirtschaften (Smith 2010, S. 298). Folglich muss der Staat auch das Recht haben, Steuern im angemessenen Umfang zu erheben. Smith sieht Steuern also nicht als Steuerungsinstrument, sondern ausschließlich zur Deckung des legitimen Finanzbedarfs des Staates.

Hier bringt Smith bereits auch das ins Spiel, was heute unter dem Grundsatz der Schonung der Steuerquellen bekannt ist. Jeder Bürger soll als im Rahmen seiner Möglichkeiten zum Erhalt des Staatswesens beitragen in einem Steuersystem, das eine klare Rechtsgrundlage hat. (Smith 2010, S. 354) Ohne dass er direkt darauf Bezug nimmt, greift er damit natürlich auch den Auslöser der amerikanischen Revolution ein Jahr nach Erscheinen von *The Wealth of Nations* auf, nämlich ein Steuersystem, das als ungerecht und unberechenbar erlebt wurde. Die Steuerlast sollte gering bleiben, weil dem Markt sonst Kapital entzogen wird, aber ganz pragmatisch auch, weil hohe Steuern die Steuerhinterziehung incentivieren. (Smith 2010, S. 356)

Eine Staatsverschuldung lehnt er ab, weil dies zu mangelnder Haushaltsdisziplin und daraus resultierenden politischen Problemen führe. Betrachtet man die Haushaltslage in Frankreich zu diesem Zeitpunkt, ist das sicher zutreffend, denn diese führte geradewegs zur französischen Revolution, da die hohen Staatsschulden das politische System destabilisierten. (Furet; Richet 1987, S. 56 ff.) Nun ist seit Keynes Wirtschaftspolitik häufig davon geprägt, dass der Staat antizyklisch Geld ausgibt, in der Hoffnung dadurch die Nachfrage zu stimulieren. Wenn der Staat nun also in wirtschaftlich schwachen Zeiten großes Engagement zeigt, ist das nur durch Verschuldung machbar. Ob das tatsächlich funktioniert, ist fraglich. Unbestritten ist jedoch, dass antizyklische Ausgaben dazu führen, dass der Staatshaushalt defizitär wird und die Schuldenlast damit nachfolgenden Generationen aufgebürdet wird. Insofern sind hohe Staatsschulden tatsächlich weder nachhaltig noch generationengerecht.

Natürlich steht Smith als Advokat des freien Marktes staatlichen Eingriffen in die Wirtschaft ablehnend gegenüber. Das ist weniger eine ideologische Frage. Aus seiner Sicht erreichen sie in der Regel nichts und sind gesamtwirtschaftlich schädlich. Daher führt er zahlreiche Beispiele an, in denen solche Eingriffe zu Lasten der Allgemeinheit gingen und nur bestimmte Interessengruppen bedient haben. Protektionismus führt zu hohen Preisen und schlechterer Qualität und damit zu einem gesamtwirtschaftlichen Schaden. An sich ist das ein fast schon banaler Gedanke, dennoch war er in der merkantilistischen Wirtschaft geradezu revolutionär. Man muss aber gar nicht so weit in der Geschichte zurückgehen, um immer wieder Versuche zu finden, Wettbewerb einzuschränken. So berichtet Jim Collins, dass der US-amerikanische Fernsehgerätehersteller Zenith lange Zeit versucht habe, Importe aus Asien mit rechtlichen Mitteln zu unterbinden, statt neue effektivere Produktionsmethoden zu entwickeln oder gar neue Technologien zu entwickeln. (Collins 1997) Zum anderen aber legt er auch dar, dass unprofitable Geschäftsmodelle nie durch staatliche Interventionen profitabel werden können. Durch die Subventionierung nicht tragfähiger Geschäftsmodelle wird Kapital, das an anderer Stelle profitabel und damit im Sinne aller eingesetzt werden könnte, vernichtet. (Smith 2010, S. 148) In anderen Worten ausgedrückt: Was keinen Markt hat, hat keine Existenzberechtigung.

Sicher haben die Jahre seit der großen Finanzkrise von 2008 gezeigt, dass es sehr sinnvoll sein kann, konjunkturelle Schwankungen durch staatliche Interventionen abzufedern. Aber keine Firma, deren Geschäftsmodell nicht funktioniert, wurde je durch staatliche Intervention gerettet. Den Mitarbeitern der Firma Praktiker wurde z. B. Kurzarbeitergeld gezahlt, obwohl jedem hätte klar sein müssen, dass die fundamentalen Probleme des Unternehmens weit zurückreichten und durch die Wirtschaftskrise nur verstärkt worden waren. So ist es nicht erstaunlich, dass dieses ungesunde Unternehmen schließlich trotz staatlicher Transferleistungen mit hohen Verlusten für alle Beteiligten 2013 vom Markt verschwand. Dadurch wurden Steuergelder verschwendet, aber das letztlich künstlich am Leben gehaltene Unternehmen schadete Mitarbeitern, Lieferanten und Mitbewerbern.

Natürlich kann ein Politiker sich gut darstellen, wenn er wie der damalige Bundeskanzler Schröder den Mitarbeitern des überschuldeten Holzmann-Konzern zuruft: Ihr werdet es schaffen! Aber die harte Realität war, dass der vollkommen überschuldete Konzern eben zu diesem Zeitpunkt nicht mehr sanierungsfähig war. (o. V. 2015 (2)) Auch hält sich im linken Lager hartnäckig der Mythos, dass Investitionen in unprofitable Geschäfte wie z. B. Flughäfen in strukturschwachen Regionen durchaus sinnvoll sein können, weil die Verluste des an sich nicht wirtschaftlichen Objekts durch eine gesamtwirtschaftliche Dynamik in der Region wieder ausgeglichen werden. Wenn das funktionieren würde, dann hätte man ein ökonomisches Perpetuum mobile erfunden.

Vor allem aber warnt Smith aus einer systemischen Sicht vor staatlichen Eingriffen. Dabei geht es ihm weniger um den überstrapazierten Begriff der »invisible hand« (den er nie in diesem Kontext verwendet) als eher um die Selbstordnungskraft des Marktes. Vielmehr warnt er davor, dass jeder direktive Eingriff in ein komplexes System eben auch sehr viele unerwünschte und unabsehbare Nebeneffekte haben kann (Smith 2010, S. 297), wie man dies ja in der Debatte um die sicher für wirtschaftliche Schwache gut gemeinte Mietpreisbremse beobachten kann.

Insofern ist er auch kein Befürworter pauschaler Umverteilungen von Lasten, sondern fordert bei Steuern und Abgaben dort, wo es möglich ist, eine Belastung derer, die von der Maßnahme profitieren. Daher hält er gerade für Infrastrukturinvestitionen regionale Steuern für effektiver als zentrale. (Smith 2010, S. 324 f.) Er lehnt auch eine wirtschaftliche Betätigung des Staates grundsätzlich ab und schlägt vor, landwirtschaftlich nutzbare Kronländereien dem Volk zuzuteilen, weil dies einen höheren gesamtgesellschaftlichen Nutzen bringt. (Smith 2010, S. 352) Bemerkenswert ist, dass Smith Bildungspolitik bei den Infrastrukturinvestitionen verortet (Smith 2010, S. 321). Hierbei geht es ihm jedoch weniger um technische

Fähigkeiten, die in der Frühindustrialisierung eventuell benötigt wurden. Für Smith stehen dabei die Selbstverwirklichung des Individuums (Smith 2010, S. 343) und das Funktionieren einer Gesellschaft, in der jeder Verantwortung trägt, im Mittelpunkt (Smith 2010, S. 347). Das macht Smith zu einem sehr modernen Denker. Auch wenn er die finanzielle Abhängigkeit der Professoren von ihren Studenten an damaligen Universitäten kritisiert, möchte er Lehrer anteilig durch Schulgeld bezahlen lassen, damit diese auch Einsatz zeigen. (Smith 2010, S. 347 ff.) Es ist natürlich ein Bruch in Smiths an sich positiven Menschenbild, in dem er sogar die talentbasierte Berufsauswahl (Smith 2010, S. 28 f.) kennt, wenn er anführt, dass Menschen finanziell bedroht oder erpresst werden müssen, um Leistung bringen zu wollen.

4.1.3 Natural Liberty

Die Grundbedingung für das Funktionieren jeden Staatswesens und jeder Marktwirtschaft ist für Smith ein funktionierender Rechtsstaat mit Gewaltenteilung und einer unabhängigen Justiz (Smith 2010, S. 203 ff.). So sind die persönliche Freiheit, Grundrechte und Schutz vor Gewalt für ihn wichtige staatliche Errungenschaften. (Smith 2010, S. 185 ff.) Vor allem aber ist es die Aufgabe des Staates, die »natural liberty« des Bürgers zu garantieren: »Every man, as long as he does not violate the laws of justice, is left perfectly free to pursue his own interest his own way and to bring both his industry and capital into competition within those of any other man or order of man.« (Smith 2010, S. 297) Im Umkehrschluss heißt das natürlich, dass niemand den Anspruch haben darf, vom Staat vor Wettbewerb geschützt zu werden. Hier zeigt sich eines der zentralen Spannungsfelder des Liberalismus. Dabei geht es zum einen um »Freiheit von«, also um die Abschaffung von Restriktionen, die diese Freiheit einschränken. Jeder Mensch muss die Gestaltungsfreiheit für seinen Lebensentwurf haben, solange er damit nicht die Freiheitsrechte anderer gefährdet. Das spricht erst einmal für eine möglichst geringe Dimension staatlicher Einmischung. Das allein würde jedoch zu kurz greifen. Ein schwacher Staat würde zulassen, dass nicht demokratisch legitimierte Kräfte (z. B. Kapital, organisierte Kriminalität, Interessengruppen) Macht auf den Bürger ausüben. Diese Macht muss kontrolliert werden. Wir können noch heute in den Transformationsstaaten Osteuropas beobachten, dass eine schwach ausgeprägte Staatsmacht dazu führt, dass nicht nur Korruption um sich greift, sondern dass nicht demokratisch legitimierte Interessengruppen mehr Macht über Individuen ausüben können als der Staat. Diskutiert man heute mit jungen Ukrainern, so ist eines der für sie wichtigsten Themen, wie der Staat nach dem Krieg gestaltet sein soll, um durch das staatliche Machtmonopol möglichst viel Freiheit zu gewährleisten Wie soll ein freier und fairer Wettbewerb bei asymmetrischen Machtverhältnissen ohne staatliche Eingriffe funktionieren? Also ist »Freiheit zu« im Liberalismus ebenfalls eine wichtige Komponente und erzeugt ein Spannungsfeld politischen Handelns.

4.1.4 Arbeitsteilung und freie Märkte

Für Smith ist Arbeitsteilung der Beginn der modernen Marktwirtschaft bzw. sogar Gesellschaft. Dieser Grundgedanke zieht sich als roter Faden durch das Buch, denn Smith sieht Arbeitsteilung zwischen Menschen, aber auch zwischen Regionen, Stadt, Land und Staaten. Diese Arbeitsteilung zwingt Menschen zum Handeln und Tauschen und dadurch »a bond of union and friendship«[10] (Smith 2010, S. 254) zu schaffen. Er weist auch darauf hin, dass Handel Gesetze und Sicherheit benötigt und dass die wirtschaftlichen Aktivitäten der Städte (Smith 2010, S. 193) letztlich dazu geführt hätten, dass Rechte nicht mehr von der Herrschaft gewährte Privilegien sind, sondern Grundrechte. Rechtstaatlichkeit und Freiheit sind für ihn untrennbar mit dem Handel verbunden, der aus Arbeitsteilung entsteht. (Smith 2010, S. 185 ff.)

Arbeitsteilung steigert laut Smith die Produktivität und die Qualität der hergestellten Produkte. Die gesteigerte Produktivität führe zu »a proportional increase of the productive power of labour«. (Smith 2010, S. 15) Er benutzt hier als Anschauungsmaterial die Herstellung einer Nadel. Ein einzelner Arbeiter, der alle Arbeitsschritte selbst durchführt, würde etwa eine Nadel pro Tag schaffen. Smith geht davon aus, dass 10 gut ausgebildete Arbeiter arbeitsteilig gemeinsam 48.000 Nadeln an einem Tag herstellen könnten und damit den Preis senken und die Warenverfügbarkeit steigern. Tatsächlich waren Nadeln noch zu elisabethanischer Zeit ein extrem wertvoller Besitz, weil sie teuer und schwer zu bekommen war.

Bemerkenswert ist, dass Smith nicht nur Ausbildung und Arbeitsteilung anspricht, sondern sogar eine fast schon tayloristische Strategie der Prozessoptimierung zur Effizienzsteigerung ins Spiel bringt. (Smith 2010, S. 17) Er postuliert, dass eine Gesellschaft umso arbeitsteiliger ist, je höher entwickelt sie ist. Umgekehrt gäbe es in wenig entwickelten Wirtschaften auch wenig Arbeitsteilung. Dies habe zur Folge, dass in arbeitsteiligen Gesellschaften » a general plenty diffuses itself thorough all the different ranks of society.« (Smith 2010, S. 22) Er spricht hier weniger das an, was später als »trickle down effect« bezeichnet wurde, sondern hebt vielmehr auf Warenverfügbarkeit ab. Wie bereits erwähnt, ging es Smith um relativen Wohlstand für die Massen (Smith 2010, S. 87), und das Beispiel der Lohnkosten hat ja gezeigt, dass er grundsätzlich die Forderung aufstellt, dass Löhne volkswirtschaftlich sinnvoll sein müssen, d. h. die reine Subsistenzwirtschaft wenig erstrebenswert ist, sondern dass eine gleichmäßigere Verteilung von Wohlstand für die Gesellschaft für das Wirtschaftswachstum zielführender ist. Die Möglichkeit, sich unabhängig von der Alimentierung durch andere, seinen Lebensunterhalt zu verdienen, ist für Smith eine Frage der Menschenwürde. (Smith 2014, S. 27) Arbeitsteilung und höhere Produktivität ermöglichen höhere Löhne und damit auch ein Mehr an Lebensqualität.

---

10 Letztlich findet sich der Grundgedanke heute in der Maxime »Wandel durch Handel« wieder. Allerdings zeigen die aktuell relevanten Beispiele Russland und China, dass dies kulturübergreifend nicht zu funktionieren scheint.

Mit zahlreichen sehr plastischen Beispielen legt Smith dar, weshalb Arbeitsteilung für das Individuum, aber auch für die Gesellschaft als Ganzes, gut ist. Bemerkenswert ist tatsächlich, dass Smith in der Spezialisierung auf Berufe und/ oder Aufgaben den Ansatz für eine talentbasierte Ausbildung und Berufswahl sieht. Das ist ein sehr moderner Denkansatz, auch wenn Smith an anderen Stellen immer wieder auf monetäre Incentivierung bei der Arbeit setzt. (Smith 2010, S. 91) Also führt die Arbeitsteilung zwischen Menschen für Smith dazu, dass die Qualität der Produkte besser wird, weil sie von spezifisch ausgebildeten Menschen hergestellt werden, die Produktivität und Warenverfügbarkeit steigen und somit der gesamtgesellschaftliche Lebensstandard sowie durch das größere Angebot die Preise sinken, was wiederum viele Dinge für viele Menschen erschwinglich macht. Smith wie später auch Ricardo gehen davon aus, dass Produkte einen natürlichen Preis haben, zu dem sie immer wieder zurückkehren. Abweichungen in die eine oder andere Richtung seien nur kurzfristige Marktschwankungen.

Außerdem ermöglicht es eine hohe Produktivität den Menschen, Dinge dann zu Geld zu machen, wenn sie das Geld brauchen. Somit gibt die Arbeitsteilung mehr Sicherheit in wirtschaftlich kritischen Situationen. Diese Form der Arbeitsteilung sieht er dann auch zwischen Stadt und Land. Die Städte sind die Produktions- und Distributionszentren, das Land ist der Rohstofflieferant. Letztlich profitieren beide Regionen von diesem Austausch, weil sie sich jeweils auf ihre Kernkompetenzen fokussieren können. Die wachsenden Absatzmärkte in den Städten führen wiederum zu einer Produktivitätssteigerung auf dem Land. (Smith 2010, S. 161) Er konnte natürlich nicht voraussehen, dass das Bevölkerungswachstum solche Ausmaße annehmen würde, dass das Land die Städte im 19. Jahrhundert nicht mehr ernähren konnte.

Den Grundgedanken der Arbeitsteilung führt Smith dann jedoch auf internationaler Ebene weiter. Grundsätzlich stellt er sich gegen die politische Überzeugung seiner Zeit, dass Wohlstand dann erreicht sei, wenn man möglichst große Vorräte von Edelmetallen im eigenen Land hält. Tatsächlich weist Smith sogar darauf hin, dass der Import von Edelmetallen problematischer ist als der Export, da zu große Vorräte deren Wert senken. (Smith 2010, S. 231) Er differenziert stattdessen zwischen »fixed capital« und »circulating capital«. Letzteres wird investiert und bringt dadurch wirtschaftliche Dynamik. (Smith 2010, S. 131) Gut bezahlte Arbeitsplätze, legt er am Beispiel der amerikanischen Kolonien dar, entstehen jedoch nicht dort, wo absolut betrachtet ein hoher Wohlstand herrscht, sondern dort, wo es eine hohe Wirtschaftsdynamik gibt. (Smith 2010, S. 81) Insofern betrachtet er den internationalen Handel sowohl unter dem Absatz – wie unter dem Beschaffungsaspekt und dem volkswirtschaftlichen Nutzen.

Hier erkennt er natürlich, dass die protektionistische Wirtschaftspolitik seiner Zeit genau dies nicht tut. Diese Politik nützt durch Restriktionen im Freihandel eben nicht der Allgemeinheit, sondern schützt Partikularinteressen auf Kosten der Gesellschaft: »All for ourselves, and nothing for other people, seems in every age of the world to have been the vile maxim of the masters of mankind.« (Smith 2010, S. 205). Und: »Many manufacturers have (...) obtained in Great Britain (...) a monopoly against their countrymen.« (Smith 2010, S. 235) Gerade Einfuhrzölle auf landwirtschaftliche Produkte kritisiert er als schädliche Monopole. (Smith 2010, S. 213) Er kommt zu einem nüchternen Schluss: »No regulation of commerce can increase the quantity of industry in any society.« (Smith 2010, S. 236)

Ein künstliches Hochhalten von Preisen durch Protektionismus lehnt Smith ab, denn: »If a foreign country can supply us with a commodity cheaper than we ourselves can do it, better buy it of them with some part of the produce of our own country.« (Smith 2010, S. 241) Letztlich steckt darin der eiserne Grundsatz der Strategieentwicklung, nämlich dass jede Strategie stärkenbasiert sein muss und eine Investition in Schwächen relativ sinnlos ist. Für Smith ist das aber einfach gesunder Menschenverstand: »It is the maxim of every master of a family never to attempt to make at home what it will cost him more to make than to buy. What is prudence in the conduct of every private family, can scarce be folly in that of a great kingdom.« (Smith 2010, S. 241) Es sei sinnlos, gegen Freihandel zu agieren, denn es gäbe nun einmal Wettbewerbsvorteile einzelner Länder bei bestimmten Produkten, was sich in der Summe jedoch wieder ausgleicht. (Smith 2010, S. 243) Neben den topographischen Gegebenheiten sind für Smith drei Faktoren relevant, die zum Preis einer Ware führen, nämlich Fixkosten, Lohnkosten und der zu erwirtschaftende Profit. Diese Faktoren schwanken zwischen Ländern und machen Standorte für bestimmte Wirtschaftszweige attraktiver oder unattraktiver.

Bei Freihandel müsse es also darum gehen, dass (wie auch in der Binnenwirtschaft) alle Marktteilnehmer davon profitieren und ihre Stärken einbringen können. Die Handelspolitik seiner Zeit kritisiert er dann auch in harschen Worten: »The modern maxims of foreign commerce, by aiming at the impoverishment of all our neighbours (...) tend to render that very commerce insigificant and contemptible.« (Smith 2010, S. 257) Er stellt sich auch mehrfach ausdrücklich gegen die Deindustrialisierung der Kolonien (Smith 2010, S. 260 ff.) Dies sei auch schon ein Gebot des Eigeninteresses, denn je wohlhabender die Handelspartner sind, desto profitabler ist der Handel. (Smith 2010, S. 256) Im Laufe des Kapitels wird noch aufgezeigt werden, dass das Eigeninteresse als Motivation zum Handeln ein zentrales Motiv bei Smith ist. Die Summe der Eigeninteressen, egal auf welcher Ebene, führen in der Summe stets zu einem Ausgleich, der für alle vorteilhaft ist. Ein Blick in Smiths moralphilosophische Ausführungen zeigt das Konzept des »impartial spectators«: Einem fiktiven Zuschauer gleich, bewertet jeder seine eigenen Handlungen nach den moralischen Standards seines Umfelds. Die Sozialisierung des Individuums entscheidet also darüber, wie moralisch jemand handelt bzw. welche moralischen Grenzen jemand überschreitet. (Raphael 1985, S. 41 f.) So ist es sicherlich kein Zufall, dass die schlimmsten gesellschaftlichen Exzesse eines Raubtierkapitalismus in der viktorianischen Zeit stattfanden, die moralisch schon fast schizophren war (Hobsbawm 1977, S. 230): Der vordergründigen und übertrieben zur Schau gestellten Moral standen unfassbare Abgründe von Grausamkeiten, Ausschweifungen und Gräueltaten gegenüber. (Chesney 1989, S. 13 f.) Diese fanden teilweise im Verborgenen statt oder waren gar gesellschaftlich legitimiert. Die Zeit des Elends der sozialen Frage, war ein Zeitalter der Heuchelei, in dem es den

»impartial spectator« für viele nicht gab. Es galt nur, nach außen die Form zu wahren.

Smith illustriert die Theorie der sich ausgleichenden Wettbewerbsvorteile an sehr greifbaren Beispielen. So sei die Region um Bordeaux besonders gut für den Weinbau geeignet und man könne dort mit minimalen Investitionen maximale Erträge erwirtschaften. Also ist es sinnvoll, dort in Weinbau und -handel zu investieren. (Smith 2010, S. 141) Dem stellt er entgegen, dass es durchaus möglich sei, in Schottland Weine zu produzieren, die bestenfalls mittelmäßig wären. Für dieses Ergebnis müsste man jedoch einen unverhältnismäßigen Aufwand betreiben, der den Wert der Ware bei weitem übersteigen könnte. Ein Wein gleicher Qualität oder sogar besserer aus anderen Ländern wären deutlich günstiger zu bekommen[11]. (Smith 2010, S. 243 ff.) Insofern wären also Zölle notwendig, um ein besseres Produkt unattraktiv zu machen und höhere Erlöse mit einem minderwertigen Produkt zu erzielen. Insofern sind diese Zölle gesamtgesellschaftlich schädlich und abzulehnen. Nun zeigt sich aber genau an dieser Stelle, dass Smith eben kein Marktradikaler ist: Er weist ausdrücklich darauf hin, dass der Wandel von einem geschützten zu einem freien Markt gestaltet werden muss und dass eine solche Transformation stufenweise erfolgen kann, da sonst negative Effekte eintreten können. (Smith 2010, S. 246)

Die Geschichte hat Smith in Bezug auf die allgemeine Nützlichkeit von Freihandel Recht gegeben: Das große Elend der sozialen Frage im 19. Jahrhundert konnte letztlich nur durch Freihandel mit Getreide gemildert werden. Man kann hier natürlich kritisch anmerken, dass Smith nicht berücksichtigt hat, dass nationale Gegenebenheiten unter Umständen aber auch dazu führen können, dass die Produktionsbedingungen nicht fair sind und der daraus resultierende Wettbewerb auch nicht. So führt ein Überangebot von Arbeitskräften zu Preisen, die nur durch Missachtung fundamentaler Rechte der Arbeiter zu erreichen sind. Dennoch offenbart sich hier auch die größte Schwachstelle in Smiths Gedankengebäude, da seine Überlegungen auf der Steigerung der Produktion basieren. Die Nachfrage wird weitestgehend vernachlässigt. Gerade das frühe 19. Jahrhundert hat jedoch gezeigt, dass nicht die Produktion, sondern die Distribution der entscheidende Faktor ist. Daher verschieben die ökonomischen Theorien nach Smith sich deutlich in Richtung Wettbewerbsstrategien. (Hobsbawm 1977, S. 290)

4.1.5 Der Kapitalist

Smith wird ja gern als Vordenker des Raubtierkapitalismus oder gar als hartherziger Verfechter sozialer Ungleichheit dargestellt. (Starbatty 2016, S. 78) Eamon Butler schreibt in der Einleitung zur hier zitierten Ausgabe von *The Wealth of*

---

[11] Das ist bis heute das fundamentale Problem britischer Winzer, die im Süden durchaus gute Weine und hervorragende Schaumweine produzieren, aber letztlich zu nicht marktgerechten Preisen.

Nations, Smith sei »no defender of ›greed is good‹ economics; the author's humanity and benevolence tint every page. He advocates free markets, limited government, personal freedom and the rule of law precisely because it is the poor not the wealthy and powerful who benefit most from them.« (Butler 2010) Es wurde ja bereits aufgezeigt, dass Smith eine Vermischung von wirtschaftlicher und politischer Macht sehr kritisch sieht und darlegt, dass dies zu wirtschaftspolitischen Entscheidungen führt, die der Masse und besonders den Armen schaden. Den Kapitalisten sieht er in vielen Punkten nicht unkritisch, weil dieser im Zweifelsfall kein Interesse an einer Marktwirtschaft hat, die allen nutzt, sondern nur daran, sein eigenes Kapital zu schützen – eben auch auf Kosten anderer. »Avarice and ambition of the rich« sind für ihn ein großes Problem, das tatsächlich der Staat lösen muss. (Smith 2010, S. 318) Politik dürfe nicht bestimmt werden von »merchants and manufacturers, who neither are, nor ought to be, the rulers of mankind.« (Smith 2010, S. 254)

Ebenso lehnt er es ab, Kosten für Infrastruktur, die nur einer Elite zugutekommen, auf die Allgemeinheit abzuwälzen. (Smith 2010, S. 324 ff.) Insgesamt argumentiert Smith beim Thema Verschwendung puritanisch. Luxus hält er für moralisch fragwürdig, aber auch volkswirtschaftlich schädlich. »Every prodigal appears to be a public enemy, and every frugal man a public benefactor.« (Smith 2010, S. 148) Geld, das zirkuliert wird nicht verzehrt und schafft damit Wohlstand für andere. So wie der Staat Edelmetalle nicht horten soll, soll auch der Marktteilnehmer sein Geld nicht horten, sondern in den Wirtschaftskreislauf einbringen. Smith ist sehr moralisierend, was überflüssigen Konsum und Freizeit angeht. Damit steht er im Gegensatz etwa zu Thorstein Veblen (1857-1929), der postuliert, dass es zur Entwicklung einer jeden Gesellschaft gehört, dass er eine Klasse gibt, die produktiv arbeitet und eine »leisure class« (Veblen 2005, S. 7), die die ihre »habitual aversion to menial employments« (Veblen 2005, S. 8) durch Statussymbole dokumentiert. Nämlich durch »conspicuous leisure« (nicht-produktive Tätigkeiten) (Veblen 2005, S. 21) und »conspicuous consumption« (Geldausgaben für Luxusgüter) (Veblen 2005, S. 42). Smith sieht den effektiven Kapitalisten hingegen als ausschließlich rational handelnden Menschen: Alles, was für den überflüssigen Konsum ausgegeben wird, steht für Investitionen nicht mehr zur Verfügung und degradiert die Armen zu Dienern der Reichen, ohne Chance auf Verbesserung ihrer Lebensqualität. Das belegt Smith dann auch mit zahlreichen Beispielen. (Smith 2010, S. 141 ff.) Bemerkenswert ist, dass es Smith dabei offensichtlich nicht ausschließlich um die materielle Situation der Leute geht, sondern um ihre Würde, da er sie zu »servants« degradiert sieht. Das erinnert natürlich sehr an die heutigen Diskussionen um die Höhe staatlicher Transferleistungen, die eben den Leistungsempfänger nicht in Abhängigkeit vom Staat manövrieren, sondern Hilfe zur Selbsthilfe sein soll. Der Mechanismus ist der gleiche: Materielle Motivation zur Veränderung fehlt und alles, was durch Steuern und Abgaben umverteilt wird, steht nicht mehr für Investitionen bzw. für den Markt zur Verfügung.

4.1.6 Eigeninteresse als Handlungsmotivation

Alles in allem ist *Wealth of Nations* geradezu von einem Abscheu vor Menschen geprägt, die sich auf Kosten anderer aneignen wollen, was ihnen nicht durch Leistung zusteht. So kritisiert er an mehreren Stellen die unfairen Praktiken der East India Company und kann sich auch Seitenhiebe auf Großgrundbesitzer nicht verkneifen, denn diese ernten ja gern dort, wo sie nicht gesät hätten (Smith 2010, S. 57). Dies soll nun auf keinen Fall heißen, dass Smith ein grundsätzliches Problem mit Ungleichheit hätte oder gar Umverteilungsmechanismen fordern würde, sondern dass es ihm vielmehr um Prozessgerechtigkeit geht, also um Teilhabe am Markt.

Ebenso kritisch sieht Smith Menschen, die vorgeben, im Interesse anderer zu handeln. »I have never known much good by those who affected to trade for the public good.« (Smith 2010, S. 240) Zum einen geht es dabei um die bereits angesprochene Komplexität und die möglich schädlichen Konsequenzen gutgemeinten Handelns. Zum anderen aber hat Smith natürlich das Idealbild des autonomen und eigenverantwortlich handelnden Bürgers, das ja bereits mit »natural liberty« beschrieben wurde. Smith sieht auch aus seiner Moralphilosophie heraus Eigeninteresse als einzig legitimes Motiv für das eigene Handeln (Raphael 1985, S. 37 ff.). Unsere Marktteilnahme erfolgt also nicht aus der Motivation heraus, anderen Gutes zu tun, sondern um unser Eigeninteresse zu vertreten. Dadurch, dass Bäcker, Metzger oder Brauer ihre Produkte herstellen und verkaufen, tragen sie zum gesamtgesellschaftlichen Wohl bei. Die Summe der Eigeninteressen gleicht sich aus, so dass niemand benachteiligt ist. Der Gedanke mag zunächst naiv erscheinen, aber man darf nicht außer Acht lassen, dass Smith davon ausgeht, dass ein rechtlich geregelter Markt mit freiem und fairem Marktzugang für alle, nicht zulässt, dass ein Marktteilnehmer dem anderen schadet (z. B. durch Monopole oder Dumping) . Es wurde bereits gezeigt, dass Smith es kategorisch ablehnt, wenn die Interessen einzelner Gruppen über die anderer gestellt werden. Es ist durchaus interessant, Smiths Gedanken zum Eigeninteresse auf die politische Ebene zu spiegeln: Wie demokratisch ist es, in Anspruch zu nehmen, für eine andere Person oder Gruppe zu sprechen oder zu handeln, wenn man von dieser kein Mandat dazu hat? So nahm die »political correctness« ihren Ursprung in den 1970er-Jahren an Hochschulen in den USA, an denen sich Vertreter dieser Minderheiten nicht oder nur in geringem Ausmaß fanden, d. h. die Protagonisten dieser Denkschule gaben vor, sich Macht für andere aneignen zu müssen.

4.1.7 Zusammenfassung

Für den heutigen Leser ist Smith an vielen Punkten schwer zugänglich. Das mag teilweise an seiner barocken Sprache liegen, aber auch an der Vorgehensweise anhand einer Fülle von Einzelbeispielen induktiv vermeintlich allgemeingültige Regeln abzuleiten. Dennoch muss man ihm zugutehalten, dass er die scheinbaren ökonomischen Wahrheiten seiner Zeit empirisch hinterfragt hat. Zunächst mögen dem modernen Leser Smiths Ansätze naiv vorkommen, weil er aus der Geschichte weiß, dass eben nicht das von Smith vorhergesagte goldene Zeitalter des Wohlstands folgte, sondern das unfassbare Elend der Unterschichten im 19. Jahrhundert.

Aber dieses Urteil wäre ungerecht und letztlich auch inhaltlich falsch: zum einen konnte Smith das disruptive Bevölkerungswachstum und die Abnahme des Bedarfs an Arbeitskräften durch Automatisierung nicht voraussehen. Zum anderen aber liegt die Ursache für viel Elend in dieser Zeit eben genau darin, dass es keine Marktwirtschaft gab und der Marktzugang an ökonomische und/ oder politische Macht geknüpft war. Damit waren die Unterschichten dem Kapitalismus ohne echte Marktwirtschaft hilflos ausgeliefert.

Sicherlich übersieht Smith an vielen Punkten die Notwendigkeit, Wandel zu gestalten und die oft negativen Folgen abzumildern. Polanyi führt an, dass die Enclosures von Allmenden zur Schaffung von Weideland für die britische Wollindustrie wichtig waren und damit auch gesamtwirtschaftlich von Vorteil. Allen weist ausdrücklich darauf hin, dass ohne die Modernisierung der Landwirtschaft, zu der auch diese Enclosures gehören, es nicht möglich gewesen wäre »to raise his productivity enough to feed more mouths than before.« (Allen 2009, S. 57) Die Tatsache, dass man jedoch keine politischen Anstrengungen zur Gestaltung dieses Wandels unternahm, verschärfte das Elend der einfachen Landbevölkerung. (Polanyi 2001, S. 37 ff.) Insofern sehen wir rückblickend deutlich, dass Smiths Definition staatlicher Kernkompetenzen in einer modernen Gesellschaft an ihre Grenzen stößt. Dennoch leben wir in einer Zeit immer weiter ausufernder staatlicher Aufgaben und Interventionen, in der man durchaus die Frage aufwerfen kann, was staatliche Aufgaben bzw. Kompetenzen denn nun eigentlich sind und ob der Belastung der Bürger durch Steuern und Abgaben tatsächlich für den individuellen Steuerzahler auch ein entsprechender Nutzen entgegensteht. Für die von Teilen der Politik aufgestellte Behauptung, dass Steuern steuern, gibt es historisch betrachtet sehr wenige Belege. Insofern ist die Aussage, dass Steuern ausschließlich der Finanzierung staatlicher Ausgaben dienen und dem Bürger einen Nutzen bringen müssen, auch heute noch ein valider Punkt.

Gleichzeitig sind seine Argumente gegen staatliche Interventionen inhaltlich überzeugend, nämlich die Unabsehbarkeit der Folgen bei Eingriffen in komplexe Systeme[12] und die harten ökonomischen Realitäten: Nicht tragfähige Geschäftsmodelle sind nicht zu retten und sollten auch nicht gerettet werden, weil das der Allgemeinheit schadet. Zahlreiche Beispiele aus der Nachkriegszeit belegen das sehr deutlich. An die Stelle des allmächtigen Staates und des allwissenden Politikers setzt Smith »trial and error« als politisches Prinzip: Für individuelle Probleme müssen individuelle Lösungen gefunden werden. Insofern hat Smith auch heute

---

12 Vgl. hierzu auch Polanyis Abhandlung über die Auswirkungen des Spleenhamland Law, das eigentlich das Leid der armen Bevölkerung lindern sollte, faktisch jedoch das Gegenteil erreichte. (Polanyi 2001, S. 81 ff.)

noch Relevanz. Auch die vom linken politischen Lager oft gestellte Frage: »Muss man alles tun, was man tun kann?« beantwortet Smith bereits im 18. Jahrhundert mit einem eindeutigen Ja. Wer den Fortschritt verhindern will, der nutzt zwar denen, die vom alten System profitieren, schadet aber der Gesellschaft als Ganzes, weil er ihnen neue Technologien, günstigere Preise und/ oder bessere Qualität vorenthält. Man kann dies momentan sehr deutlich bei der Diskussion um E-Commerce und dessen Auswirkungen auf die Stadtzentren beobachten. An vielen Punkten wird diskutiert, was man denn gegen den E-Commerce tun kann, statt darüber wie er allen nutzen kann, wie z. B. Innenstädte sich neu erfinden können (und müssen). Gerade die Geschichte der Nachkriegszeit hat sehr deutlich gezeigt, dass die Entwicklung hin zu einem konsequenten Freihandel vielen genutzt hat und der Versuch, ihn zu verhindern kaum jemandem genutzt hat. Natürlich ist die Realität des 20. und 21. Jahrhunderts deutlich komplexer als zu Smiths Zeiten. Themen wie Corporate Citizenship oder unfaire Wettbewerbsvorteile konnte er nicht erahnen. Daher wäre es falsch, bei Smith nach Antworten zu dem Themenbereich zu suchen oder sich mit Bezug auf Smiths Marktgedanken Handlungsoptionen nach dem Trial and error-Prinzip zu versagen. Smith war also definitiv kein Apologet eines Faustrechts der Marktwirtschaft. Für ihn steht bei seinen marktwirtschaftlichen Betrachtungen immer das Wohl aller und die Menschenwürde im Mittelpunkt. Kritisch muss man an dieser Stelle natürlich anmerken, dass Smith an vielen Punkten das Bild eines *Homo oeconomicus* hat, dessen Handlungen ausschließlich von rationalen und wirtschaftlichen Überlegungen geleitet sind. Man kann aber auch sicherlich nicht den Bewusstseinsstand des 20. Jahrhunderts bei einem Autor des 18. Jahrhunderts erwarten, doch stößt Smith dort inhaltlich an Grenzen. Nichtsdestotrotz führt dies nicht dazu, dass man seine Überlegungen verwerfen müsste, vielmehr bieten sie eine Grundlage für weiterführende Betrachtungen.

Smiths wesentliche Botschaft ist es, dass man Mut haben muss, um volkswirtschaftliche Prosperität zu erreichen: Dazu gehört die Bereitschaft, sich dem Wettbewerb auf allen Ebenen zu stellen, Kapital zu investieren und die Ängste zu überwinden, dass wirtschaftliche Entwicklungen Nachteile bringen.

4.2 Exkurs: Die Hölle der Industriellen Revolution und die Gründerzeit

> »The capitalist flourishes, he amasses immense wealth; we sink, lower and lower; lower than the beasts of burden; for they are fed better than we are, cared for more.« (Disraeli 1981, S. 115)

Die gewählte Überschrift ist polemisch und man mag sie vielleicht auch hinterfragen. War diese Zeit nicht eine Zeit großer kultureller Errungenschaften? War sie nicht eine des Fortschritts? Der sozialen Mobilität? War sie vielleicht sogar die »gute alte Zeit«? Die ersten beiden Fragen kann man ohne Zweifel bejahen, aber sie war gleichzeitig für die überwiegende Zahl der Menschen zunächst eine Zeit des Elends, auch wenn der Weg der Industrialisierung langfristig durch wirtschaftsliberale Reformen zu mehr Prosperität für die vielen führte. (Eltis 2012, S. 205 ff.) »The great achievement of the British Industrial Revolution was that it led to continous growth, so that income compounded to the mass prosperity of today.« (Allen 2011, S. 27) Tatsächlich wird sich zeigen, dass die Industrielle Revolution nicht der Grund des Elends war, die Kapitalisten von diesem jedoch profitierten. Der Begriff Revolution impliziert eine Totalumkehrung der Verhältnisse in kurzer Zeit (Kosok 1989, S. 11); tatsächlich handelte es sich jedoch um einen längeren und umfassenden Transformationsprozess, der erst ex post aufgrund seiner Auswirkungen als Revolution definiert wurde. (Allen 2011, S. 27)

Die Industrielle Revolution nahm um 1760 ihren Anfang und damit begann auch trotz aller Ungleichheiten eine enorme Zunahme des volkswirtschaftlichen Wohlstands. (Hill 1969, S. 289) Dies geschah in Europa in unterschiedlichen Geschwindigkeiten, so dass zunächst England Vorreiter war. Auslöser für die Industrielle Revolution waren die im internationalen Vergleich sehr hohen Lohnkosten in England, die Investitionen in Maschinen nun wirtschaftlich attraktiv machten. (Allen 2009, S. 34)

Doch wie revolutionär waren die technischen Innovationen wirklich? Im ausgehenden 18. und 19. Jahrhundert finden sich nur wenige disruptive technische Innovationen und wenige Erfindungen, die den Rahmen der bestehenden wissenschaftlichen Erkenntniswelt sprengen. So gehen erste Überlegungen zur Dampfmaschine bereits in das 17. Jahrhundert zurück, wurden aber nicht weiterverfolgt. (Allen 2009, S. 158) Der 1769 patentierte mechanische Webstuhl geht auf Ideen aus dem 15. Jahrhundert zurück. (Allen 2009, S. 196 f.) Es waren vor allem die hohen Lohnkosten, die dazu führten, dass Investitionen in Substitution von menschlicher Arbeit durch Automatisierung notwendig wurden und sich rechneten. Marktkräfte machten systematische Investitionen in Forschung und Entwicklung nicht nur profitabel, sondern notwendig. Den großen technischen Innovationen folgte dann aber auch ein stetiger Strom an Mikro-Innovationen. (Allen 2009, S. 148 ff.) Dadurch wurde in einem längeren Prozess die Arbeitskraft durch Kapital ersetzt, wodurch sich die Bezeichnung Revolution erklärt, die eben nur aus der Rücksicht sichtbar wird. (Allen 2009, S. 140) Gleichzeitig trug auch die Aufklärung dazu bei, dass man Arbeit nun mit wissenschaftlichen Methoden betrachtete und durch kontrollierte Experimente die Realität untersuchte und aus diesen Beobachtungen Erfindungen ableitete. (Allen 2009, S. 238 ff.) Bedingt durch die Abspaltung von der katholischen Kirche und den historischen Ereignissen danach, hatte sich die Kultur Englands und Schottlands dahingehend verändert, dass die Gesellschaft wesentlich säkularer war als in den meisten Territorien auf dem Kontinent. Es ist sicherlich kein Zufall, dass der Engländer John Locke die Grundlagen für eine empirische Erkenntnistheorie legte. »After the Restoration, the upper classes adopted a mechanical worldview inspired by Newton and the Scientific Revolution.« (Allen 2009, S. 267) In dieser Kultur konnten sich sowohl die großen Erfinder als auch diejenigen, die bestehende Erfindungen weiterentwickelten, entfalten. Der fundamentale

Unterschied zu anderen Ländern lag also darin, dass Forschen und Erfinden gesellschaftlich positiv besetzt waren und weniger Denkverbote vorhanden waren, aber auch deutlich weniger rechtliche Hindernisse.

Der Mechanismus, dass die Ausweitung der Produktion und Arbeitsteilung durch Automation zu mehr Wohlstand führen, scheint ja zunächst Smiths Thesen zu bestätigen. Diese Ansicht teilten sogar die Gegner des Kapitalismus, die die Industrialisierung durchaus als Chance für mehr Wohlstand begriffen haben wollten. (Hobsbawm 1977, S. 293) Doch Smiths Vision von relativem Wohlstand für die Massen hatte sich nicht verwirklicht, da die Teilhabe am volkswirtschaftlichen Wohlstand nur wenigen vergönnt war – diesen jedoch dafür umso intensiver. Charles Dickens nimmt dieses Thema in seinem Roman mit dem programmatischen Titel »Hard Times« (1854) auf.

Grundsätzlich war gerade die Zeit des frühen 19. Jahrhunderts von Lebensmittelknappheit geprägt. Die Bevölkerung wuchs kontinuierlich, die Landwirtschaft war zunächst wenig produktiv und Getreide war mit hohen Einfuhrzöllen belegt. Das zeigte ein typisches Smith'sches Problem, nämlich staatliche Eingriffe in dem Markt, der wenigen großen Nutzen brachte, aber vielen Menschen großen Schaden. Erst als diese Zölle Mitte des 19. Jahrhunderts abgeschafft wurden und die Produktivität der einheimischen Landwirtschaft durch eine Industrialisierung der Produktion deutlich gesteigert wurde (Allen 2009, S. 57), konnte genügend Getreide in den Markt gebracht werden, um die Massen zu ernähren. Dies konnte jedoch die Hungersnot im deindustrialisierten Irland zwischen 1845 und 1851 nicht verhindern. (Dorney, J. 2016)

Obschon dies eine Zeit des sozialen Aufstiegs für einige war, blieben die Vermögen sehr ungleich verteilt. Auch die zahlreichen Erfinder dieser Zeit gehörten zum größten Teil der Oberschicht an. (Allen 2009, S. 261) Einem Bürgertum, das nun wirtschaftlich und politisch an Bedeutung und Einfluss gewann, stand die Masse der »labouring poor« gegenüber, also ein hoher Bevölkerungsanteil (etwa 18 Prozent der Bevölkerung, Allen 2009, S. 50), der trotz Arbeit in Armut lebte und de facto auch persönlich unfrei war, weil er sich in absoluter ökonomischer Abhängigkeit befand. (Hobsbawm 1977, S. 253) Durch die enorme Reduzierung der Kindersterblichkeit während der Industriellen Revolution kam es zu einem rasanten Zuwachs der Bevölkerung. (Timmins 2014) So führte Thomas Malthus aus, dass das Land die wachsende Bevölkerung nicht mehr ernähren könne und Kontrolle der Bevölkerungszunahme die einzige Lösung sei. (Starbatty 2016, S. 23) Bereits 1729 hatte Jonathan Swift in seiner beißenden Satire »A Modest Proposal« in schwarzhumoriger Absicht vorgeschlagen, die Kinder der Armen zu schlachten und zu verspeisen. (Swift 1729) Malthus Ausführungen führten politisch dazu, dass der damalige Premierminister William Pitt d. J. von einer rudimentären Sozialgesetzgebung Abstand nahm, um so zu verhindern, dass Arme Kinder in die Welt setzen. (Starbatty 2016, S. 23) Arm sein sollte ökonomisch unattraktiver gemacht werden. Dieser vollkommen absurde Ansatz, das Bevölkerungswachstum mit scheinbar marktwirtschaftlichen Instrumenten zu steuern, führte zum Poor Law von 1834, in dem alle Transferleistungen für Bedürftige abgeschafft wurden und diese in ein Armenhaus ziehen mussten, um staatliche Alimentierung zu erhalten. Die Bedingungen dort waren so menschenunwürdig, das nicht wenige den Tod vorzogen. (Morgan 1986, S. 53) Vor allem führte das System der Armenhäuser dazu, dass viele sich gezwungen sahen, in die Städte zu ziehen, um dort als Hilfsarbeiter in Fabriken zu arbeiten, was letztlich einer modernen Form der Sklaverei gleichkam. (Hobsbawm 1977, S. 253) Dies betraf vor allem auch Kinder[13]. (Morgan 1986, S. 54) Moderne und weniger arbeitsintensive Produktionsmethoden in der Landwirtschaft trugen dazu bei, dass viele Arbeiter auf dem Land ihren Erwerb verloren. Durch die Industrialisierung der Textilproduktion wurde viel Heimarbeit überflüssig und raubte Teilen der Landbevölkerung ihre Existenzgrundlage, wie Gerhard Hauptmann es ja sehr eindrucksvoll in seinem Drama »Die Weber« darstellt. Arbeit fanden diese nur als ungelernte Hilfskräfte in den Fabriken der urbanen Ballungsräume. Auch die Enclosures, also die Einzäunung und Nutzung der Allmende zur intensiven Schafszucht, war zwar volkswirtschaftlich vorteilhaft, da sich daraus die britische Wollindustrie entwickeln konnte und die Agrarproduktion gesteigert wurde, doch führte dieser harte Einschnitt dazu, dass die ärmere Landbevölkerung ihre Existenzgrundlage verlor. Gerade an diesem Beispiel zeigt sich, dass wirtschaftliche bzw. soziale Entwicklungen der Industriellen Revolution volkswirtschaftlich vorteilhaft waren, jedoch gesellschaftlich verheerende Folgen hatten, weil der Wandel nicht durch staatliches Handeln begleitet und die Konsequenzen nicht abgemildert wurden. (Polanyi 2001, S. 39)

Der gut gemeinte Speenhamland Act, der eine Art Kombilohnsystem für Arme darstellte, trug zum Elend der Landbevölkerung bei, denn es war nun attraktiv, relativ gut bezahlte Arbeiter zu entlassen und durch die Armen der Gemeinde zu ersetzen. (Polanyi 2001, S. 288 ff.) Auch wenn dies zeigt, dass regulierende Eingriffe in den Arbeitsmarkt zu Dsyfunktionalitäten führen, so war der Poor Act von 1834 eine komplette Kehrtwende, die das Elend der Ärmsten noch verstärkte. Ursächlich war zunächst jedoch das Bevölkerungswachstum in Relation zu den vorhandenen Nahrungsmitteln. Die Industrielle Revolution hatte also zunächst sogar das Potenzial, die neuen Arbeitskräfte zu integrieren. Denn ungeachtet des Elends führte die Industrielle Revolution tatsächlich dazu, dass der Lebensstandard, insbesondere in Bezug auf Ernährung, für viele besser wurde. (Allen 2009, S. 25 ff.)

In den Städten wuchs also das Angebot niedrigqualifizierter Arbeitskräfte stetig an, während der Bedarf durch Automatisierung abnahm. Das Resultat waren fallenden Löhne für eine Arbeiterschaft, der es weitestgehend noch untersagt war, sich zu organisieren, um ihre Interessen zu vertreten. Der Lohn orientierte sich also ausschließlich an der Nachfrage, die geringer war als das Angebot. Die zentrale Frage nach den Lebenshaltungskosten, die ja sowohl Smith als auch Ricardo in den Mittelpunkt stellen, spielte keine Rolle mehr. Letztlich sprach man den »labouring poor« ihre Menschlichkeit ab.

---

13 Chesney (1989, S. 387) weist auch auf die weit verbreitete Kinderprostitution hin.

Die Lebensverhältnisse der »labouring poor« waren aus heutiger Sicht unvorstellbar. Die Slums in den urbanen Ballungszentren wuchsen stetig: Im Durchschnitt lebten 40-60 Personen in Häusern von rund 35 Quadratmeter unter sehr schlechten hygienischen Bedingungen. Trinkwasser wurde nicht gefiltert, sanitäre Bedingungen waren katastrophal, so dass es immer wieder zu Ausbrüchen von Typhus, Tuberkulose und Cholera kam. (Morgan 1986, S. 66 f.) Aufgrund der Perspektivlosigkeit für viele war die Selbstmordrate sehr hoch, Kinder wurden von ihren Eltern nach der Geburt ermordet oder verkauft (Chesney 1989, S. 414 ff.) und Alkoholismus war ein so großes Problem, dass sich zahlreiche »Temperance Societies« gründeten. (Hobsbawm 1977, S. 249) Die bekannteste davon dürfte wohl die Heilsarmee sein. Angesichts dieses sozialen Infernos war es nicht verwunderlich, dass apokalyptische Sekten um sich griffen. (Hobsbawm 1977, S. 249) Firmen bezahlten ihre Angestellten oft nicht in Bargeld, sondern in Einkaufsgutscheinen, mit denen sie dann in firmeneigenen Geschäften einkauften und dort ggf. sich noch mehr verschuldeten, da die Löhne zur Bezahlung der Rechnungen nicht ausreichten. Eine zynischere Verlängerung der Wertschöpfungskette gab es wohl weder vorher noch nachher. Vor allem weibliche Hausangestellte und unterbezahlte, alleinstehende Arbeiterinnen verdienten so wenig, dass sie gezwungen waren, ihren Lebensunterhalt zusätzlich durch Prostitution zu finanzieren. (Chesney 1989, S. 369) Für Deutschland geht man von einer Zahl von bis zu 200.000 Prostituierten in dieser Zeit aus. (Schmackpfeffer 1999, S. 14) Für London geht man im gleichen Zeitraum von einer Zahl von etwa 50.000 haupt- oder nebenberuflichen Prostituierten aus. (Chesney 1989, S. 422) Die durchschnittliche Lebenserwartung lag in Deutschland bei 35-38 Jahren, was jedoch schon deutlich höher lag als noch im 18. Jahrhundert. (Hradil 2012) Sozialer Aufstieg war möglich, aber nur für qualifizierte Kräfte, zu denen ein großer Teil der Bevölkerung eben nicht zählte. (Hobsbawm 1977, S. 224 ff.) Erst ab 1850 begannen die Arbeitsbedingungen und damit auch die Lebensumstände sich in Großbritannien deutlich und für viele zu verbessern. (Morgan 1986, S. 69)

Natürlich führte diese Ungleichheit der Lebensumstände auch zu politischen Spannungen. Denn es wurde deutlich, dass der Marktliberalismus für die Unterschicht scheinbar das Problem nicht aber die Lösung war. So gab es schon im 18. Jahrhundert erste gewerkschaftliche Zusammenschlüsse. Smith hatte auf die asymmetrischen ökonomischen Machtverhältnisse hingewiesen und eine Organisation der Arbeiter bejaht und vor allem auch gefordert, dass das Gesetz neutral sein müsse und nicht nur dem Schutz der Habenden dienen dürfe. Die Realität sah natürlich anders aus. Im 18. Jahrhundert wurden gewerkschaftliche Zusammenschlüsse häufig noch brutal von der Staatsgewalt niedergeschlagen (Hill 1967, S. 266 f.) und auch die frühen Jahre des 19. Jahrhunderts waren oft noch von gewaltsamen Aktionen gegen Arbeiterkundgebungen geprägt. Das berüchtigtste Beispiel hierfür ist die gewaltsame Auflösung einer Versammlung auf den St. Peter's Field in Manchester durch die Armee, bei der es 11 Tote und um die 400 Verletzte gab, die später als das »Massacre of Peterloo« in die Geschichte einging. (Morgan 1986, S. 46) Erst 1824 wurde das Verbot der Gewerkschaften wieder aufgehoben. (Morgan 1986, S. 47) Diese wuchsen dann auch entsprechend schnell. Schnell zeigte sich jedoch, dass hier für das politische und ökonomische Establishment eine große Gefahr und eine fundamentale Bedrohung lag, denn »the liberal bourgeoisie offered them nothing.« (Hobsbawm 1977, S. 260) Dies lag nicht zuletzt daran, dass die wirtschaftsliberale Einstellung der Finanz- und Bildungseliten keine Liberalität im Sinne von Partizipationsrechten für die unterprivilegierten Massen beinhaltete, denn dies hätte die aus einer konservativen Sicht die natürliche Ordnung der Dinge gefährdet, in der es Ungleichheit gibt und geben muss. (Hobsbawm 1977, S. 297) Insofern wurden Gewerkschaften auch nach der erneuten Legalisierung 1824 stark von der Staatsgewalt gegängelt und vor allem sah auch das veraltete Wahlrecht keinerlei demokratische Mitbestimmungsrechte außerhalb der Eliten vor. Dies führte schließlich zum Reform Act von 1832, in dem zum einen die Zahl der (männlichen) Wahlberechtigten ausgeweitet wurde. Zum anderen aber wurde die Zahl der entsandten Abgeordneten an die Einwohnerzahlen im Wahlkreis angepasst, da die bisherige Einteilung eben das Wachstum urbaner Ballungsräume nicht berücksichtigt hatte. Der Reform Act von 1867 schließlich brach die politische Macht des Landadels endgültig. Dies führte nun dazu, dass die Unterschichten im Parlament repräsentiert waren. Eigene Abgeordnete waren im 19. Jahrhundert eher die Ausnahme, so dass die Arbeiterschaft ihre Interessen im Wesentlichen durch die Whigs (Liberale) vertreten sah. Dies geschah natürlich nicht aus dem Glauben an Demokratie heraus, sondern war vielmehr ein Akt der Selbstverteidigung, um eine Revolution der Unterprivilegierten zu verhindern.

Alles in allem war die Zeit der Industriellen Revolution eine Epoche des rasanten Fortschritts, der vor allem durch die Verfügbarkeit günstiger Energie in Form von Kohle ermöglicht wurde. (Allen 2009, S. 80) Die Zahl der Dampfmaschinen stieg in Großbritannien im Zeitraum 1830-1870 von 200 auf 2.060 Stück. (Allen 2009, S. 179) Damit wurde erstmalig in der Menschheitsgeschichte ein kontinuierlicher Prozess der Technologisierung angestoßen, der heute in der aktuellen Phase der Digitalisierung eine nie gekannte Dynamik entwickelt hat. Da jedoch die Produktion nun auch eine Verteilung der produzierten Güter verlangte, war die Industrielle Revolution auch eine Zeit der Ausweitung der Mobilität. Im ausgehenden 18. Jahrhundert und noch viel stärker im 19. Jahrhundert wurde die Welt immer kleiner. Zwischen 1780 und 1840 hatte das Volumen des internationalen Handels sich verdreifacht. 1870 war das Außenhandelsvolumen in den meisten europäischen Staaten jedoch schon etwa 5-mal so groß wie im Jahr 1830. (Hobsbawm 2011, S. 72) Dafür ist zum einen die Liberalisierung der Handelsbeziehungen ursächlich, zum anderen aber hatte diese auch technische Gründe. Man suchte immer neue Wege, um Güter schnell und kostengünstig von einem Ort zum anderen zu transportieren. So war das 19. Jahrhundert dann auch die Zeit der Eisenbahn, die Produzenten eine vollkommen neue Dimension der Transportlogistik ermöglichte und damit auch eine weitere Arbeitsteilung, da die Wertschöpfungskette nun physisch weiter aufgeteilt werden konnte. (Hobsbawm 1977, S. 359 ff.) Die Welt wurde kleiner, was jedoch nicht nur eine ökonomische Entwicklung war, sondern auch den Bürgern weitere persönliche Freiheiten in Form von Mobilität ermöglichte. Die europäische Revolution von 1848 war nicht in dem Maße eine Revolution der Proletarier wie marxistische Historiker dies gern darstellen. (Hobsbawm 2010, S. 14) Die soziale Revolution war eher eine begleitende Randerscheinung, die das Bürgertum eher verschreckte. Die Revolution von 1848 war gleichermaßen von Nationalismus und politischer Emanzipation des Bürgertums in allen seinen Facetten getrieben. Dennoch zeigte die bürgerliche Elite sich an vielen Punkten gegenüber der Revolution ambivalent: »Die radikale Linke treibt den deutschen Bürger in die Arme der Reaktion.« (Sethe 1966, S. 37) Die politische Emanzipation drohte nun auf einmal für viele im Sozialismus zu enden. (Hobsbawm 2010, S. 14) Insofern wurde klar, dass es schon aus Eigeninteresse der Besitzenden einer neuen wirtschaftlichen und damit auch politischen Ordnung bedarf, die »would guarantee the bourgeois social order and avoid the risk of overthrow.« (Hobsbawm 2010, S. 13) Es war in der Wahrnehmung vieler handelnder Personen also nicht mehr die Bedrohung für »the social fabric« (Polanyi 2001, S. 162), dass der Arme nun nicht mehr arm ist, sondern dass die Besitzlosen sich gegen die Besitzenden organisieren könnten. Tatsächlich war der Organisationsgrad des Proletariats außerhalb urbaner Ballungszentren wie Berlin und Paris eher gering (Hobsbawm 2010, S. 37) und es fehlte eine klare politische Ideologie (Hobsbawm 2010, S. 36), sodass es zwar gewalttätige Proteste gab (Hobsbawm 2010, S. 37), aber wenig konkrete Ansätze, eine neue Gesellschaftsordnung zu etablieren: »The labouring poor were politically insignificant.« (Hobsbawm 2010, S. 37) Dennoch zeigte sich auch im wirtschaftstheoretischen Denken der Zeit, insbesondere bei John Stuart Mill, dass die Verteilung von volkswirtschaftlichem Wohlstand, auch im Sinne von gesellschaftlicher Stabilität, an Bedeutung gewann.

Die zweite Hälfte des 19. Jahrhunderts war geprägt vom »drama of progress« (Hobsbawm 2010, S. 17). Bis Mitte des 19. Jahrhunderts war die Industrielle Revolution im Wesentlichen auf England beschränkt (Hobsbawm 2010, S. 13), denn »the cheap energy economy was a foundation of Britain's economic success.« (Allen 2009, S. 104) und technische Innovationen wie der mechanische Webstuhl oder die Dampfmaschine kamen aus Großbritannien. Erst in der zweiten Hälfte des 19. Jahrhunderts begann die Industrielle Revolution auch auf dem europäischen Kontinent, auch wenn es natürlich innerhalb des Kontinents und innerhalb der einzelnen Territorien sehr große Unterschiede gab. (Hobsbawm 2010, S. 24) Bemerkenswert ist, dass Großbritannien bis 1842 jeden Technologieexport rigoros unterband und auch die Auswanderung von Facharbeitern strikt untersagte. (Hermann 2017, S. 52) Dies wurde dann jedoch 1842 im Rahmen einer Hinwendung zum Freihandel aufgehoben (Kleinschmidt 2017, S. 77), was den Kontinent dann auch zu einem attraktiveren Handelspartner machte. Die teilweise noch stark feudal geprägten Staaten Kontinentaleuropas wurden so in die Industrialisierung katapultiert und auch notwendige Infrastrukturinvestitionen wurden in kurzer Zeit getätigt. (Herrmann 2017, S. 53). So verfügte Preußen 1830 noch über 33 stationäre Dampfmaschinen, 1870 bereits über 336. Dies war jedoch immer noch lediglich ein Bruchteil der Kapazitäten Großbritanniens. (Allen 2009, S. 179) In Preußen wurde die Wirtschaft, vor allem die Schwerindustrie nun von einer »breitere(n) Schicht von

Firmengründern« (Osterhammel 2012) getragen, aber auch Kapitalgesellschaften gewannen zunehmend an Bedeutung (o. V. 2022 (1)). Wie im Mutterland der Industrialisierung war der Transformationsprozess auch von sozialen Verwerfungen geprägt. Dennoch sollte man sich davor hüten, die vorindustrielle Zeit zu verherrlichen, schließlich galt in Preußen bis 1807 noch die Leibeigenschaft. Die Konsequenz der Industrialisierung war dann auch eine starke Urbanisierung mit allen Problemen, die man in England auch gesehen hatte.

Aber spätestens die Revolution von 1848 zeigte, dass nicht nur der wirtschaftliche, sondern auch der politische Aufstieg des Bürgertums nicht mehr aufzuhalten war, auch wenn der politische Emanzipationsprozess im 19. Jahrhundert stockte und eher durch kleine Schritte als durch große politische Ereignisse voranschritt. Der industrielle Transformationsprozess der Wirtschaft wurde also, wenn auch zeitversetzt und in unterschiedlichen Ausprägungen, von einem politischen Prozess begleitet und natürlich auch vom Nationalstaatsgedanken. Zunächst waren Nationalismus und Liberalismus ideengeschichtlich zwei Seiten einer Medaille, doch im Laufe des Jahrhunderts kam es in Deutschland immer mehr zu einem Dualismus. Die Herrschenden bedienten sich des Nationalismus, um den Liberalismus damit zu bekämpfen. Trotz der Verschiebung der Machtverhältnisse war das 19. Jahrhundert für viele politisch gesehen eine bleierne Zeit, da politischer Wandel eben oft als Bedrohung des eigenen Wohlstands gesehen wurde. Politisch hatte der relative Wohlstand für eine relativ große Zahl von Menschen nun paradoxerweise zur Folge, dass die autoritären Regime ihre Macht ausbauen konnten und selbst in Großbritannien die politischen Reformbewegungen an Bedeutung verloren. »Politics went into hibernation« fasst Hobsbawm die Situation zusammen (Hobsbawm 2010, S. 48). »The establishment of representative government had a negligible effect on development in early modern Europe.« (Allen 2009, S. 129) Zum einen verfügten die Regierungen durch höhere Steuereinnahmen nun auch über mehr Gestaltungsspielraum, wodurch sie mehr Herrschaft ausüben konnten. Zum anderen verbanden sie reaktionäre Gesellschafts- mit liberaler Wirtschaftspolitik. Alles in allem führte also die Prosperität dazu, dass das Interesse an einer politischen Veränderung abnahm, eben auch in der Arbeiterklasse.

Der Nationalstaatsgedanke war natürlich auch für die wirtschaftliche Entwicklung auf dem Kontinent von großer Bedeutung, da Binnenzölle nun wegfielen. Die neue Gesellschaftsordnung hatte klare wirtschaftliche Regeln: »Buying everything in the cheapest market (including labour) and selling in the dearest.« (Hobsbawm 2010, S. 12) Dadurch hatte sich auch die Gesellschaftsordnung verändert. Dem Adel stand nun ein Bürgertum gegenüber, das durch »energy, merit and intelligence« (Hobsbawm 2010, S. 12) seine wirtschaftliche, soziale und politische Stellung erarbeitet hatte. Die Werte waren »ever-growing enlightenment, reason and human opportunity, an advance of the sciences and the arts.« (Hobsbawm 2010, S. 12) Die Hinwendung zu einem liberalen Wirtschaftsverständnis, zu Freihandel und zur Deregulierung im Inneren (z. B. Abschaffung von Zünften, Monopolen, Privilegien) war kein Prozess, der alle Staaten gleichermaßen und im gleichen Tempo betraf, denn europäische Staaten waren im Vergleich miteinander sehr unterschiedlich entwickelt und wiesen aber auch innerhalb ihrer Territorien große Unterschiede auf. (Kleinschmidt 2017, S. 76)

Die Wirtschaft nach 1848 war eine andere. Die Gesellschaft hatte sich von ihrer Abhängigkeit von »harvest and seasons« (Hobsbawm 2010, S. 46) befreit und war nun in ihrem eigenen Rhythmus, der natürlich auch konjunkturelle Unabwägbarkeiten in sich barg. So gab es immer wieder leichte Dellen in der Entwicklung von Prosperität, auch wenn die Kurve schließlich nach oben zeigt. (Hobsbawm 2010, S. 49) Die Jahre von 1848 bis in die frühen 1870er-Jahre erlebten ein bisher nie gesehenes Wirtschaftswachstum. Exporte stiegen fast in ganz Europa auf Rekordniveau (Hobsbawm 2010, S. 47), die Technologisierung der Produktion nahm zu und die Produktivität stieg entsprechend. (Hobsbawm 2010, S. 59) Dadurch wurden dauerhaft Arbeitsplätze geschaffen (Hobsbawm 2010, S. 47), die die Menschen auch ernähren konnten (Hobsbawm 2010, S. 48). Die Wirtschaftsdynamik war so groß (260 Prozent Wachstum des weltweiten Handelsvolumens im Zeitraum von 1850-1870), dass sie Migration im großen Stil befeuerte (Hobsbawm 2010, S. 48, 52 und 60). Auch war die Bildung einer stetig wachsenden Mittelschicht zu beobachten. (Hobsbawm 2010, S. 23)

Es gab mehrere Gründe für den Aufschwung und die Verbesserung der Lebensumstände der Working Poor. Im Wesentlichen haben sie alle mit der Liberalisierung der Wirtschaftsordnung zu tun. 1846 wurden in Großbritannien im Rahmen einer allgemeinen Deregulierung der Wirtschaft (Kleinschmidt 2017, S. 77) die Einfuhrzölle für Getreide abgeschafft und gleichzeitig steigerte die einheimische Landwirtschaft ihre Produktivität. War die erste Hälfte des 19. Jahrhunderts stark von einer Steigerung der Produktion geprägt, so war die zweite Hälfte vor allem durch die Erschließung neuer internationaler Absatzmärkte charakterisiert. Eisenbahn, Dampfschifffahrt und der Telegraf ermöglichten nun schnelle und zuverlässige Lieferungen und Bezug von Rohstoffen aus fast der ganzen Welt. Obschon Kontinentaleuropa deutlich bei der Industrialisierung nachzog, gelang es Großbritannien trotz Technologieexport, deutlich schneller und profitabler zu wachsen als andere Länder. (Hobsbawm 2010, S. 59) Offensichtlich belebt Konkurrenz tatsächlich das Geschäft. Binnenzölle fielen weg und größere Territorien schlossen sich zu Währungsunionen zusammen. (Hobsbawm 2010, S. 55) Es fielen nicht nur viele Handelsbarrieren zwischen einzelnen Staaten (Hobsbawm 2010, S. 55), sondern die meisten europäischen Staaten liberalisierten auch ihre eigenen Wirtschaftsordnungen. Unternehmerische Tätigkeiten wurden rigoros dereguliert, wodurch die Investitionstätigkeit intensiviert wurde. (Hobsbawm, 2010, S. 54 f.) So wurde in Kontinentaleuropa der Zunftzwang abgeschafft und die Gewerbefreiheit eingeführt (Hobsbawm 2010, S. 54) Auch wurden Gesetze abgeschafft, die Arbeiter in ein fast leibeigenschaftsähnliches Verhältnis setzten. (Hobsbawm 2010, S. 56) Vor allem aber wurden im Zeitraum von 1867-1875 die Rechte der Gewerkschaften deutlich gestärkt. Wenngleich sich der Lebensstandard der Arbeiter deutlich verbessert hatte, so kann natürlich von einem Wohlstand im heutigen Sinn sicherlich nicht die Rede sein. Binnenmärkte spielten für Konsumprodukte daher eine eher untergeordnete Rolle. (Hobsbawm 2010, S. 52) Alles in allem schien man sich in einem neuen Zeitalter ungeahnten Wohlstands zu befinden, das sich mit den Weltausstellungen ein eigenes Denkmal gesetzt hatte. Es herrschte »a profound and striking confidence in economic liberalism.« (Hobsbawm 2010, S. 57) Allerdings hatte sich schon 1848 und 1857 in kleineren Wirtschaftskrisen gezeigt, dass diese Entwicklung nicht zwangsläufig ist, auch wenn die Einbrüche nur vorübergehend waren. Das sollte sich 1873 ändern. Wenn Hobsbawm in Anlehnung an Schumpeter von der »Großen Depression von 1873-96« (Hobsbawm 2010, S. 17) spricht, dann ist das aus Sicht eines bekennenden Marxisten durchaus verständlich, weil er die Ursache eines langandauernden Abschwungs in einem nicht nachhaltigen Wachstum vorhersieht. Doch diese Sichtweise greift deutlich zu kurz. Tatsächlich kann man diese Periode noch einmal unterteilen: von 1873 bis 1879 herrschte »industrielle Tiefkonjunktur über, die durch schwere Stagnation, rapiden Preisverfall, ja zeitweilig sogar durch Schrumpfungserscheinungen auf der Mengenseite der Wirtschaft gekennzeichnet war.« (Wehler 1969, online) Doch schon 1879 – 82 nahm die Wirtschaft wieder deutlich an Dynamik auf, um dann bis 1886 wieder in eine länger andauernde Depression zu verfallen, die 1890 in der Krise der Barings Bank, die fast zum Konkurs führte, ihren Höhepunkt fand. Wehler verweist vor allem auf die verheerende psychologische Wirkung des erneuten Wirtschaftseinbruchs, zumal bereits leichte Konjunkturschwankungen auf individueller Ebene zu existenzbedrohenden Situationen führen konnten, da es keine sozialstaatlichen Instrumente gab. Die tatsächlich erlebte Krise der Wirtschaft war also für viele größer als die objektiv beschreibbare. Zwischen 1890 und 1896 erlebte die Wirtschat dann eine Berg- und Talfahrt, die aber in einer Hochkonjunkturphase bis 1913 endete. (Wehler 1969, online) Es wäre also sicherlich nicht zutreffend, Hobsbawms Urteil, dass die Krise systemimmanent ist und nur durch Überwindung des Systems beseitigt werden kann, zuzustimmen. Sicher muss man anmerken, dass gerade mangelnde gesetzliche Regulierung auch immer wieder zu Systemkrisen geführt haben, so z. B. durch Kartellbildung, Spekulationsblasen etc. Für den Zeitgenossen hatten die Konjunkturausschläge dennoch fundamentale Zweifel am System des Kapitalismus und am Wirtschaftsliberalismus ausgelöst. Es hatte sich gezeigt, dass das komplexe System Wirtschaft sich offensichtlich nicht so ohne Weiteres selbst regulieren konnte und dass es störungsanfällig war. Folglich gab es nun Zweige der Nationalökonomie, die sich nicht mit normativen Aussagen beschäftigten, sondern vielmehr aus der Beobachtung der Marktrealität diese Gesetzmäßigkeiten beschrieben und daraus Strategien ableiteten. Vor allem aber muss man berücksichtigen, dass die Zeit nach 1850 eine Zeit des relativen Wohlstands war, die der Industriellen Revolution bis in die ersten Jahrzehnte jedoch eine der Armut und der Endlichkeit von Ressourcen angesichts eines scheinbar unendlichen Bevölkerungswachstums. Insofern geht es bei Malthus, Ricardo und Mill eben nicht um die Antizipierung von Wohlstand, sondern vielmehr um die Verwaltung des Elends.

4.3 Die Zeit des Pessimismus

4.3.1 Thomas Robert Malthus (1766-1834)

Malthus: Leben und Werk

Dar. 4: Thomas R. Malthus (Gemälde von J. Linnell)

Thomas Robert Malthus erblickte 1766 als Sohn eines von Rousseau beeinflussten Freidenkers in der Grafschaft Surrey das Licht der Welt. Er hatte Privatlehrer und verließ das Elternhaus 1784 als er zum Studium nach Cambridge ging. 1797 wurde er zum Priester geweiht. Bereits 1796 verfasste er sein erstes Pamphlet, in dem er eine deutliche Verschlechterung der staatlichen Alimentierung für Arme forderte. 1798 veröffentlichte der dann sein wohl bekanntestes und berüchtigtes Werk, *An Essay on the Principles of Population*. Darin glaubte er nachzuweisen, dass die Bevölkerung sich schneller vermehre als es Ressourcen gibt und man die Armen daher ihrem Schicksal überlassen müsse, denn nur so könne die Bevölkerung verringert werden. 1805 wurde er zum ersten Professor für Political Economy berufen. In diese Zeit fiel auch die Verwissenschaftlichung der Ökonomie. Er war verheiratet und lebte ein eher zurückgezogenes Leben in Haileybury, wo er auch lehrte. 1811 traf er den Ökonomen David Ricardo, mit dem er sein Leben lang befreundet war. Er gehörte der Royal Society sowie der Royal Society of Literature an und war Mitglied der Académie des Sciences Morales et Politiques. Er war einer der Begründer der Statistical

> Society of London. Malthus war als Publizist ungemein erfolgreich. Die Geschichtswissenschaft geht davon aus, dass er maßgeblich eine Reform der Armengesetze verhindert hat. Malthus starb 1834. (MacRae 2021)

Man scheut sich fast, Malthus in ein Werk über Wirtschaftsliberalismus aufzunehmen, denn sein Name steht wie kaum ein anderer für das Elend, das ein »Nachtwächterstaat« verursachen kann, wenn er nicht sozialpolitisch eingreift. Malthus Werk war ursächlich dafür verantwortlich, dass Premierminister William Pitt d. J. von einer Armengesetzgebung Abstand nahm, die das Los der »working poor« ohne Zweifel verbessert hätte. (Starbatty 2016, S. 26)

Spielten wirtschaftspolitische Fragestellungen bei Hobbes und Locke noch eine eher allgemeine Rolle bei der Frage eines Gesellschaftsvertrags, war Smiths Buch eher im Plauderton geschrieben und lebte von vielen anekdotenhaften Darstellungen, so nimmt Malthus in *Principles of Political Economy* im Sinne einer Literature Review eine Bestandsaufnahme der zu seiner Zeit relevanten volkswirtschaftlichen Theorien vor, grenzt diese voneinander ab und ergänzt sie. Hinzu kommt, dass Malthus mit sehr exakten Begriffsdefinitionen arbeitet, weil diese zu einer Wissenschaft gehören und sich von Alltagsbedeutungen abgrenzen. So verwendet Malthus in der für dieses Buch benutzten Ausgabe der *Principles of Economics* über 150 Seiten für eine theoretische Hinführung zum Thema. Malthus ging es in den *Principles of Economics* vor allem darum zu beschreiben, wie einzelne Faktoren wie Grundrente und -ertrag, Arbeit und Arbeitslohn und Kapital die Wohlstandsbildung einer Nation beeinflussen. Aus heutiger Sicht mag die Fixierung auf Grundrente und Bodenerträge fremd erscheinen, doch aus damaliger Sicht lag gerade dort der entscheidende Faktor. So macht Malthus in seinem Essay *Rent* 1815 eine einfache Rechnung auf: je größer die Bevölkerung, desto mehr minderwertiger Boden muss bewirtschaftet werden. Je minderwertiger der Boden ist, desto niedriger ist der Ertrag. Je niedriger der Ertrag, desto niedriger die Löhne und desto teurer die Lebensmittel. (Malthus 2021, S. 162)

Zwar steht Malthus in der Tradition Adam Smiths, wenn er postuliert, dass wirtschaftliche Profite grundsätzlich positiv zu sehen sind, weil diese zu gesamtgesellschaftlichem Wohlstand führen und damit erst das ermöglichen, was eine aus seiner Sicht moderne Zivilisation ausmacht. (Malthus 2021, S. 162) Allerdings liegt der gravierende Unterschied zwischen beiden darin, dass Smith die Nachfrageseite (also die Kaufkraft in der breiten Masse) und die Ressourcenverfügbarkeit weitgehend ignoriert. In diese Wunde legt Malthus den Finger, wenn er einerseits die Endlichkeit der Ressourcen anspricht und dann auch die Konsequenzen für die Kaufkraft. Smiths Märkte waren von ungebremstem Wachstum geprägt; Malthus' Märkte sind von den Grenzen geprägt, die ihnen natürliche Ressourcenausstattung und das Bevölkerungswachstum auferlegen. Grundsätzlich hat Malthus damit im Prinzip schon vorweggenommen, was der Club of Rome 1972 in *Grenzen des Wachstums* ebenfalls feststellt: Ob nachhaltiges (also nicht substanzverzehrendes) Wachstum möglich ist, hängt vor allem von der Bevölkerungsentwicklung ab. (o. V. 2016 (2)) Wenn man sich heute fragt, welchen ideengeschichtlichen Beitrag Malthus geleistet hat, dann gehört sicherlich die Betrachtung der Nachhaltigkeit im Wachstum dazu, auch wenn sein bekanntestes Werk zu diesem Thema auf vielen Ebenen mehr als fragwürdig ist, nämlich sprachlich, strukturell, methodisch und inhaltlich.

Malthus bekanntes Frühwerk, *Essay on the Principle of Population* (1798), ist gleichzeitig auch sein schwächstes. Wo er *in Principles of Political Economy* (1820) mit klaren Begriffsdefinitionen und stringenter Logik arbeitet und die Realität beschreibt sowie erklärt, mischt er in seinem Frühwerk Meinung, Scheinkorrelationen, falsche Berechnungen, Religion, Vermutungen und makroökonomische Argumentation, um normative Aussagen zur Sozialpolitik zu tätigen – der Sündenfall der empirischen Sozialwissenschaft schlechthin. (Weber 1988, S. 147) Auch sprachlich hebt sich das *Essay on the Principle of Population* deutlich von der präzisen Diktion späterer Veröffentlichungen ab: Er wirkt hier sehr stark an Adams Smith angelehnt, wenn er in barockem Sprachstil eine Vielzahl von Einzelfällen bemüht, um dadurch seine scheinbar universell gültigen Regeln zu Bevölkerungswachstum und Produktivität bzw. Armut zu erläutern. Dennoch hat seine Argumentation die Einstellung von wirtschaftsliberalen, libertären und vor allem konservativen Kreisen zum Sozialstaat entscheidend geprägt, nämlich dass jeder seines Glückes Schmied ist und keine Ansprüche an den Staat zu stellen hat bzw. dass Sozialpolitik im Sinne staatlicher Transferleistungen nicht oder nur in Ausnahmefällen stattfinden darf. In anderen Worten: Malthus hat die »undeserving poor« in den ökonomischen Diskurs eingeführt. Er stellt dann auch zu Anfang fest, dass sein Werk eben keine wissenschaftliche Analyse, sondern vielmehr eine Anleitung zur »improvement of society« ist. (Malthus 2021, S. 231) Dies könne nur unter der Prämisse funktionieren, dass »population must always be kept down to the level of the means of subsistence.« (Malthus 2021, S. 242) Hier zeigt sich direkt zu Beginn, dass Malthus weniger eine steuernde Wirtschaftspolitik im Auge hat, sondern eher destruktiv die Frage stellt, wie eine Gemeinschaft sich von denen befreien kann, die sie scheinbar nicht ernähren kann.

Natürlich muss man hier den historischen Kontext der enormen Armut und der sozialen Probleme in Stadt und Land sehen, die natürlich ihre Ursache in einer gestiegenen Lebenserwartung und einer höheren Geburtenrate bei gleichbleibenden Ressourcen hatte. Er begründet den stetigen Zuwachs dadurch, dass Menschen den Drang haben, sich zu vermehren und dass Menschen Lebensmittel benötigen. Das bedeutet, dass die Bevölkerung in seiner Prognose, die technologische Neuerungen in der Landwirtschaft vollkommen ignoriert, deutlich schneller wächst als die Produktivität der Landwirtschaft bzw. dass diese im Gegensatz zum Bevölkerungswachstum eine Obergrenze hat. (Malthus 2021, S. 249) Konsequenzen einer Bevölkerung, die nicht mehr ernährt werden kann, sind für ihn »misery« (Not) und »vice« (Laster). Wie der historische Abriss über die Geschichte der frühen Industrialisierung gezeigt hat, ist diese Analyse vollkommen zutreffend. Dem setzt er nun das Idealbild einer Gesellschaft entgegen, in der »all members of which« should live in ease, happiness, and comparative leisure and feel no anxiety about providing the means of substistence for themselves and families.« (Malthus 2021, S. 250)

Aber hier zeigt sich auch schon die mangelnde inhaltliche Stringenz, denn führt er aus, dass höhere Löhne gerade zu mehr »leisure« führen und damit die Produktivität sinken lassen (Malthus 2021, S. 275) und Freizeit letztlich nur zu unmoralischem Handeln verführe. (Malthus 2021, S. 401) Da das Wohlergehen vor allem der Armen von der Verfügbarkeit von Lebensmitteln abhängt, sieht er Wellenbewegungen: nämlich eine exponentielle (Malthus 2021, S. 251) Zunahme der Bevölkerung, wenn die Versorgungslage gut ist, was automatisch dazu führt, dass die Versorgungslage bei gleicher Agrarproduktion für die größere Grundgesamtheit dann schlechter wird. Das führt dann wiederum zu einem Rückgang der Geburtenrate (Reproduktion), bis die Bevölkerung wieder ausreichend ernährt werden kann. (Malthus 2021, S. 256) Wie Smith sieht er jedoch den Kapitalisten dabei gar nicht unkritisch: zum einen geht die Schere zwischen arm und reich immer weiter auseinander (Malthus 2021, S. 257) und er sieht eine Koalition der Reichen gegen die Armen, in der die Machtmittel eindeutig auf Seiten der Reichen sind (Malthus 2021, S. 258), bietet jedoch keine Lösung an, weil er jeden Ansatz als untauglich verwirft. Malthus spätere akademische Brillanz blitzt dann nur kurz auf, wenn er den Mangel an empirischer Sozialforschung zur Lebensrealität der Armen beklagt. (Malthus 2021, S. 256) Bis dahin zieht sich der Grundgedanke, dass staatliche Transferleistungen ein Verlust von Unabhängigkeit und Würde für den Empfänger bedeuten als roter Faden durch seine Überlegungen. (Malthus 2021, S. 255; S. 271; S. 278) Es ist sicherlich eine legitime Fragestellung, inwiefern bestimmte Formen der Alimentierung den Empfänger in eine erlernte Hilflosigkeit oder eine Abhängigkeit manövrieren. Betrachtet man jedoch das Elend der »working poor« zu Malthus Zeiten, so mutet diese Aussage doch äußerst zynisch an. Es ist daher wenig verwunderlich, dass Charles Dickens Malthus als den nicht als Sympathieträger angelegten Ebenezer Scrooge in A Christmas Carol (1843) auftreten lässt und die im literarischen Kontext zynischen Worte im Wesentlichen fast wörtlich aus Malthus Werk übernimmt. (Bowyer 2012)

Mit dieser Argumentation bereitet Malthus dann seinen zentralen Kritikpunkt vor, nämlich dass die Armengesetze »have alleviated a little the intensity of individual misfortune, they have spread the general evil over a much larger surface.« (Malthus 2021, S. 274) Betrachtet man sich das Elend der damaligen Zeit, ist diese Aussage natürlich aus heutiger Sicht geradezu menschenverachtend, weil er Einzelschicksale vollkommen ausblendet. Malthus begründet seine Aussage damit, dass das für die Armen eingesammelte Geld offensichtlich »ill managed« (Malthus 2021, S. 274) sei, denn es löse das grundlegende Problem ja nicht. Dies sei eben nicht das individuelle Einkommen, sondern die Verfügbarkeit von Lebensmitteln. Hätten die Armen mehr Geld, würden Lebensmittel teurer und die Ärmsten der Armen würden darunter leiden. Im Kampf einer immer schneller wachsenden Bevölkerung um knappe Ressourcen könne es nur Verlierer geben, wenn der Staat in Form von Transferleistungen eingreift oder höhere Löhne festsetzt. (Malthus 2021, S. 276) Wie Smith warnt er dann sehr detailliert, zu welchen Dysfunktionalitäten staatliche Transferleistungen führen können. Sehr zynisch wird seine Betrachtungsweise dann, wenn er feststellt, dass Lebensmittel, die man den Bewohnern der Armenhäuser zur Verfügung stellt, dann nicht mehr oder in geringerem Ausmaß für die Arbeitenden zur Verfügung stehen, die der Gesellschaft ja einen höheren Nutzen bringen. (Malthus 2021, S. 276) Der anglikanische Pfarrer Malthus paraphrasiert hier also den Apostel Paulus aus dem 2. Brief an die Thessaloniker, in dem er schreibt, dass nur wer arbeite auch Anrecht auf Essen habe, stellt dies jedoch als eine volkswirtschaftliche Maxime dar. Gerade an diesem Punkt zeigt sich, dass bis in das heutige politische Denken hinein, die Frage nach der Sinnhaftigkeit staatlicher Transferleistungen häufig mit einer religiösen oder moralischen Position vermischt wird. Es ist sicher kein Zufall, dass auch heute noch bestimmte politische Kräfte nicht von Menschen in Not reden, sondern von Menschen, die unverschuldet in Not gekommen seien – als müsse man sich das Recht auf ein menschenwürdiges Leben durch Wohlverhalten verdienen. Bei Malthus wird der Arme, der sich vermehrt, sogar regelrecht zum Schädling an der Gesellschaft: »A labourer who marries without being able to support a family may in some respects be considered as an enemy to all his fellow labourers.« (Malthus 2021, S 279) Er geht dann sogar noch einen Schritt weiter, wenn er den Armen die Fähigkeit und/ oder den Wunsch abspricht, sinnvoll mit Geld umzugehen. Jede Lohnerhöhung oder jede staatliche Transferleistung würde nur für »vice« eingesetzt. (Malthus 2021, S. 279) Müssten sie jedoch damit rechnen, dass es »in case of accident« keine »parish assistance« gebe, würde man sie damit zu verantwortungsvollerem Handeln erziehen. Oder umgekehrt formuliert, staatliche Transferleistungen sind die Wurzel allen moralischen Übels. (Malthus 2021, S. 279) Abgesehen von der inhaltlichen Dimension ist diese Argumentation mehr als fragwürdig, da er seine Behauptungen über das Ausgabeverhalten der Armen an keinem Punkt mit Zahlen belegt, sondern letztlich die Vorurteile des Bürgertums seiner Zeit als Fakten verbrämt, was sicherlich auch seinen publizistischen Erfolg erklärt. Daher schlägt er vor, dass staatliche Transferleistungen abgeschafft werden, um so eine Anreizwirkung für einen tugendhaften und verantwortungsbewussten Lebenswandel zu schaffen. Letztlich führen seine Überlegungen aber so weit, dass diejenigen, die nicht ernährt werden können oder die ökonomische nicht zum großen Ganzen beitragen können, das Lebensrecht verwehrt wird. Diese werden Opfer von Hungersnöten, Krankheiten oder Naturkatastrophen. Es sei moralisch verwerflich, diesen Menschen zu helfen, da sie doch keinen Platz in der Gesellschaft hätten. So ist es nicht verwunderlich, dass Malthus die geplanten Reformen des Armenrechts scharf als »ill directed and unreasonable« kritisierte. Das Armenhaus soll eine Strafe sein und jeden dazu motivieren, sich aus der eigenen Armut zu befreien (Malthus 2021, S. 284), oder wie häufig in der Realität diesem Schicksal durch Selbstmord zu entgehen.

Seine Stellung im politischen Diskurs seiner Zeit war so dominant, dass die Gesetzgebung tatsächlich auf seine Linie umschwenkte, die Unterstützung für Arme deutlich einschränkte und die Lebensbedingungen dieser sich dadurch verschlechterten. Letztlich muss man vor allem kritisieren, dass Malthus zwar ein modernes Problem adressierte, aber konstruktive Lösungsvorschläge schuldig bleibt. Jede Form von staatlichem Eingriff lehnt er als kontraproduktiv ab (Malthus

2021, S. 370 ff.) und will es der Natur überlassen, die Zahl der überschüssigen Menschen zu reduzieren. Damit war Malthus der Begründer dessen, was später als Sozialdarwinismus bekannt wurde, also die Übertragung von Selektionsmechanismen aus der Evolution auf die menschliche Gesellschaft. Was uns Malthus neben seinen vielen methodischen Fehler heute so fremd macht, ist die komplette Dehumanisierung der Armen und die Reduzierung des Bevölkerungswachstums auf ein abstrakt-technokratisches Problem, ohne die menschlichen Schicksale dahinter zu betrachten. Vor allem aber ist Malthus Pessimismus für den Liberalismus sehr untypisch, denn gerade der politische Liberalismus hat sich besonders im 19. Jahrhundert als auch im technischen Sinne progressive politische Kraft verstanden. Aus historischer Sicht hatte Malthus zumindest für Europa Unrecht, denn technischer Fortschritt und Freihandel konnten den von ihm aufgezeigten Teufelskreis am Ende durchbrechen. (Lehnert o.J.)

4.3.2 David Ricardo (1772-1823)

Ricardo: Leben und Werk

Dar. 5: David Ricardo (Gemälde von T. Phillips)

David Ricardo wurde 1772 als Sohn holländischer Einwanderer in London geboren. Sein Vater war Börsenmakler. Mit 14 Jahren trat er in die elterliche Firma ein und war finanziell außerordentlich erfolgreich. Mit 21 überwarf er sich mit seinem jüdischen Vater über Glaubensfragen und wurde Unitarier. Er blieb weiterhin an der Börse und wurde durch Investitionen so reich, dass er sich zur Ruhe setzen und seinen privaten Interessen nachgehen konnte. 1799 las er Adam Smiths *Wealth of Nations*, was ihn dazu veranlasste sich näher mit volkswirtschaftlichen Fragen zu beschäftigen. So kritisierte er z. B. zu Recht, dass die Ausgabe von Banknoten zu Inflation führt, wenn die zugrundeliegenden Goldreserven nicht wachsen. Zu seinem Freundeskreis gehörten Jeremy Bentham, John Stuart Mill und Thomas Malthus. 1817 veröffentlichte er sein bekanntestes Werk, *Principles of Political Economy and Taxation*. Neu war, dass er soziale und philosophische Fragen weitestgehend ausklammerte und sich ausschließlich amoralisch mit Gesetzmäßigkeiten der Wirtschaft beschäftigte und diese auch mathematisch belegte. Insofern muss man festhalten, dass wenngleich viele seiner Aussagen heute widerlegt sind oder keine Gültigkeit mehr haben, seine Bedeutung vor allem in der Entwicklung der Ökonomie als Wissenschaft liegt. 1819 kaufte er sich einen Parlamentssitz in einem »rotten borough« (ein Wahlbezirk, der so wenige Wähler hat, das man diesen den Sitz kaufen kann). Als Abgeordneter war er im Plenum eher zurückhaltend, wurde jedoch als Experte in Wirtschaftsfragen sehr geschätzt. Er starb im Alter von 51 Jahren. (Spengler 2021)

David Ricardo war neben Malthus einer derjenigen, der die Nationalökonomie zu einer Wissenschaft erhoben. Dabei war er intellektuell deutlich stringenter als Malthus und vermied den normativen Anspruch und das Moralisieren seines Zeitgenossen. Auch wenn vieles von dem, was Ricardo geschrieben hat, heute deutlich überholt ist, so liegt seine historische Bedeutung vor allem darin, dass er anderen Ökonomen wie z. B. auch Karl Marx wichtige Impulse gegeben hat. (Eltis 2012, S. 205 ff.) Ricardo arbeitete in seinen Schriften auch heraus, dass die steigende Geldmenge zur Verteuerung von Gold und damit zu Inflation führt (Marcuzzo 1990).

Es gibt in Ricardos Theorie drei Akteure in der Wirtschaft: Kapitalgeber, Arbeiter und Landbesitzer. Diese stehen in stetiger Wechselwirkung zueinander. Ricardo postuliert, dass es natürliche Preise und natürliche Löhne gebe. Der natürliche Lohn sei das, was ein Arbeiter zur Subsistenz brauche und genau zu diesem Niveau entwickeln Löhne sich trotz Schwankungen immer wieder hin, denn höhere Löhne führen zu Preissteigerungen und damit zu Kaufkraftverlust. (Ricardo 1996, S. 65) Der natürliche Preis wiederum sei die Arbeit, die zur Herstellung eines Handelsguts verwendet werde. (Ricardo 1996, S. 19) In seiner Logik, die sehr widersprüchlich in Bezug auf die Bedeutung von Angebot und Nachfrage ist, werden also Kostenvorteile sofort an den Markt weitergegeben bzw. -nachteile führen zur Verteuerung. »If the quantity of labor realized in commodities regulate their exchangeable value, every increase of the quantity of labor must augment the value of that commodity on which it is exercised, as every diminuition must lower it.« (Ricardo 1996, S. 19) Das ist natürlich ein sehr eher Modell, das aus heutiger Sicht eindeutig widerlegt ist, da Unternehmen ja in der Regel durch Effizienzsteigerungen ihre

Produktionskosten senken, nicht mit dem primären Ziel, ihre Güter zu verbilligen, sondern mit dem der Profitmaximierung. Es ist bemerkenswert, dass er die Fragen von Marktpositionierung und Wettbewerbssituation in der Binnensicht so gut wie gar nicht betrachtet, sondern fast nur im internationalen Kontext. Letztlich geht er davon aus, dass sowohl Löhne wie auch Preise sich mittelfristig immer ihrem »natürlichen« Wert annähern. In zahlreichen Beispielrechnungen legt er dann dar, dass Eingriffe wie Subventionen, Zölle, Mindestlöhne etc. für den Markt kontraproduktiv sind. Die Erwirtschaftung von Profiten für die Produzenten und Kapitalgeber halten den Wirtschaftskreislauf am Laufen. Nur wenn diese Gruppen angemessene Profite erwirtschaften können, gibt es Arbeit: »The farmer and manufacturer can no more live without profits than the laborer without wages.« (Ricardo 1996, S. 85) Letztlich stellt er damit klar, dass Investitionen nur dann getätigt werden und laufende Kosten gedeckt werden, wenn eine entsprechende Rendite dahintersteht. Da höhere Löhne in Form von höheren Preisen an den Verbraucher weitergegeben werden müssen, zu denen der Arbeiter ja auch gehört, lehnt er dies als Lösung des Problems ab. Tatsächlich sieht er wie Malthus aufgrund der Bevölkerungsentwicklung eine Lohnspirale nach unten: »In the natural advance of society, the wages of labor will have a tendency to fall, as far as they are regulated by supply and demand; for the supply of laborers will continue to increase at the same rate, whilst the demand for them will increase at a slower rate.« (Ricardo 1996, S. 70) Dies sei prinzipiell auch gut, denn dadurch stiegen die Profite. (Ricardo 1996, S. 77) Allerdings wirft er im Gegensatz zu Malthus die Frage auf, wie relevant denn letztlich die absolute Lohnhöhe ist. Für ihn steht die Frage der Kaufkraft im Mittelpunkt. (Ricardo 1996, S. 70 f.) Angebot und Nachfrage von Arbeitskraft wird also um die Lebenshaltungskosten ergänzt. Ricardo sieht hier keinen Handlungsbedarf, da Wirtschaftsdynamik und Freihandel zu günstigeren Preisen führen. Daher ist es nicht erstaunlich, dass er sich vehement gegen jede Form staatlicher Transferleistung wendet. Begründen kann er das nicht überzeugend. Seine Logik besagt, dass Transferleistungen durch höhere Kosten aufgefressen werden und dass letztlich die Gefahr drohe, dass das für die Wirtschaftsdynamik notwendige Kapital komplett von den Transferleistungen für die Armen aufgefressen würde. Tatsächlich muss man an der Stelle festhalten, dass die Belastungen durch die Armensteuer vergleichsweise hoch war. So erhob die Stadt Lewes 1852 insgesamt 8.860.000 Pfund an lokalen Steuern, wovon 5.000.000 Pfund auf die Armensteuer entfielen, mit einer steigenden Tendenz. (Kries 1855, S. 7) Da Steuern grundsätzlich nur auf Grundbesitz bzw. dessen Ertrag erhoben wurden. (Kries 1855, S. 5), bestand zumindest theoretisch die Gefahr, dass man die Steuerquellen dadurch schädigt. Ricardos Befürchtung, dass die Armengesetze »instead of making the poor rich, they are calculated to make the rich poor« hat sich natürlich nicht erfüllt. (Ricardo 1996, S. 73) Im Gegensatz zu Malthus vertritt Ricardo jedoch die Ansicht, dass der Staat eine erzieherische Aufgabe den Armen gegenüber habe und vor allem auch auf die Bevölkerungsentwicklung Einfluss nehmen müsse. Wie dies geschehen soll, deutet er nur an, wenn er frühe Eheschließungen als Schlüsselfaktor identifiziert. (Ricardo 1996, S. 74) Er bringt wie Malthus die Ressentiments der Oberschicht seiner Zeit zum Ausdruck, wenn er postuliert, dass Armut zunehmen würde, wenn denn Armut durch staatliche Transferleistungen attraktiv gemacht würde. (Ricardo 1996, S. 75) Das sind Aussagen, die man bis heute durchaus in rechtspopulistischen Kreisen hört.

Der Sinn wirtschaftlicher Aktivitäten liegt für Ricardo darin, Profite für den Kapitalgeber, den Fabrikanten oder Landwirt und Löhne für die Arbeiter zu erwirtschaften. (Ricardo 1996, S. 85) Die wichtigsten Faktoren sind für ihn die Kosten für Arbeit und für Rohmaterial. (Ricardo 1996, S. 79) Bemerkenswert ist, dass andere Kostenfaktoren bei ihm weitgehend nicht berücksichtigt werden, vor allem Investitionen in Maschinen, die ja gerade zu seiner Zeit eine enorme Rolle spielten. Wie Malthus argumentiert auch Ricardo, dass Profite tendenziell fallen und nur durch technische Errungenschaften oder neue Bewirtschaftungsmethoden wieder gesteigert werden können. (Ricardo 1996, S. 83) Dennoch bleibt er gerade beim technischen Fortschritt und dessen wirtschaftlichen Auswirkungen sehr vage. Auch im Kapitel »On Machinery« beschäftigt er sich wenig mit Auswirkungen auf das Investitionsverhalten, sondern vielmehr mit denen auf den Arbeitsmarkt. Letztlich stellt er nur fest, dass die Industrialisierung Arbeitsplätze kosten wird und dass dies die wirtschaftliche Lage der »laboring classes« hin zu »distress and poverty« (Ricardo 1996, S. 272) verändern würde. Da er jedoch feststellt, dass technologischer Fortschritt für Wirtschaftsdynamik notwendig ist, sei dieser nicht abzulehnen. Nun wäre es auch in der Tat absurd, den Fortschritt aufhalten zu wollen, denn dieser bringt ja in der Regel nicht nur wirtschaftliche, sondern auch soziale Vorteile mit sich. Seine Antwort ist jedoch, dass man hier nicht sozial- oder wirtschaftspolitisch eingreifen müsse, da der Wandel so inkrementell sei, dass die Auswirkungen minimal seien. Aus heutiger Sicht ist das eine einigermaßen absurde Behauptung, da die historische Betrachtung ja gezeigt hat, dass die Industrielle Revolution an vielen Punkten eben von einem disruptiven Wandel geprägt war, der extreme gesellschaftliche Umbrüche zur Folge hatte. An dieser Stelle zeigt sich dann jedoch sehr deutlich, dass die von Malthus und Ricardo vertretene Ansicht, »dass die Welt von bestimmten unwandelbaren ökonomischen Gesetzen regiert werde, die menschliche Korrekturen nicht zulasse« (Bullock; Shock 1985, S. 257) nicht mehr die Antwort auf die ökonomischen Herausforderungen der Zeit geben konnte. Wirtschaftliches Wachstum war unerlässlich und es war auch nur mit Technik und Eingriffen in überkommene Wirtschaftsformen möglich. Das von Malthus und vor allem von Ricardo aufgebaute Theoriegebäude gegen staatliche Eingriffe war nicht mehr zeitgemäß. Der geschichtliche Abriss hat gezeigt, dass der sogenannte Nachtwächterstaat auf Dauer zu einer politischen und wirtschaftlichen Revolution geführt hätte. Spätestens an diesem Punkt zeigt sich, dass ein reiner Laissez-faire-Kapitalismus nicht funktioniert.

Auf der anderen Seite hat Ricardo die Zeichen der Zeit erkannt, wenn er den Freihandel als den entscheidenden Erfolgsfaktor einer modernen Volkswirtschaft erkennt. »No extension of foreign trade will immediately increase the amount of value in a country, although it will very powerfully contribute to increase the mass of commodities, and therefore the sum of enjoyments.« (Ricardo 1996, S. 89) Sein

Grundgedanke ist hierbei, dass verschiedene Güter in verschiedenen Märkten unterschiedliche Preise und Kosten haben. Daher muss internationaler Handel immer Freihandel sein, denn es ist im Interesse einer Nation, sowohl günstige Importe zu haben, wie auch hochpreisige Produkte zu exportieren. Der gesamtwirtschaftliche Nutzen liegt also sowohl im Absatz wie auch in der günstigeren Verfügbarkeit von Produkten. Hier unterscheidet sich Ricardo deutlich von Malthus und teilt nun wieder teilweise fast den Optimismus Smiths, wenn er dadurch einen höheren Bedarf an Arbeit und gleichzeitig die Möglichkeit, eine wachsende Bevölkerung zu ernähren, sieht. (Ricardo 1996, S. 90 f.) Smith hatte mit seinem Beispiel der Weinproduktion ja bereits angedeutet, dass es aufgrund geographischer und klimatischer Besonderheiten sinnvoll ist, dass Nationen sich auf bestimmte Produkte spezialisieren. Ricardo vertieft diesen Gedanken: »Under a system of perfectly free commerce, each country naturally devotes its capital and labor to such employments as are most beneficial to each.« (Ricardo 1996, S. 93) Freihandel funktioniert also nur unter der Prämisse, dass es für Länder Alleinstellungsmerkmale gibt und ein Wettbewerb stattfindet, es geht also um komparative, nicht um absolute Wettbewerbsvorteile. Zu diesen Wettbewerbsvor- bzw. nachteilen rechnet Ricardo weitsichtig auch schon Wechselkursschwankungen (Ricardo 1996, S. 99)

Ricardos Gedankengang sei an folgendem Beispiel erläutert: Betrachtet man die Deindustrialisierung Indiens unter Wettbewerbsgesichtspunkten, nämlich das eine veraltete Textilproduktion nicht mit den Kostenstrukturen einer modernen Textilindustrie und damit auch nicht mit den Preisen mithalten kann, wäre eine konsequente internationale Wettbewerbsstrategie der Ausbau der Argrarwirtschaft gewesen. Wenn es also einen fairen und freien Wettbewerb gibt, regulieren internationale Märkte sich zum Nutzen aller selbst. Hier stößt er in das gleiche Horn wie Smith, wenn er damit eben auch verlangt, dass Partikularinteressen einzelner Stakeholder keine Priorität gegenüber dem gesamtgesellschaftlichen Nutzen haben dürfen. Daher lehnt er Zölle und Subventionen als Wettbewerbsverzerrung ab. Jedoch gibt Ricardo keine Antwort darauf, wie ein notwendiger Umbauprozess einer Wirtschaft zur Nutzung der komparativen Wettbewerbsvorteile auszusehen hat bzw. wie man ihn wirtschaftlich und gesellschaftlich verträglich gestalten kann. Genau darin liegt jedoch das Problem in der politischen Realität, wenn schwache Marktteilnehmer sich schützen wollen. Smith hat an diesem Punkt allerdings darauf hingewiesen, dass eine solche Situation entstehen könnte und daher eine schrittweise Senkung von Handelsbarrieren angeregt.

Erstaunlich ist, auch vor dem Hintergrund seines eigenen finanziellen Erfolges, dass er das Risiko einer Kapitalflucht aus dem jeweiligen Land in ein anderes komplett negiert. Hierzu führt er keine Argumente an, außer dass er glaubt, dass dies die Unsicherheitstoleranz eines Kaufmanns überfordern würde. (Ricardo 1996, S. 95)

In seinen Grundsätzen zur Besteuerung ist Ricardo identitätsstiftend für den modernen Wirtschaftsliberalismus bzw. libertäres Denken. Es war zu seiner Zeit gar nicht so einfach, programmatische Aussagen zur Besteuerung zu machen, da Steuern damals häufig nicht dauerhaft, sondern anlassbezogen erhoben wurden.

Wie bereits erwähnt, unterschieden lokale Steuern sich von Ort zu Ort deutlich. Grundsätzlich stellt er fest, dass jede Steuer, die nicht durch »increased production« ausgeglichen werden kann, zwangsläufig die Substanz verzehrt. (Ricardo 1996, S. 105) Folglich steht die vom Staat verzehrte Summe nicht mehr für Investitionen zur Verfügung. Dies resultiert mittelfristig entweder in geringeren Steuereinnahmen oder in noch weiterem Kapitalverzehr. Hier führt Ricardo das Prinzip der Schonung von Steuerquellen ein. Auch wenn das Konzept sofort einleuchtet, ist er intellektuell unsauber, weil er davon ausgeht, dass die Steuern als Kapital verzehrt werden, aber nicht berücksichtigt, dass diese ja auch in Form von Infrastrukturinvestitionen einen Return on Investment bringen können. Insbesondere weist er darauf hin, dass Verbrauchssteuern die Lebenshaltungskosten gerade der Armen steigern, was dann wieder zu seinem gefürchteten Kreislauf von Lohn- und Preissteigerungen führt. (Ricardo 1996, S. 109 ff.) Letztlich beschreibt er jede Form von Steuern als gesamtwirtschaftlich kontraproduktiv: Lohnsteuer lässt die Löhne steigen, Kapitalertragssteuer verhindert Investitionen, Steuer auf Häuser verhindert, dass gebaut wird. (Ricardo 1996, S. 105 ff.) Das sind sicherlich alles vollkommen logische und korrekte Feststellungen. Auch aus heutiger Sicht sollte man sich die Frage stellen, wie sinnvoll es ist, in einem Land mit niedriger Wohneigentumsquote eine Grunderwerbssteuer zu erheben und welches Armutsrisiko Steuern darstellen. Die Geschichte hat auch gezeigt, dass zu hohe Steuern am Ende immer zu Kapitalflucht geführt haben. Gleichzeitig macht Ricardo jedoch keinen Vorschlag, wie ein Gemeinwesen denn finanziert wird. Dies liegt nicht zuletzt auch daran, dass er im Gegensatz zu Adam Smith keine staatlichen Kernkompetenzen definiert hat. Gerade die Frage der Modernisierung der Infrastruktur bleibt unbeantwortet. Dies ist umso erstaunlicher, als dass zum Zeitpunkt der Veröffentlichung der *Principles* im Jahr 1819, hätte jedem klar sein müssen, dass die Industrielle Revolution große Infrastrukturinvestitionen benötigt, die nicht rein privatwirtschaftlich getätigt werden können. Auf der anderen Seite fordert er gerade in seiner Ablehnung der Armengesetze (Ricardo 1996, S. 179 ff.) sogar einen Rückzug des Staates aus der Sozialpolitik, ohne jedoch die Frage zu beantworten, welche gesellschaftlichen und politischen Konsequenzen dies denn dann habe. Genau da zeigt sich die große Schwachstelle in Ricardos Denken, nämlich dass er – anders als Smith – versucht eine makroökonomische Theorie zu entwickeln, ohne gleichzeitig ein korrespondierendes Gesellschaftsmodell vorzuschlagen.

4.3.3 John Stuart Mill (1806-1873)

Mill: Leben und Werk

Dar. 6: John Stuart Mill

John Stuart Mill wurde 1806 in London geboren. Sein Vater war der Historiker, Philosoph und Ökonom James Mill. Hier zeigt sich, dass zu jener Zeit die Ökonomie noch keine eigene Wissenschaft war, sondern eher als Teilbereich der Philosophie gesehen wurde. So ist dann nicht verwunderlich, dass die Breite bei Mill senior oft zu Lasten der Tiefe geht. (Ball; Loizides 2011) Mill wurde von frühester Kindheit an von seinem Vater mit äußerster Strenge zum »Universalgelehrten« ausgebildet und galt als Wunderkind. Seine Kindheit war nach eigener Aussage relativ lieb- und freudlos und seine emotionale Entwicklung blieb hinter seiner intellektuellen zurück (Claeys 2022, S. 36 f.) Der junge Mill hatte dadurch einen sehr intensiven Kontakt zu seinem Vater und übernahm viele seiner oft spekulativen Ansichten. Ab 1821 studierte Mill Jura, da sein Vater eine Karriere in der Jurisprudenz für ihn vorgesehen hatte. 1822 kam er erstmalig mit utilitaristischem Gedankengut in Verbindung und beschäftigte sich mit Psychologie und französischen Philosophen des 18. Jahrhunderts. 1822/23 gründete Mill dann mit Gleichgesinnten die Utilitarian Society. (Anschutz o. J.) Inhaltliche Schwerpunkte waren Geburtenkontrolle, Demokratiereform »Rationalismus des sittlichen Verhaltens und Assoziationspsychologie« (de Marchi 2012, S. 270), um das größtmögliche Glück für die größtmögliche Menge von Menschen zu erreichen. Ab diesem Zeitpunkt begann er mit zunächst kleineren

Publikationen, näherte sich inhaltlich damals radikalen Kräften an. 1826 musste er jedoch feststellen, dass seine Außenwirkung die eines wenig empathischen Charakters war, der von seinem Vater gedrillt worden war. Dies führte zu einer Lebenskrise und zur Distanzierung vom Vater. So wurde in ihm eine tiefgreifende Veränderung ausgelöst: Er fühlte sich nun zu Literatur als sinnlichem Genuss hingezogen, stellte menschliches Glück vor rationale Erkenntnis und wandte sich von jeder Form von Extremismus ab. Im Mittelpunkt seines Denkens standen von nun an Freiheit und das Recht eines jeden Einzelnen auf Selbstverwirklichung. 1830 kam er in Kontakt mit liberalen Politikern und begann wieder publizistisch tätig zu werden. 1835 wurde Mill Herausgeber der London Review, ein Posten, den er bis 1840 innehaben sollte. Ab 1840 veröffentlichte er dann auch umfangreichere Essays zu einer Vielzahl von Themen in der Edinburgh Review. 1843 publizierte Mill sein grundlegendes Werk zur Logik, was große Auswirkungen auf die Wissenschaftstheorie hatte. Vereinfacht ausgedrückt ging es Mill darum, sich von scheinbar unveränderlichen Gesetzmäßigkeiten und theoretischer Argumentation zu lösen, sondern vielmehr konkrete Wirkmechanismen zu untersuchen. Damit hat Mill gerade für die Wissenschaftstheorie auch heute noch einen hohen Stellenwert. Inhaltlich vertrat Mill zwar immer noch eine Reformagenda, wandte sich jedoch vom Konzept der demokratischen Regierung ab und forderte zumindest zeitweise eine Herrschaft der Gelehrten, auch wenn sich dies später relativieren sollte. Mill definierte staatliche Handlungsfelder angesichts der Herausforderungen seiner Zeit nun wie folgt: Ausweitung des Wahlrechts zum Ausgleich verschiedener Interessen, Glaubens- und Pressefreiheit, eine Meritokratie, Sicherheit, Zugang zu Bildung für alle. (de Marchi 2012, S. 275) In diesem Zusammenhang hinterfragte er dann auch die Axiome der klassischen liberalen Ökonomen. Die Ökonomie wird bei ihm also zum Mittel zum Zweck, nämlich um sozialen Fortschritt zu erreichen. Politisch glaubte Mill, dass die Reformkräfte nicht mehr ein bloßes Anhängsel der Whigs sein dürften, sondern eine eigene Partei gründen müssten. Letztlich scheiterte dieses Vorhaben jedoch. (de Marchi 2012, S. 276) Veränderung bedeutete für Mill, weniger Strukturen und Prozesse zu verändern, sondern vielmehr eine geistig-moralische Erneuerung herbeizuführen. (de Marchi 2012, S. 277) Die Lösung der sozialen Frage sah er vor allem in »einer Entschärfung der Antagonismen zwischen Arbeitgeber und Arbeitnehmer.« (de Marchi 2012, S. 278) All dies muss man verstehen, um die *Principles of Political Economy* einordnen und würdigen zu können. Mill selbst betonte immer wieder die Rolle seiner späteren Frau bei seiner eigenen Entwicklung als Ökonom. Unbestritten ist, dass sie auch auf seine politischen Ideen großen Einfluss hatte, denn Harriet Taylor Mill war eine profilierte Frauenrechtlerin. Umstritten ist jedoch die Qualität ihrer Beiträge. (Claeys 2022, S. 70) Mill blieb auch nach den *Principles* ein aktiver Publizist, der sowohl zu grundsätzlichen Themen als auch zu den konkreten Fragen seiner Zeit schrieb. 1868 kandidierte er für das Unterhaus, verlor die Wahl aber nicht zuletzt wegen der ihm nachgesagten Nähe zu Radika-

> len. Daraufhin zog er sich in das südfranzösische Avignon zurück, wo er 1873 verstarb. (Anschutz o. J.)

Ist John Stuart Mill ein Ökonom von Bedeutung? Seinen Zeitgenossen war er eher wegen seiner erkenntnistheoretischen Werke bekannt und heutzutage erinnert man sich eher an seine Schriften zu Freiheit und Frauenrechten. Passt John Stuart Mill in ein Werk über Wirtschaftsliberalismus? War er ein »blasses Spiegelbild Ricardos« (de Marchi 2012, S. 288), der keine eigenen Einsichten hatte und auch keine Impulse setzen konnte (Schumpeter 2008, S. 209) oder hat er wesentliche Elemente bestehender und scheinbar widersprüchlicher Theorien zusammengeführt? (Hollander 2015) War er ein Philosoph, der sich zu weit in Themen gewagt hatte, von denen er nur begrenzt Ahnung hatte? Und ist er inhaltlich nicht dem Sozialismus näher als dem Wirtschaftsliberalismus? (Starbatty 2016, S. 92 f.) Um eines vorwegzunehmen: Vieles von dem, was Mill in seinen Schriften fordert, ist mit einem klassischen Laissez-faire-Liberalismus nicht vereinbar. Dennoch ist er ein liberaler Denker, der Freiheit und Selbstverwirklichung des Individuums in den Mittelpunkt seiner Überlegungen stellt und daraus konsequent ableitet, was dies für eine Wirtschaftsordnung heißt. Dabei entpuppt Mill sich immer wieder als ein erstaunlich moderner Denker.

Mill steht inhaltlich in der Tradition von Smith, Malthus und vor allem Ricardo. Er hat jedoch wissenschaftstheoretisch eine vollkommen andere Herangehensweise. Mill denkt nicht in der Kategorie von Axiomen, die nicht hinterfragt werden können, sondern stellt vielmehr die Frage nach kontextabhängigen Ursache- und Wirkungsmechanismen, was natürlich auch dazu führt, dass Ansichten sich ändern oder Aussagen zu einem späteren Zeitpunkt verworfen werden. Damit vertritt er ein deutlich moderneres Verständnis von Ökonomie als Sozialwissenschaft als seine Vorgänger. Zum anderen aber haben die Klassiker der englischen Nationalökonomie die soziale Frage weitgehend außen vorgelassen und postuliert, dass diese sich schon »irgendwie« lösen werde, wenn man den unumstößlichen Regeln der Wirtschaft folgt. (Starbatty 2016, S. 89) Mill stellt im Gegensatz zu seinen Vorgängern die Frage nach dem gesamtgesellschaftlichen Nutzen von volkswirtschaftlichem Wohlstand und bettet diese dann in einen politischen Kontext ein, in dem die Fragen nach der Freiheit und Selbstverwirklichung des Individuums im Mittelpunkt stehen. Und genau damit stößt Mill auf einen zentralen Widerspruch im Liberalismus, nämlich das Spannungsfeld von »Freiheit von« und »Freiheit zu«. Ökonomische und politische Freiheit sind nicht getrennt voneinander zu betrachten; ökonomische Unfreiheit führt zwangsläufig auch zu persönlicher Unfreiheit. Mill stellt dann auch die Frage, ob im gegebenen politischen System ein freier Markt überhaupt funktionieren kann. Genau hier liegt Mills große Bedeutung als Ökonom. Die Geschichte der frühen Industriellen Revolution hatte gezeigt, dass Märkte bei ungleicher Macht- und Ressourcenverteilung ohne staatliche Regulierung nicht funktionierten. Das hatte zu einem Punkt geführt, an dem die Frage nach ökonomischer und politischer Teilhabe der Armen vom politischen Establishment beantwortet werden musste, da sonst eine Revolution gedroht hätte. Mills Denken zeigt den Übergang von der Beschreibung vermeintlich allgemeingültiger Wirtschaftsmechanismen zu einer geplanten Wirtschaftspolitik. Damit zeigt Mill auch die Defizite des bisherigen Laissez-faire-Kapitalismus auf. Welche staatliche Lenkungsdimension ist erforderlich, um einerseits einen funktionierenden Markt zu haben und andererseits aber die Rechte besonders der schwächeren Marktteilnehmer zu schützen? Diese Fragestellung prägt den Wirtschaftsliberalismus bis heute. Wo regulieren Märkte sich selbst und tragen dadurch zum Gemeinwohl bei? Wo führt die Nichtregulierung von Märkten zu Schäden für das Gemeinwohl?

Wie Smith kann man Mill auch nur verstehen, wenn man seine philosophischen Überlegungen betrachtet. Der Sinn menschlichen Handelns besteht für ihn in »happiness« bzw. der Vermeidung von »ache«. Hier zeigt Mill sich als ein sehr moderner Denker, denn seine Definition von »happiness« ist kein oberflächlicher Hedonismus (wie ihm von Zeitgenossen oft vorgeworfen wurde), sondern Selbstverwirklichung im modernen Sinne Abraham Maslows. Tatsächlich nimmt Mill die Hierarchie der Bedürfnisse, an deren Spitze die Selbstverwirklichung steht, vorweg – jedoch ohne diese empirisch zu belegen. So erkennt Mill bereits, dass die Veranlagung zur intellektuellen Stimulierung grundsätzlich bei jedem Menschen vorhanden ist, jedoch nicht ausgelebt werden kann, wenn andere Bedürfnisse noch unbefriedigt sind. (Mill 2021, S. 18; S. 52) Für ihn ergibt sich also ein politischer Handlungsbedarf für »large portions of mankind whose happiness is still practicable to disregard«. (Mill 2021, S. 46) Jedoch ändert auch diese Erkenntnis nichts daran, dass Mill – wie auch sein Vater – im Widerspruch zu seinem politischen und publizistischen Engagement für eine harte Behandlung der Armen eintrat, denn schließlich seien sie ja in weiten Teilen selbst an ihrem Elend schuld. (Claeys 2022, S. 101) Die Beschäftigung mit »happiness« der Armen ist insofern wichtig für das Verständnis seiner wirtschaftstheoretischen Überlegungen, weil er zum einen die Unterschichten damit überhaupt als Menschen wahrnimmt und nicht nur als bloßes Problem wie Ricardo und Malthus dies tun. Zum anderen aber legt er damit auch die Grundlage, dass das Erreichen von individueller »happiness« Daseinsberechtigung des Staats ist und Wohlstand ein Mittel zum Zweck, um dies zu erreichen. Wenn ein Wirtschaftssystem also nicht Freiheit von materieller Not gewährleistet, ist es für ihn kein taugliches System.

Der moralische Wert einer Handlung erschließt sich für ihn nicht aus der Intention, sondern aus dem Effekt: »All action is for the sake of some end, and rules of action (...) must take their whole character (...) from the end.« Folglich braucht man »a clear and precise conception of what we are pursuing.« (Mill 2021, S. 9) Dadurch geriet der Utilitarismus natürlich in die Kritik eher idealistisch ausgerichteter Denkschulen. Letztlich nimmt er hier Max Webers Grundgedanken von der Unterscheidung zwischen Gesinnungs- und Verantwortungsethik vorweg. Mill führt auch an, dass der Mensch eben keinen »sense or instinct informing us of the right or the wrong way« (Mill 2021, S. 9) habe, sondern dass das Aneignen von moralischen Werten ein individueller Entwicklungsprozess sein. Wie Smith sah sich Mill bzw. der Utilitarismus auch mit dem Vorwurf konfrontiert, dass er eine

Kultur des Egoismus fördere. Zum einen führt Mill ähnlich wie Smith die Selbstbeobachtung und -bewertung als Instanz ein. (Mill 2021, S. 43 und 53) Er weist auch darauf hin, dass Bildung des Individuums eine Grundvoraussetzung ist, um dies überhaupt leisten zu können. (Mill 2021, S. 25) Gerade hier zeigt sich der zentrale Stellenwert von Bildung in Mills Gedanken. Zum anderen aber verweist Mill darauf, dass der Mensch ein soziales Wesen ist und nicht dauerhaft seine Interessen gegen die der Gesellschaft durchsetzen kann und will, denn jeder Mensch habe »a community of interest between himself and the human society.« (Mill 2021, S. 69) Auch gesetzlich liegt die Grenze der eigenen Selbstverwirklichung dort, wo sie die Möglichkeiten anderer gefährdet. (Mill 2021, S. 26) Hier zeigt sich der grundlegende Konflikt, den bereits Hobbes und Locke angesprochen hatten, nämlich ab welchem Punkt ökonomische Macht einzelner für die Allgemeinheit schädlich werden kann. Tatsächlich rückt Mill damit wieder eine zentrale Fragestellung des Liberalismus in den Mittelpunkt, nämlich die Balance zwischen Freiheit von und Freiheit zu. Ziel müsse also eine Gesellschaft sein, in der »general happiness is recognized as the ethical standard«. (Mill 2021, S. 45) So ordnet er die Frage nach Steuergerechtigkeit auch der nach dem gesamtgesellschaftlichen Nutzen unter. Er räumt ein, dass es unterschiedliche Modelle wie Kopfsteuer, Flat Tax oder Steuerprogression gebe und dass jedes Modell seine Berechtigung habe. Genau deshalb sei diese Frage eben nicht aus wirtschaftswissenschaftlicher Sicht zu beantworten, sondern nur aus politischer. Es geht also, anders als bei Malthus und Ricardo, nicht um einen bloßen Wirkmechanismus, sondern um das übergeordnete gesellschaftliche Ziel. Anders als Malthus und Ricardo, die mit scheinbar unveränderbaren Gesetzmäßigkeiten die Wirtschaft beschreiben wollten, sind Mills wirtschaftspolitische Überlegungen die Konsequenz seiner philosophischen Überlegungen, die jedoch ohne diese Konkretisierung nicht funktionieren würden.

Schon der Untertitel von *The Principles of Political Economy*, nämlich »Some of their Applications to Social Philosophy« stellt klar, dass es eben nicht um das bloße Aufzeigen von Gesetzmäßigkeiten geht, sondern um ökonomische und soziale Veränderung. Zu diesem Zeitpunkt in seinem Leben waren Mills gesellschaftstheoretische Überlegungen von den »ideals of equality and economic justice« geprägt. (Claeys 2022, S. 90) Auch hier muss man wieder den Rückbezug zu seinen vorangegangenen philosophischen Überlegungen suchen, denn freier Wille, für Mill eine Grundbedingung des Menschseins, ist nur dann möglich, wenn der Mensch frei von wirtschaftlicher Not lebt. (Claeys 2022, S. 78) Umgekehrt erkennt Mill auch, dass ökonomische Macht auch politische Macht bedeutet und sieht eine Verstetigung solcher Machtverhältnisse sehr kritisch, weshalb er für hohe Erbschaftssteuern plädiert. (Claeys 2022, S. 97) Daher fordert er auch klar, dass der Staat durch Gesetze die Schwächeren schützt und durch Infrastrukturinvestitionen (z. B. in Eisenbahnen) diesen gesellschaftliche Teilhabe ermöglicht. (Claeys 2022, S. 98) Insofern legte er auch bereits 1832 in *On Liberty* dar, dass der Staat dann in Eigentumsrechte eingreifen kann und muss, »if the public interest requires it.« (Mill 2014, S. 43)

Die Mechanik der Wirtschaft lehnt sich dabei im Wesentlichen an Ricardo an (wenn auch sprachlich wesentlich zugänglicher dargestellt), doch geht es weniger darum, wie man Wohlstand schafft, sondern um »the use of wealth, and appreciation of the objects of desire which wealth cannot purchase.« (Mill 1848, S. 270) Daher unterscheidet sich Mill auch in einem Punkt grundsätzlich von Ricardo. Ging dieser davon aus, dass hohe Löhne niedrigere Profite zur Folge haben und damit volkswirtschaftlich schädlich sind, versucht Mill einen Weg aufzuzeigen, der die Interessen aller Stakeholder berücksichtigt. Mill weigert sich also die Unveränderlichkeit des Status quo zu akzeptieren, ohne ins andere Extrem zu verfallen. Er begreift seine eigene Zeit und Gesellschaft also nicht als eine unveränderliche Norm, sondern sieht sie vielmehr als in einer Transitionsphase zu einem anderen Wirtschafts- und Gesellschaftsmodell. Damit betrachtet er also das Schaffen von Wohlstand und dessen Verteilung als zwei unterschiedliche Themen. Damit grenzt er sich von sozialistischen Vorstellungen seiner Zeit ab, die letztlich Gleichheit ohne Wirtschaftswachstum postulieren (Claeys 2022, S. 54), also eine Art Agrar- und Manufakturidylle. Er räumt die (vermeintlich) bekannten Gesetzmäßigkeiten ein, weigert sich jedoch davon den Rahmen politischen Handelns vorgeben zu lassen: »We cannot alter the ultimate properties either of matter or mind, but can only employ those properties more or less successfully (...). It is not so with the Distribution of wealth. That is a matter of human institution solely. The things once there, mankind, individually or collectively, can do with them as they like. They can place them at the disposal of whomsoever they please, and on whatever terms.« (Mill 1848, S. 420) Insofern positioniert der späte Mill sich auch nicht mehr ganz eindeutig zur Frage, wie absolut das Privateigentum zu sehen ist. (Claeys 2022, S. 91)

Bei der Schaffung von volkswirtschaftlichem Wohlstand ist Mill wenig originell: Kapital soll von unproduktiven zu produktiven Aufgaben gebracht werden (Mill 1848, S. 548), wie Smith hält er einen frugalen Lebenswandel für gesellschaftlich erstrebenswert (Mill 1848, S. 557), Wettbewerb und Ablehnung von Monopolen (Mill 1848, S. 765) und Bevölkerungskontrolle durch staatliche Aufsicht (Claeys 2022, S. 100), Verhütung (Claeys 2022, S. 45) und Enthaltsamkeit[14] (Hollander 1987, S. 232). Anders als viele seiner Zeitgenossen an den unterschiedlichen Enden des politischen Spektrums sah Mill wenig Potenzial darin, dass moderne Technologie das Leben der Arbeiterklasse verbessern könnte. (Mill 1848, S. 1337).

Sehr modern hingegen ist Mills Ansatz der Sozialpartnerschaft zu einem Zeitpunkt, als Gewerkschaften von den meisten Nationalökonomen noch als volkswirtschaftliche Bedrohung gesehen wurden. (Mill 1848 online, S. 1650) Langfristig sieht er in dem sehr vage definierten Begriff der »co-operation« die Überwindung des Interessengegensatzes zwischen Arbeitgebern und Arbeitnehmern. Tatsächlich hat die Wirtschaftsgeschichte auch gezeigt, dass es zahlreiche Möglichkeiten der Mitarbeiterbeteiligung gibt, z. B. durch Profit Sharing, Aktienoptionen, Genossenschaften etc. Was Mill hier als originellen und zukunftsweisenden Denker ausweist, ist eben, dass er sich weigert, den scheinbaren Interessengegensatz als gegeben und unveränderlich hinzunehmen. Fast 20 Jahre nach der Erstveröffentlichung der

---

14 Mill vertrat die Ansicht, dass es eine Korrelation zwischen mangelnder Bildung und Sexualtrieb gab. (Claeys 2022, S. 89)

Principles of Political Economy sollte Mill in einem Brief dieses Thema noch einmal aufnehmen. Hier ist ausdrücklich von einer »Industrial Partnership« die Rede, in der die Infrastruktur von Kapitalgebern gestellt wird, die jedoch flexibel von Individuen oder Genossenschaften gemietet werden kann. (Mill 1869, S. 496) Betrachtet man die moderne Wirtschaft mit Start-up-Inkubatoren, Gründerzentren, Bürogemeinschaften, Outsourcing etc., dann ist Mills Vorstellung geradezu revolutionär.

Man mag Mill an verschiedenen Punkten Ungenauigkeit oder Inkonsistenz vorwerfen. Das würde ihm jedoch Unrecht tun, denn gerade als Wissenschaftstheoretiker spielt die Empirie für ihn eine entscheidende Rolle. Er präsentiert also keine konkreten Lösungsvorschläge, sondern bereitet für diese den Weg. Auch verändert sich Mills Verhältnis zum Sozialismus[15], wie man anhand der Editionsgeschichte von *The Principles of Political Economy* beobachten kann. Sah er für die Zukunft zu Anfang noch kleine autonome Einheiten, die sich genossenschaftlich zusammenschließen, so erkannte er bereits zwei Jahre nach Erscheinen der Erstauflage, dass ein solches Konstrukt zwangsläufig gesellschaftlich kollektivistisch sein muss und die Freiheit des Individuums gravierend beschneiden würde. (Claeys 2022, S. 94) Letztlich sah Mill damit das Scheitern aller sozialistischen Experimente voraus, auch wenn sein immer wieder zum Vorschein kommendes Misstrauen gegenüber dem Sozialismus zum Teil sicher auch aus Angst vor einer Regierung durch das Volk kommt, dem er genau diese Verantwortung nicht zugestehen mag. Insofern zeigt Mill sich als ein undogmatischer und eklektischer Ökonom, der Auswege aus der Perspektivlosigkeit der Arbeiterklasse aufzeigte und sich dadurch trotz der klaren ideengeschichtlichen Herkunft deutlich von Malthus und Ricardo abgrenzt.

4.4 Zusammenfassung

Das 19. Jahrhundert sah eine starke Professionalisierung der Nationalökonomie. Wo Locke und Hobbes Themen nur grundsätzlich anrissen und Smith im Plauderton Ratschläge für eine effiziente Marktwirtschaft gegeben hatte, arbeiteten Ricardo und Malthus nun mit klaren Begriffsdefinitionen und Quantifizierungen. Dennoch ist es aus heutiger Sicht nicht zutreffend, von Wissenschaft zu reden. Zu sehr versuchten sie scheinbar unveränderliche Gesetzmäßigkeiten als A-priori-Wahrheiten zur Argumentation zu verwenden. Empirische Elemente vermisst man nahezu vollständig. Erst Mill fragte nach konkreten Mittel-Zweck-Beziehungen. Vor allem

---

15 Ähnlich verhält es sich mit Mills Einstellung zur Demokratie. Zwar lehnte er die alte politische Ordnung Großbritanniens als korrupt ab und verabscheute die Aristokratie, doch sah er in der Demokratie nach amerikanischem Vorbild eine Diktatur der Mehrheit über die Minderheit. Daher trat er zunächst für eine Herrschaft von Eliten ein. Nach 1848 in Folge der Revolutionen auf dem Kontinent änderte sich diese Einstellung jedoch grundlegend hin zum Republikanismus. (Claeys 2022, S. 59; 62; und 73)

aber führte die Vorstellung von ökonomischen Naturgesetzen dazu, dass Ricardo und vor allem Malthus keine konstruktiven Gestaltungsansätze einer Wirtschaftsordnung zeigen. Von Ricardos Ideen bleiben die Gedanken von Freihandel und internationalen komparativen Wettbewerbsvorteilen zwischen Ländern. Letzteres erklärt, weshalb gerade in der Zeit der Industrialisierung technisch wenig entwickelte Länder deindustrialisiert wurden und durch falsche Politik den wirtschaftlichen Anschluss verloren. Auch aus heutiger Sicht ist es immer wieder erstaunlich, wie wenig Staaten oder Regionen konsequent auf ihre Stärken als Wettbewerbsvorteile setzen. Als Beispiel können Teile der deutschen Solarenergieindustrie angeführt werden, die noch an eigener Produktion festhielten als sie gegenüber chinesischen Photovoltaikanlagenhersteller nicht mehr konkurrenzfähig waren, statt konsequent ihr Prozess- und Projekt-Know-how zu vermarkten und weiterzuentwickeln.

Bei Malthus ist der Fatalismus noch deutlich stärker ausgeprägt als bei Ricardo. Gerade bei ihm ist die Kernaussage, dass ein Wirtschaftssystem sich nicht gestalten lässt, weil es eben jenen unveränderlichen Gesetzmäßigkeiten folgt und jeder Eingriff nur zu noch schlimmeren Dysfunktionalitäten führt. Hier hat die Geschichte gezeigt, dass man mit sozial- und wirtschaftspolitischen Mitteln gestaltend eingreifen kann, ohne der Wirtschaft zu schaden. Sowohl bei Ricardo wie auch bei Malthus ist auffällig, dass sie die Lösung der sozialen Frage ihrer Zeit nicht als drängende Aufgabe betrachten. Daher sind sie aus heutiger Sicht normativ betrachtet nicht mehr relevant, da in den meisten Ländern dieser Welt heute ein anderes Staatsverständnis und ein anderes Menschenbild vorherrschen. Historisch sind beide Autoren jedoch nach wie vor bedeutsam, weil sie für die Entwicklung ökonomischer Modelle entscheidende Impulse gegeben haben. Den Wandel zu einem modernen, empathischen Menschenbild finden wir dann bei Mill – zumindest auf einer theoretischen, wenn auch nicht auf einer persönlichen Ebene. Mill ordnet die Frage nach der Verteilungsgerechtigkeit der Ressourcen allen wirtschaftspolitischen Fragen unter. Damit verabschiedet sich die Nationalökonomie von der Idee des Nachtwächterstaates und fordert ein regulierendes und proaktives Handeln. Bemerkenswert ist, dass Mill damit als erster der klassischen Nationalökonomen die Frage von Hobbes und Locke auf, wieviel Konzentration von Wohlstand für das Allgemeinwesen schädlich sein kann. Mills Liberalismus bezieht sich daher nicht auf einen Marktliberalismus, sondern vielmehr auf sein liberales Menschenbild, in dem Freiheit und Selbstverwirklichung rein ökonomischen Zielen untergeordnet werden.

Preise werden bei dieser Generation von Ökonomen (wie auch bei Marx) über Herstellungskosten bzw. Löhne und Profite definiert. Eine differenzierte Betrachtung der Bedeutung der Nachfrage für Preise erfolgte erst bei der nächsten Generation. Es ist erstaunlich, dass Malthus und Ricardo ausschließlich von ihrer Lohnkostentheorie getrieben waren und das Mantra vertraten, dass höhere Lohnkosten volkswirtschaftlich schädlich sind. Dabei klammerten sie vollkommen aus, welche politischen Konsequenzen bzw. Gefahren für die Besitzenden von den verarmten Besitzlosen ausgehen konnten. Staatliche Transferleistungen werden ausschließlich unter einem moralischen Hintergrund und unter Kostenaspekten betrachtet. Das Eigeninteresse der Besitzenden an Sicherheit und politischer Stabilität bleibt dabei außen vor. Hierbei ist zu beachten, dass beide Autoren zu einer Zeit schrieben, als die Regierungen sehr restriktiv gegen Emanzipationsbewegungen von Arbeitern vorgingen. Allen Autoren ist gemein, dass sie (wie auch schon Adam Smith) den privaten Konsum kritisch sehen und eher persönliche Austerität und Reinvestition von Kapital fordern. Dass Konsum und Dienstleistungen wichtige Faktoren für eine erfolgreiche Wirtschaft sein können findet sich in diesen Überlegungen nicht. Auch bleibt die volkswirtschaftliche Bedeutung von attraktiven Binnenmärkten außen vor, da hohe Löhne ja als schädlich angesehen werden. Auch wenn Mill von vielen als ökonomisches Leichtgewicht betrachtet wird, muss man ihm zugutehalten, dass er in der Verknüpfung von Staat und Wirtschaft neue Impulse setzt. Viele seiner Ansätze sind zukunftsweisend. Man mag ihm Inkonsistenz oder Ungenauigkeit vorwerfen, doch darf man dabei nicht übersehen, dass er sich als in einer wirtschaftlichen Transitionsphase befindlich glaubte. Dabei identifizierte er die relevanten Probleme seiner Zeit, konnte aber keine verbindlichen Lösungen anbieten, da keine empirischen Erfahrungswerte vorlagen. Insofern ist es eher erfrischend, dass er sich nicht in Ideologien verrennt, sondern sein eigenes Gedankengebäude als »work in progress« sieht. Mill steht damit für den Paradigmenwechsel von volkswirtschaftlichem Wohlstand hin zu Wohlstand für alle.

Malthus und Ricardo zeigen aber eine zentrale Schwachstelle in der heutigen Kapitalismuskritik. Es wird angeführt, dass ein System, das auf dauerndes Wachstum ausgelegt ist, nicht nachhaltig sein kann. Nur ist der Grund für das stetige Wachstum und den damit verbundenen Ressourcenverbrauch das Bevölkerungswachstum ist.

5 Neoklassik

Mit Neoklassik bezeichnet man die makroökonomische Lehre ab der zweiten Hälfte des 19. Jahrhunderts. Sie ist eng mit den Namen Léon Walras, Stanley Jevons Carl Menger und Alfred Marshall verknüpft. War die klassische Theorie weitestgehend ein englisches Thema, so gewannen bedingt durch die voranschreitende Industrialisierung dort nun auch wieder (nach den Physiokraten) Wirtschaftswissenschaftler aus Kontinentaleuropa an Bedeutung.

Die klassische Theorie, besonders Smith, war stark von der Angebotsseite von Märkten geprägt. Das hatte seine Berechtigung, da zu jener Zeit die Verfügbarkeit von Waren für die Massen das große Problem war. Durch die Vernachlässigung der Nachfrageseite entstand keine plausible Theorie für die Entwicklung von Preisen. So wurden Preise spätestens seit Ricardo durch Kosten in der Herstellung definiert. Dies konnte jedoch Preisschwankungen nicht erklären, wodurch Ricardo und Mill eine Vielzahl von kaum noch nachvollziehbaren Preistheorien für verschiedene Produkte entwickelten. Aus wissenschaftlicher Sicht ist es eher unwahrscheinlich, dass eine Theorie, die derart viele Ausnahmen kennt, haltbar ist. So steht in der Neoklassik also der Markt als eine Beziehung von Angebot und Nachfrage im Mittelpunkt. Diese Erkenntnis entstand fast zeitgleich unabhängig in mehreren Forschungsprojekten, so dass es gar nicht möglich ist, diese Erkenntnis einem einzelnen Ökonomen zuzuordnen. Konstituierend für die Neoklassik ist vor allem der Rückbezug auf das Saysche Theorem. Dies besagt, dass jedes Angebot automatisch auch eine kaufkräftige Nachfrage schaffe – also eine Art ökonomisches Perpetuum mobile. Langfristig kommen Märkte dadurch dann immer wieder ins Gleichgewicht, da partielle Unter- oder Überproduktionen nur temporär sein können. Damit tendiere eine Wirtschaft auch immer zur Vollbeschäftigung. (Wohltmann, o. J.) Das bedeutet dann zwangsläufig, dass diese Betrachtungen langfristig angelegt sind und das Hier und Jetzt ausklammern. Konstituierend für die Neoklassik ist ebenfalls der Goldstandard für Währungen. Da dies ein durchgängiges Element ist, das sich auch in allen früheren Betrachtungen findet, wird im Folgenden nicht weiter darauf eingegangen.

Es handelt sich jedoch auch um die Zeit, in der erste Einbrüche in der Wirtschaft zu beobachten waren und das Vertrauen in die kapitalistische Wirtschaftsordnung zumindest teilweise wieder rückläufig war. Insofern stellt die Neoklassik auch die Frage nach der Allokation endlicher Ressourcen. Gerade Walras steht mit seinen sozialreformerischen Ansätzen und seinem Engagement für den Genossenschaftsgedanken stark in der Tradition Mills.

Die Neoklassik steht aber auch für eine weitere Stufe der Verwissenschaftlichung der Ökonomie. Gerade die deutsche Ökonomie war zu diesem Zeitpunkt stark historisch ausgerichtet und stand der Theoriebildung eher skeptisch gegenüber. (Winkel 2012, S. 108 ff.) War die klassische Theorie weitestgehend philosophisch ausgerichtet, so wird die Wirtschaftswissenschaft in dieser Phase durch die Verbindung zur Mathematik zu einer »harten« Wissenschaft. Die Arbeit mit mathematischen Modellen ist »geradezu konstitutiv für das Selbstverständnis der aktuellen ökonomischen Forschungspraxis«. (Eckert; Bauer 1996, S. 249) Mit der Hinwendung zum subjektiven Käuferverhalten geht die Ökonomie damit einen Schritt in Richtung moderner Verhaltenswissenschaft. Die zweite Hälfte des 19. Jahrhunderts war dann auch die Zeit der akademischen Institutionalisierung der Ökonomie.

5.1 Léon Walras (1834-1910)

Walras: Leben und Werk

Dar. 7: Léon Walras

Léon Walras wurde 1834 in der Normandie geboren. Da der Vater eine Professur bekam, verbrachte er seine Jugend in verschiedenen Städten Frankreichs. Der Vater sollte dann auch einen prägenden Einfluss auf ihn haben, dass dessen Vorüberlegungen maßgeblich für Walras Werk wurden und man von der »Arbeit zweier Generationen« (Flammer 2006) spricht. Es ist umstritten, ob die enge

Verbindung zu den Gedanken des Vaters förderlich war oder eher die Entwicklung eigener Ideen gebremst hat. (Flammer 2006) Nachdem er zweimal die Aufnahmeprüfung zum Mathematikstudium nicht bestanden hatte, wandte er sich dem Bergbau zu. Diese Ablehnung entbehrt nicht einer gewissen Ironie, war es doch Walras, der die Ökonomie von der Geisteswissenschaft hin in Richtung Mathematik führen sollte. Das ungeliebte Ingenieursstudium vernachlässigte der junge Mann und beschäftigte sich eher mit Themen wie Literatur, Philosophie und Geschichte. Er brach nach einem Jahr das Studium ab und versuchte sich als Schriftsteller. (o. V. 2022) Nach einem ereignisreichen Berufsleben als Journalist, Dozent, Bahnmitarbeiter und Bankdirektor bewarb Walras sich 1866 auf eine Professur im schweizerischen Lausanne (o. V. 2022), da er trotz des Berufs seines Vaters im abgeschotteten akademischen Establishment in Frankreich nicht Fuß fassen konnte. (Flammer 2006) Dort entwickelte Walras das Grenznutzenkonzept, nur um dann festzustellen, dass Hermann Heinrich Gossen (1810-1858) dies schon vor ihm entdeckt hatte. (Flammer 2006). Trotz allem liegt Walras' historische Bedeutung darin, dass er einer derjenigen war, die erkannt hatten, dass Preise eben nicht von internen Faktoren gemacht werden, sondern vielmehr das Ergebnis von Marktgeschehen in Form von Angebot und Nachfrage sind. Walras publizierte bis ins hohe Alter (nicht zuletzt auch aus Geldnot) und leistete zahlreiche wichtige Beiträge zur Wirtschaftspolitik, die international nur sehr bedingt zur Kenntnis genommen wurden. Obschon Walras aus der Neoklassik nicht wegzudenken ist und maßgeblich dazu beigetragen hat, das Marktgeschehen zu verstehen, war er wie Mill ein Sozialreformer, wenn auch ein erfolgloser. Walras trat für die Abschaffung von Steuern und die Verstaatlichung von Grund und Boden ein. Der Staat sollte sich ausschließlich durch Pacht finanzieren. Wie Mill war auch er Anhänger des Genossenschaftsgedankens. Für diese Idee nominierten Lausanner Professoren ihn auf seinen Wunsch hin für den Nobelpreis. Der Vorschlag konnte das Komitee jedoch nicht überzeugen. (Flammer 2006). Alles in allem liegt Walras' historische Bedeutung darin, die Ökonomie und die Mathematik zusammengebracht zu haben und in der Betrachtung des Verhältnisses von Angebot und Nachfrage.

Walras ist wahrscheinlich der am wenigsten gelesene Ökonom, auch wenn z. B. seine Angebots- und Nachfragekurven auch heute noch in jedem BWL- und VWL-Studium vermittelt werden. Das zeigt sich auch daran, dass Bücher von Walras außerhalb des französischen Sprachraums kaum erhältlich sind. Erst seit 2014 liegt wieder eine Übersetzung ins Englische vor. Das liegt primär daran, dass Walras' Zugang zur Ökonomie rein mathematisch ist und seine Werke daher zum Großteil aus mathematischen Formeln und Erläuterungen dazu bestehen.

Léon Walras grenzt seinen Ansatz der Ökonomie deutlich von der Klassik ab, indem er sie als eine beschreibende Wissenschaft bezeichnet, die keinen normativen Anspruch hat. (Walras 2014, S. 50 ff.) Ihm kommt das historische Verdienst zu, dass er die Ökonomie mit der Mathematik verheiratet und damit die Verwissenschaftlichung vorangetrieben hat. Genau dies muss man jedoch beachten, wenn man sich mit seinen Ideen auseinandersetzt. Gerade das später zu erläuternde Gleichgewichtsprinzip ist eine mathematische Frage. Die mathematische Korrektheit seiner Annahmen wurden auch tatsächlich nachgewiesen. (Flammer 2006) Das bedeutet jedoch nicht, dass damit auch die inhaltliche Richtigkeit der Annahme selbstregulierender Märkte bewiesen wurde. Insofern gehen die Meinungen sehr weit auseinander, wie praxisrelevant Walras Ansatz tatsächlich ist.

Die bisherigen Vertreter des klassischen Wirtschaftsliberalismus waren davon ausgegangen, dass Märkte sich selbst regulieren bzw. dass staatliche Interventionen zu Dysfunktionalitäten führen und Märkten schaden. Da die bisherige Herangehensweise aber wenig wissenschaftlich geprägt war, blieb dies eine Annahme, für die der Beweis ausblieb. Diesen tritt Walras nun an.

Das Konzept des Grenznutzens wurde mehr oder weniger zeitgleich von verschiedenen Ökonomen entwickelt und wurde im Prinzip schon einige Jahrzehnte vorher von Gossen entdeckt. Man kann die Entdeckung also nicht ausschließlich Walras zuschreiben. Jedoch unterscheidet sich Walras von den anderen Vertretern der Grenznutzenschule dadurch, dass er den Zugang zu dem Thema mathematisch sucht. Basis für den Wert oder Tauschwert eines Objekts errechnet sich nicht mehr aus dem Arbeitswert, sondern vielmehr aus dem Nutzen für den Kunden. Es gibt eine Grenze, ab der eine zusätzliche Menge des Gutes keinen Mehrwert bietet und diese dann einen geringeren Preis aufruft als die vorherige Menge. (Walras 2014, S. 164 ff.) In der Tat liegt in genau diesem Punkt die größte Schwachstelle Smiths, der ja davon ausging, dass sich für die durch effizientere Produktion gesteigerte Ausbringungsmenge »irgendwie« schon ein Markt finden lasse. Walras stellt jedoch heraus, dass der Wert- und Preisbildungsprozess eben im hohen Maße vom subjektiven Agieren der Marktteilnehmer abhängig ist. (Walras 2014, S. 194 ff.) Damit ist eine vollkommen neue Grundlage für strategische Entscheidungen gelegt worden. Endliche Ressourcen müssen also dort eingesetzt werden, wo sie die höchsten Preise erreichen können und umgekehrt dort abgezogen werden, wo sie keine angemessenen Profite erwirtschaften. Im Prinzip ist das die Logik der BCG-Matrix, in der eine Cashcow in hohen Stückzahlen auf den Markt geworfen wird, die Profite pro Stück jedoch sinken und nur noch abgeschöpft werden. Das Kapital wird stattdessen in Question Marks und Stars investiert. (Krings 2019, S. 67)

Walras geht davon aus, dass der Gesamtmarkt sich in viele Teilmärkte unterteilt, z. B. Arbeitsmarkt, Waren- und Konsumgütermarkt, Investitionsgütermarkt, Immobilienmarkt etc. Hierbei geht er in seinem Modell von einer unendlichen Zahl von Anbietern und einer unendlichen Zahl von Käufern aus. Diese Form des Marktes ist für ihn ideal, weil Wettbewerb stattfindet und einzelne Schwankungen nicht ins Gewicht fallen. Die Preise in diesen Märkten werden von Angebot und Nachfrage geprägt. (Walras 2014, S. 124 ff.) Walras benutzt hier das Bild eines fiktiven Auktionators der totale Markttransparenz hat und Angebot und Nachfrage zueinander bringt. Dies ist also ein vollkommen anderer Ansatz als der bisher vorherrschende kalkulatorische. Durch Überangebot sinken die Preise, durch Steigerung der Nachfrage steigen sie. Schneiden sich die Kurven für Angebot und Nachfrage, ist der Markt im Gleichgewicht. (Walras 2014, S. 219 ff.) Mathematisch ist das sicherlich vollkommen korrekt. Inhaltlich wiederum ist es fragwürdig, weil die Annahme der idealen Marktsituation in der Realität eher selten eintreten wird. Dennoch ist das Modell des Gleichgewichts für die Ökonomie wichtig. Es erklärt zunächst umfassender als die Vorgänger dies getan haben, wie Preise zustande kommen. Weder Smith noch Ricardo oder Malthus konnten Marktmechanismen erklären. Der ideale Markt als Modell ermöglicht es vor allem, Störungen im Marktgeschehen zu identifizieren. Man würde Walras auch sicher Unrecht tun, wenn man ihn auf einen Laissez-fair-Marktliberalismus reduzieren würde, denn gerade als Sozialreformer hatte er durchaus sehr genaue Vorstellungen davon, was der Staat leisten kann und muss.

5.2 William Stanley Jevons (1835-1882)

Jevons: Leben und Werk

Dar. 8: William Stanley Jevons

William Jevons wurde 1835 in Liverpool als Sohn von Thomas Jevons geboren, ein Geschäftsmann, der jedoch auch als Autor juristischer und wirtschaftswissenschaftlicher Texte in Erscheinung getreten war. Nach zeitgenössischen Berichten war auch seine Mutter Mary Ann als scharfsinnig und gebildet bekannt.

(Schabbas 1990, S. 12) Seine Kindheit war von gesundheitlichen Problemen geprägt, doch erkannte seine Familie bereits früh seine überragenden intellektuellen Fähigkeiten. (von Suntum 2008, S. 267) Trotzdem gestaltete seine akademische Karriere sich nicht einfach: Als Unitarier waren ihm die Elite Universitäten Oxford und Cambridge verwehrt und durch den Konkurs der elterlichen Firma fehlten ihm die Mittel für ein Studium. (von Suntum 2008, S. 268) So war es nicht verwunderlich, dass er sein Studium zunächst nach zwei Jahren abbrechen musste und nach Australien emigrierte, um dort für die australische Münze als Prüfer zu arbeiten. (o. V. 1998) In den folgenden vier-Jahren verfasste er zahlreiche Abhandlungen zu den verschiedensten Themen: Chemie, Logik, Metereologie und Anstronomie. (von Suntum 2008, S. 268) Hier beschäftigte er sich erstmals wissenschaftlich mit den Sonnenflecken, was zu seiner späteren und aus heutiger Sicht eher abstrusen Betrachtung der Auswirkungen der Sonnenflecken auf Konjunkturzyklen führte. 1859 kehrte er dann nach London zurück, um sein Studium wieder aufzunehmen. Obschon er eigentlich Logik, Philosophie und Ökonomik studierte, verfasste er weiterhin Abhandlungen zu naturwissenschaftlichen Themen. (von Suntum 2008, S. 268) Es zeigt sich, dass das 19. Jahrhundert doch die Zeit der Universalgelehrten war, was jedoch sicherlich auch auf mangelnde wissenschaftstheoretische Schärfung zurückzuführen ist. Vor allem aber fokussierte er sich in seiner ökonomischen Forschung auf die Themen Zinsen und Preise. Fast zeitgleich zu Walras bemühte er sich vor allem, mathematische Methoden in die Ökonomik einzuführen. Jedoch fanden seine Werke aus dieser Zeit wenig Beachtung und er musste sein Geld als Tutor an Universitäten in der Provinz verdienen. (von Suntum 2008, S. 268 f.) Durch seine zwischen 1863 und 1865 erschienenen Werke gelang ihm der wissenschaftliche Durchbruch und er wurde 1866 zum Professor für Ökonomie in Manchester berufen. (von Suntum 2008, S. 269) 1871 erschien sein Hauptwerk, *Theory of Political Economy*. Waren die Klassiker noch von dem Versuch gekennzeichnet, objektive Werte für Preise zu finden, gelangte Jevons wie auch fast zeitgleich Walras zu einer subjektiven Wertlehre. (von Suntum 2008, S. 269) Jevons beschäftigte sich in der Ökonomie vor allem mit dem Goldstandard für Währungen und mit der Frage der Endlichkeit von natürlichen Ressourcen. Auch wenn das von Jevons prophezeite Ende der Versorgung mit Steinkohle noch lange nicht eintrat, finden sich in seinem Werk erstmalig Überlegungen zu Nachhaltigkeit, die auch politische Konsequenzen hatten. (von Suntum 2008, S. 270 f.) In seinen Publikationen zeigt sich, dass er – ähnlich wieder der von ihm nicht besonders geschätzte Mill – den Sinn der Ökonomik nicht in einer reinen Beschreibung von Wirkmechanismen sieht, sondern »darin, die Wünsche der Massen zu befriedigen, allerdings ohne dass dabei diejenigen Ziele gefährdet werden dürften, die von den Massen nicht verstanden wurden, obwohl sie ihrem Wohle dienen.« (von Suntum 2008, S. 271). 1882 starb Jevons bei einem Badeunfall. Seine Frau, Harriet Ann Taylor, deren Familie der Manchester Guardian gehörte, veröffentlicht seine Tagebücher und Briefe, so dass seine

> Biographie umfangreich dokumentiert ist. (von Suntum 2008, S. 269) Am Rande sei erwähnt, dass Jevons bereits 1871 mit einer baldigen Fertigstellung eines Tunnels unter dem Ärmelkanal rechnete. (Jevons o.J., S. 11) Dieser wurde 1994 eröffnet.

Jevons ist einer der wenigen Ökonomen aus dieser Zeit, dessen Werke sprachlich wie inhaltlich auch dem modernen Leser zugänglich sind. Das liegt darin begründet, dass *A Primer on Political Economy* als Lehrbuch für die Massen konzipiert war, mit der Zielsetzung »to disseminate knowledge of the thruths of political economy through all classes of the population.« (Jevons o.J., S. 3) Es entbehrt natürlich nicht einer gewissen Ironie, dass der Universalgelehrte Jevons der sich ja als Amateur in vielen Feldern der Wissenschaft betätigte, beklagt dass die Qualität der Diskussion über politische Ökonomie darunter leide, dass sich zu viele Dilettanten daran beteiligen. (Jevons o.J., S. 7) Dennoch ist diese Aussage auch für den heutigen Diskurs in Teilen zutreffend, denn man kann im politischen Diskurs oft eine theoriefeindliche Herangehensweise an ökonomische oder sozialpolitische Sachverhalte finden. Jevons definiert gleich zu Beginn, dass er »political economy« als eine Handlungswissenschaft begreift, die mehr leisten muss als Wirkmechanismen zu beschreiben: »It aims at teaching what should be done in order that poor people may be as few as possible, and that everybody may, as a general rule, be well paid for his work.« (Jevons o.J., S. 6) Anders als bei Malthus und Ricardo steht bei Jevons nicht die bloße volkswirtschaftliche Entwicklung im Vordergrund, sondern »the welfare of mankind«. (Jevons o.J., S. 6) Gleichzeitig bindet er die Ökonomie auch in den Fortschritt der Wissenschaft ein und sieht diese als Motor zur Schaffung von Wohlstand. (Jevons o.J., S. 6) Er wendet sich mehrfach in seinem Buch gegen die Geringschätzung der politischen Ökonomie im Gegensatz zur Philosophie und erläutert, dass eben nur eine präzise Wissenschaft, Antworten auf Fragen zur Gestaltung der Wirtschaft geben könne. In seiner klaren Unterscheidung zwischen Meinung und Erkenntnis fühlt man sich an Max Webers spätere wissenschaftstheoretische Ausführungen erinnert. (Jevons o.J., S. 6)

Prosperität kann für Jevons nur aus Wirtschaftsdynamik entstehen, nicht durch Umverteilung. (Jevons o.J. S. 8). Sehr zeittypisch lehnt er »charity« ab, weil sie aus seiner Sicht Armut perpetuiert, da es keine Incentivierung gäbe, sich durch Arbeit aus der Armut zu befreien. Staatliche Alimentierung lehnt er also grundsätzlich ab und fordert stattdessen Hilfe zur Selbsthilfe. (Jevons o.J., S. 7) Auch bei Jevons findet sich ein gewisses Misstrauen den Armen gegenüber. So unterstellt er Menschen, dass sie in ihrer Jugend verschwenderisch mit Geld umgingen und daher im Alter zu wenig haben. (Jevons o.J., S. 17) Grundsätzlich kritisiert er, dass in England zu wenig für schlechte Zeiten oder das Alter gespart würden (Jevons o.J., S. 68). Das ist eine sehr erstaunliche Behauptung, denn die Kapitallebensversicherung zur Altersvorsorge wurde im 18. Jahrhundert in England erfunden. (o.V. 2012)

Er stellt dann auch programmatisch fest, dass Wohlstand nur durch Produktivität entstehen kann und dass Restriktionen Wachstum bremsen und letztlich nur

Armut verteilen. Auch das ist ein sehr moderner Ansatz, wenn man z. B. die Diskussion über die Mitpreisbremse verfolgt. Diese hat in Berlin nämlich dazu geführt, dass weniger Wohnraum zur Miete angeboten wird. (Pawlik 2021) Insofern zeigt Jevons sich hier klar in der Tradition Adam Smiths, auch wenn sich später zeigen wird, dass er staatliche Aufgabenfelder deutlich differenzierter sieht als dieser. Jevons grenzt sich also deutlich von jeder Form sozialistischen Gedankengut ab und teilt Smiths Optimismus, dass Wachstum möglich ist. Wohlstand kennzeichnet sich für Jevons durch drei Merkmale (Jevons o. J., S. 10):

- Transferable,
- Limited in supply,
- Productive of pleasure, or preventive of pain.

Wohlstand kann also nur in einer Gesellschaft entstehen, die über Zahlungsmittel verfügt. Geld vereinfacht den Handel, weil durch dieses Medium jeder mit jedem Handel treiben kann, ohne dass – wie in einem Bartersystem – passsende Tauschpartner gefunden werden müssen. (Jevons o. J.; S. 86) Jevons Marktgedanke besteht aus der simplen Überlegung, dass jeder Marktteilnehmer das, was er selbst nicht benötigt an jemanden verkauft, der es braucht. (Jevons o. J., S79) Dieser Markt wächst, weil Jevons eine Bedürfnishierarchie postuliert, die den Effekt hat, dass ein Bedürfnis von einem anderen abgelöst wird, wenn es einmal erfüllt ist. Hier nimmt Jevons wie auch Mill zuvor bereits die Hierarchie der Bedürfnisse von Maslow vorweg, betrachtet diese jedoch im Gegensatz zu Mill unter dem Aspekt der Marktentwicklung. Durch diese psychologische Betrachtung erläutert er, weshalb Märkte durch ständig neue Bedürfnisse grundsätzlich immer Wachstumspotenzial haben. Daher löst er sich auch von der Vorstellung Smiths, Ricardos und Malthus, dass Preise etwas mit dem Aufwand bei der Herstellung zu tun haben. Auch habe der objektive Nutzen einer Sache nichts mit ihrem Marktwert zu tun, sondern der Kontext. (Jevons o. J., S. 79) So sei Wasser nur dann wertvoll, wenn es wenig davon gäbe. Bei Starkregen hingegen habe Wasser keinen Wert – ganz im Gegenteil. So sinke der Wert einer Sache dann, wenn zusätzlicher Besitz keinen weiteren Nutzen bringt. Diese Grenznutzenbetrachtung ist das Revolutionäre an Jevons' Gedanken, denn sie führt zwangsläufig zu der Erkenntnis, dass Preise einzig von Angebot und Nachfrage bestimmt werden: »A rise in price tends to produce a great supply and a lesser demand. Conversely, an increase of supply or a decrease of demand tends to lower prices, and a decrease in supply or an increase in demand to raise price.« (Jevons o. J., S. 81) Der Marktpreis ist dann erreicht, wenn Angebot und Nachfrage sich die Waage halten. Der Wert einer Ware ist also das, was man im Tausch dafür bekommen kann (Jevons o. J., S. 80), wobei Geld »the medium of exchange« (Jevons o. J., S. 86) ist. So erklärt Jevons Inflation dann auch dadurch, dass bei einer Geldmengenerhöhung das Angebot an Geld größer wird als die Nachfrage. (Jevons o. J., S. 87) Insofern ist Jevons damit identitätsstiftend für den modernen Wirtschaftsliberalismus, weil dieser von der Erkenntnis geleitet wird, dass der Staat die Nachfrage eben nicht steuern kann und dass Märkte nicht durch Restriktionen reguliert werden können, wenn das Angebot nicht steigt. Daher ist tatsächlich auch fragwürdig, ob die sogenannten Pigou-Steuern[16] als externer Faktor schädliches oder unerwünschtes Verhalten verteuern, um damit die Nachfrage zu senken, so z. B. die Steuern auf fossile Brennstoffe. (Feess o. J.)

Wohlstand wird dann produziert, wenn man »land, labour and capital by different persons and classes of persons« zusammenbringt. (Jevons o.J., S. 41) Jevons beschreibt den typischen Unternehmerkapitalismus seiner Zeit, aber auch die Finanzierung durch eine Klasse von Kapitalisten. (Jevons o.J., S. 42) Er stellt jedoch auch fest, dass Arbeit, insbesondere geistige Arbeit wichtiger sind als Kapital (Jevons o.J.S. 20), da dieses als Fremdkapital eingeworben werden kann (Jevons o.J., S. 93 ff.) Dennoch ist das Kapital für ihn eine Grundvoraussetzung, damit durch Investitionen in moderne Technologien effizienter gearbeitet werden kann. (Jevons o.J., S. 36) Wie ja bereits aufgezeigt wurde, funktioniert dies nur dann, wenn die Löhne ein so hohes Niveau haben, dass sich diese Investitionen lohnen. Im Gegensatz zu den vorangegangenen Ökonomen geht Jevons davon aus, dass es keinen natürlichen Lohn gibt, sondern nur den, der auf Basis von Angebot und Nachfrage ausgehandelt wird. (Jevons o.J., S. 52), wobei er allerdings wie Smith postuliert, dass es eine Hierarchie der Berufe gibt und die Entlohnung sich an dieser ausrichtet (Jevons o.J.; S. 43), denn »labour is painful exertion«. (Jevons o.J., S. 16) Wenn Jevons schreibt: »We must ascertain how it is that many oft he population get so little and some so much« (Jevons o.J., S. 41), dann ist klar, dass es ihm um »distrubition of wealth« (Jevons o.J., S. 41) geht. Dennoch warnt er vor zu hohen Lohnsteigerungen. Höhere Löhne verteuern die Waren oder führen dazu, dass sie nicht mehr konkurrenzfähig sind. Durch niedrigere Kaufkraft oder Arbeitslosigkeit sinkt dann der Lebensstandard des Arbeiters. Die Sorge der Auswirkung von Inflation durch Lohnsteigerungen ist auch heute noch ein zentraler Punkt wirtschaftsliberalen Denkens. Inwiefern hohe Lohnsteigerungen zu einer solchen Lohn-Preis-Spirale führen, ist nicht unumstritten. (Fratzscher 2022) In jedem Fall üben beide Faktoren eine Wechselwirkung aufeinander aus, so dass sie die Inflation befeuern. (Keller o.J.) Jevons bringt hier also das Konzept des Reallohns ins Spiel und sieht günstige Preise als Chance, den Lebensstandard der Massen zu steigern. (Jevons o.J., S. 47) Billige Warenverfügbarkeit steigert den Absatz und ein gesteigerter Absatz hat eine hohe Nachfrage nach Arbeit zur Folge. (Jevons o.J., S. 47) Im Prinzip schwebt ihm eine Art Konsumentenparadies vor.

Der Schlüssel zu immer weiter steigender Produktivität und höherer Warenverfügbarkeit bei niedrigeren Preisen liegt für ihn vor allem im technischen Fortschritt und im professionellen Management von Unternehmen. (Jevons o.J., S. 68) Er stellt fest, dass »we do not work for the sake of working but for the sake of what

---

16 Tatsächlich muss man sich darüber wundern, dass dieses Instrument seit den 1990er-Jahren als effektives Mittel zum Umweltschutz angesehen wird. Würden sie tatsächlich funktionieren, müssten nicht ständig neue Umweltsteuern erhoben werden. Betrachtet man die Geschichte, so gibt es sehr wenige Belege dafür, dass Steuern steuern – ein Mantra der politischen Linken.

we produce by working.« (Jevons o. J., S. 61) Auch das ist ein zentrales Motiv des Wirtschaftsliberalismus, das sich später auch bei Milton Friedman findet. Kritiker der Marktwirtschaft werfen bei schmerzhaften Einschnitten wie z. B. Stellenabbau immer ein, dass man ja nicht alles tun müsse, was man tun kann. Hier wird dann auf die soziale Verantwortung von Unternehmen verwiesen. (Krings 2019, S. 15 ff.) Aus einer wirtschaftsliberalen Perspektive hingegen müssen sämtlich Potenziale zur Kostensenkung und Effizienz- und Effektivitätssteigerung genutzt werden, weil ansonsten die Rendite der Eigenkapitalgeber (Shareholder) geschmälert wird und der Kunde minderwertige und/ oder überteuerte Waren kaufen muss.

Jevons Vorstellungen von Marktwirtschaft sind für seine Zeit orthodox: konsequentes Nutzen von Wettbewerbsvorteilen auf nationaler und regionaler Ebene, Spezialisierung und vor allem Freihandel. (Jevons o. J., S. 24) Kritikern des Freihandels entgegnet er, dass dieser volkswirtschaftlich gar nicht schädlich sein könne, wenn er denn tatsächlich stattfindet, da ja Wohlstand vorhanden sein muss, um importieren zu können. (Jevons o. J., S. 111) Er schlussfolgert: »But what we have in political economy to look to, is not the selfish interests of any particular class of people, but the good of the whole population. Protectionists overlook two facts – (1) that the object of industry is o make good abundant and cheap; (2) that it is impossible to import cheap foreign goods without exporting home-made goods of some sort to pay for them.« (Jevons o. J., S. 111)

Regulierende Eingriffe des Staates in die Wirtschaft lehnt er grundsätzlich ab. Auch kritisiert er sehr deutlich den Versuch, mit sinnlosem oder unwirtschaftlichem Konsum die Wirtschaft stimulieren zu wollen. (Jevons o. J., S. 17) Das Gesetz von Angebot und Nachfrage ist aus seiner Sicht nicht auszuhebeln: »Government might as well legislate about the weather.« (Jevons o. J., S. 64) Die Wirtschaft ist für ihn auf allen Ebenen ein System, das sich selbst ins Gleichgewicht bringt, sei es durch Angebot und Nachfrage oder durch Wirtschaftszyklen von Aufstieg und Fall. Diese Zyklen sind für ihn eine Gesetzmäßigkeit, deren Ursache er zwar nicht erklären kann (mit Ausnahme seiner skurrilen Sonnenfleckentheorie), deren Mechanismen er jedoch sehr genau beschreibt. (Jevons o. J., S. 97 ff.) Diese sind jedoch in menschlichem Verhalten begründet, das eine Regierung nicht beeinflussen kann. Tatsächlich muss man auch die Frage stellen, ob sie dies sollte. Letztlich kann niemand sagen, ob die Maßnahmen gegen die Wirtschaftskrise von 2007 wirklich effektiv waren. In jedem Fall hat die Niedrigzinspolitik dazu geführt, dass die Schere zwischen Arm und Reich in den meisten Ländern dieser Welt deutlich größer wurde, weil primär die Habenden davon profitierten. Verschärfend kam hinzu, dass durch die enormen Kosten dieser Politik staatliche Leistungen gekürzt wurden, was wiederum den ärmeren Teil der Gesellschaft traf. Es ist unbestritten, dass ein globales staatliches Versagen in Bezug auf Regulierung für diese Krise verantwortlich war und dass sie hätte verhindert werden können. Fraglich ist jedoch, ob die dirigistischen Eingriffe effektiv oder gar kontraproduktiv waren. (Gropp; Wix 2019) Auch hier findet sich wieder ein zentrales Motiv wirtschaftsliberalen Denkens: Diesen periodisch auftretenden »commercial collapse« sieht Jevons trotz aller kurzfristigen Probleme durchaus positiv, weil es als eine Art

Reset dazu führt, dass unwirtschaftliche Geschäftsmodelle verschwinden und Innovation nicht nur möglich, sondern notwendig wird. (Jevons o. J., S. 97)

Dennoch sieht Jevons im Gegensatz zu vielen anderen Wirtschaftsliberalen durchaus Argumente dafür, dass der Staat neben seinen Kernaufgaben auch »optional functions« übernehmen kann. (Jevons o. J., S. 104 ff.) Kernaufgaben des Staates sind für ihn die äußere und die innere Sicherheit und ein funktionierendes Rechtswesen. (Jevons o. J., S. 104) Er sieht darüber hinaus noch eine Vielzahl weiterer Aufgaben, die der Staat übernehmen könnte, bleibt jedoch erfrischend undogmatisch. Auch wenn er Vorbehalte gegenüber der Effizienz staatlicher Stellen hat (Jevons o. J., S. 105), ist es für ihn kontextabhängig, ob eine Aufgabe privatwirtschaftlich oder durch den Staat übernommen wird. Für ihn sind staatliche Infrastrukturinvestitionen essentiell für Wachstum. Besonders, wenn es Skaleneffekte durch Bündelungen gibt, hält er ein staatliches Engagement für sinnvoll. (Jevons o. J., S. 105) Zur Wahrnehmung seiner Aufgaben muss der Staat Steuern erheben. Jevons warnt davor, dass hohe Steuern zu höheren Verbraucherpreisen führen und die Inflation befeuern können, insbesondere indirekte Steuern. (Jevons o. J., S. 108) Ein gerechtes Steuersystem hat für ihn klare und transparente Regeln, die Rechtssicherheit bieten, aber auch die Erhebung für den Staat möglichst einfach und kostengünstig gestalten. Ferner soll jeder im Rahmen seiner Möglichkeiten zum Steueraufkommen beitragen. Für ihn heißt das, dass ein fixer prozentualer Anteil am Einkommen als Steuer festgelegt wird (Flat Tax). Er warnt ausdrücklich vor Kopfsteuern (Poll Tax), bei denen jeder die gleiche absolute Summe bezahlt, weil diese in der Bevölkerung als ungerecht wahrgenommen würden und keine Akzeptanz finden (Jevons o. J., S. 108) – wie Margaret Thatcher Ende der 1980er-Jahre schmerzhaft erfahren musste.

Eigentum »almost magically increases his inclination to work«. (Jevons o. J., S. 73) Folglich geht es ihm auch darum, Eigentum möglichst breit in der Gesellschaft zu verankern, nicht zuletzt auch als materielle Absicherung. So stellt er verschiedene Modelle dar. Für die Landwirtschaft ist »peasant proprietorship« ein für ihn sinnvoller Weg, um die materielle Lage der Landbevölkerung zu verbessern. Wie Mill ist auch er ein Vertreter des Genossenschaftswesens. (Jevons o. J., S. 65). Er stellt auch ein Modell vor, bei dem die Arbeiter gleichzeitig auch Anteilseigner sind. (Jevons o. J., S. 67) Auch hier betrachtet Jevons die Vor- und Nachteile der jeweiligen Modelle und bewertet ihre Tauglichkeit kontextabhängig.

Detaillierter als Mill geht Jevons auf das Thema Sozialpartnerschaft ein, auch wenn er Gewerkschaften durchaus kritisch sieht (Jevons o. J., S. 56) und Streiks wie Aussperrungen als volkswirtschaftlich schädlich ablehnt. (Jevons o. J., S. 56) Grundsätzlich begrüßt er, wenn Arbeiter sich zusammenschließen, um »prevent workmen from becoming paupers.« (Jevons o. J., S. 53) Gewerkschaften sieht er als Kartelle der Habenden, die wenig Interesse haben, sich für Arbeitslose einzusetzen. (Jevons o. J., S. 56) und Firmen durch closed shop Vereinbarungen für Nichtmitglieder abschotten. Für ihn ist der Interessenskonflikt zwischen Arbeitgeber und Arbeitnehmern konstruiert, da letztlich beide das gleiche Ziel haben müssten, nämlich ein profitables Unternehmen, das vielen Menschen Arbeit gibt. Hier schlägt er ein partnerschaftliches Konzept vor, das im Konfliktfall auf einen unabhängigen Schlichter setzt. (Jevons o.J., S. 64) Wenn man sich die Entwicklung ökonomisch erfolgreicher Nationen nach dem zweiten Weltkrieg betrachtet, dann waren diese Sozialpartnerschaften tatsächlich ein Erfolgsfaktor. Umgekehrt waren die militanten Gewerkschaften in der zweiten Hälfte des 20. Jahrhunderts z. B. für die britische Wirtschaft ein enormes Problem.

Aber auch in seiner Vorstellung davon, wie Arbeit gestaltet werden kann und soll, ist Jevons ein sehr moderner Denker. Ähnlich wie Smith und Mill sieht er in der Arbeitsteilung und der daraus resultierenden Spezialisierung die Chance für eine talentbasierte Berufswahl (Jevons o.J., S. 30), wobei er die kritischen Aspekte der Arbeitsteilung in einem automatisierten Umfeld nicht ausspart. (Jevons o.J., S. 35) Bemerkenswert ist jedoch vor allem, dass er fordert, dass Arbeitnehmer mehr Rechte haben sollen, was die Ausgestaltung von Arbeitszeit und -ort angeht, natürlich mit der Einschränkung das betriebliche Abläufe hier Grenzen aufzeigen. Gerade das ist heute wieder eine sehr aktuelle Diskussion. Er spricht auch explizit an, dass eine Steigerung der Produktivität zu einer Absenkung der Arbeitsbelastung führen soll. (Jevons o.J., S. 54) Auch hier zeigt sich wieder der Grundgedanke eines partnerschaftlichen Miteinanders von Arbeitgebern und Arbeitnehmern.

Deutlicher als Mill bringt Jevons zum Ausdruck, dass politische Ökonomie ein Ziel haben muss, nämlich Prosperität für alle und nicht eine abstrakte volkswirtschaftliche oder gar nur Reichtum für wenige. Damit ist er dem Wertesystem des modernen Lesers deutlich näher als Malthus oder Ricardo. Die Frage, ob eine Wirtschaft nun durch Zugewinn an Wohlstand wächst oder aber durch Verteilung des vorhandenen Wohlstands gleicher wird, prägt heute noch die politische Diskussion.

In Jevons Werk finden sich sehr viele Elemente, die für den modernen Wirtschaftsliberalismus sinnstiftend sind. Das ist zunächst die Überzeugung, dass staatliche Eingriffe in die Wirtschaft keinen Effekt haben oder gar kontraproduktiv sind. Dazu gehört auch, dass Wirtschaftskrisen eine reinigende und belebende Funktion haben und deshalb langfristig nicht schädlich sind. Effizientere Produktion und Erhöhung der Ausbringungsmenge sind für ihn der Schlüssel zu mehr Wohlstand. Hierbei steht immer die strikte Anforderung nach der Wirtschaftlichkeit im Vordergrund. Berücksichtigt man dies nicht, schadet man der Wirtschaft. Spätestens seit Friedmans Aufsatz *A Friedman doctrine - The Social Responsibility Of Business Is to Increase Its Profits* ist dies ein Mantra des Wirtschaftsliberalismus. Der Grundgedanke, Menschen durch Eigentum zu einem quasi unternehmerischen Handeln im Alltag zu motivieren, ist ebenfalls ein fester Bestandteil einer liberalen Wirtschaftspolitik. Auch die Flat Tax wird heute immer wieder diskutiert sowie auch die Lohn-/ Preisspirale aus wirtschaftsliberaler Sicht natürlich anders bewertet wird als aus linker. Dreh- und Angelpunkt von Jevons Überlegungen sind das Gesetz von Angebot und Nachfrage und die Grenznutzenbetrachtung. Hier findet sich fundierter als je zuvor der Grundgedanke, dass Märkte sich dadurch letztlich immer selbst regulieren. Natürlich kann Jevons die Fragen nicht beantworten, welcher gesellschaftliche Preis für eine solche Selbstregulierung zu zahlen ist. Die Antwort darauf liefert Karl Polanyi mit der Feststellung, dass Wandel zwar nicht aufzuhalten sei, aber eben gestaltet werden könne, damit er für die Gesellschaft verträglich ist. (Polanyi 2001, S. 133)

5.3 Carl Menger (1840-1921)

Menger: Leben und Werk

Dar. 9: Carl Menger

Carl Menger wurde am 23. Februar 1840 in Galizien als Sohn des Rechtsanwalts Dr. Anton Menger, Edler von Wolfensgrün geboren. Es ist umstritten, ob Carl Menger und seine Brüder den Adelstitel aus republikanischer Gesinnung nicht führten (Milford 2008, S. 306) oder aber weil dessen Provenienz zweifelhaft war (Streissler 2012, S. 119). Über seine Kindheit ist wenig bekannt, außer dass er aus einer kinderreichen Familie stammte und sein Vater früh verstarb, (Milford 2008, S. 306) Sein Bruder Max wurde Politiker und sein Bruder Anton war einer der prominentesten Juristen seiner Zeit. (Milford 2008, S. 306) Menger studierte Jura an den Universitäten von Wien und Prag (Streissler 2008, S. 121), wobei zu jener Zeit »volkswirtschaftliche und finanzwirtschaftliche Probleme« (Milford 2008, S. 306) noch zur Jurisprudenz gehörten. Zunächst war es als Journalist tätig, dann als Beamter im Ministerratspräsidium. In dieser Zeit soll er auf die Schwankungen der Preise in der Wiener Gründerzeit aufmerksam geworden sein. (Streissler 2012, S. 121) Diese von ihm beobachteten Schwankungen führten dann dazu, dass er in seiner Habilitationsschrift *Grundsätze der Volkswirtschaftslehre*, ein Modell entwickelte, das diese Entwicklungen erklärte. (Streissler 2012, S. 121) 1873 wurde er dann außerordentlicher Professor für Volkswirtschaftslehre an der Universität Wien. Dies ist insofern bemerkenswert, da die Ökonomie in Österreich bis dahin von deutschen Ökonomen geprägt war. (Boos 1986, S. 7 ff.) Menger gilt daher als Begründer der Österreichischen Schule und als identitätsstiftend für nachfolgende Generationen österreichischer Wirtschaftswissenschaftler (Milford 2008, S. 322) 1876 wurde Menger Lehrer des Kronprinzen Rudolf von Habsburg. Er übte einen großen Einfluss auf dessen liberales Weltbild aus und publizierte mit ihm. Die politischen Positionen, die der Kronprinz entwickelte, stießen jedoch in konservativen Kreisen auf wenig Gegenliebe und so endete seine Beziehung zum Kronprinzen auf Druck des Hofs 1886. (Milford 2008, S. 307) In den 1880er-Jahren kam es zu einem Methodenstreit zwischen Gustav Schmoller und Menger. Schmoller als Vertreter der historischen Schule stand erklärenden Modellen sehr kritisch gegenüber und hatte in seinem eigenen Werk ein Flickenteppich von zahlreichen Einzeluntersuchungen, die letztlich nicht zu einem theoretischen Gefüge zusammengeführt werden konnten. (Winkel 2012, S. 107) Man würde Schmoller sicher Unrecht tun, wenn man ihn auf einen theoriefeindlichen Historiker reduzierte. Vielmehr ging es ihm darum, dass die oft sehr plakativen Modelle der Klassik zu wenig auf empirischer Forschung beruhen. Dennoch ist Schmoller als Volkswirt nie wirklich relevant geworden, weil er aus seinen Untersuchungen nie abstrakte Schlüsse ziehen wollte. (Winkel 2012, S, 108 f.) Dies führte jedoch dazu, dass Menger sich in den späteren Jahren weniger mit ökonomischen Fragestellungen als mehr mit wissenschaftstheoretischen beschäftigte. Darüber hinaus publizierte Menger zur Währungspolitik. 1903 zog er sich von seinem Amt als Professor zurück, da war er Vater eines unehelichen Sohns geworden, des späteren Mathematikers Karl Menger. (Streissler 2012, S. 121) Menger verstarb 1921.

Menger ist einer der sprachlich-inhaltlich schwer zugänglichen Autoren der Neoklassik, obschon seine Gedankengänge an sich sehr stringent sind. Die Verständnisproblematik ergibt sich aus einem teilweise sehr umständlichen Satzbau und vor allem auch aus der Angewohnheit, bereits erklärte Sachverhalte im Laufe des Buchs immer wieder zu erläutern, wodurch vieles für den modernen Leser banal erscheint. Dennoch lohnt sich die Lektüre, weil Menger über die Grenznutzenbetrachtung hinaus viele sehr moderne Aspekte aufgreift wie z. B. den Produktlebenszyklus, eine Bedürfnishierarchie und Lieferketten. Viele dieser Ansätze wurden erst viel später im Detail ausgearbeitet.

Güter sind für Menger Gegenstand des Marktgeschehens. Damit eine Sache ein »Gut« wird, muss sie folgende Eigenschaften erfüllen (Menger 2014, S. 10):

- Sie muss ein menschliches Bedürfnis befriedigen.
- Die Eigenschaften rücken es in die Nähe des Bedürfnisses.
- Menschen kennen den Zusammenhang zwischen Bedürfnisbefriedigung und Gut.
- Das Gut ist verfügbar.
- Es gibt einen Markt für diese Güter.

Umgekehrt geht die Güterqualität dann verloren, wenn der Zusammenhang zwischen Bedürfnisbefriedigung und dem jeweiligen Gut nicht mehr erkannt wird oder nicht mehr vorhanden ist. (Menger 2014, S. 10) Daraus folgt, dass der Wert eines Guts immer subjektiv ist und sich auch entsprechend der Umstände verändern kann. Er stellt die These auf, dass die Erkenntnis, welches Gut tatsächlich der Bedürfnisbefriedigung dient und welches ein »eingebildetes Gut« (Menger 2014, S. 11) ist, vom zivilisatorischen Reifegrad einer Gesellschaft abhängt. Hätte er damit Recht, dürfte es heute keine homöopathischen Kassenleistungen mehr geben.

Anders als die meisten seiner Vorgänger bezieht Menger auch Dienstleistungen in die Güter mit ein. Diese definiert er als »nützliche Handlungen«, die eben auch ihren Preis haben, wie sie zur Befriedigung von Bedürfnissen beitragen. Bemerkenswert ist, dass Menger bereits zu Anfang den Gedanken der Wertschöpfungskette miteinbezieht und darlegt, dass Güter nur dann entstehen können, wenn vorgelagerte Produktionsfaktoren zur Verfügung stehen. Kosten sind also im Gegensatz zu Preisen nicht subjektiv, sondern ergeben sich aus den Schritten in der Wertschöpfungskette. (Menger 2014, S. 16 ff.) Gleichzeitig weist er jedoch auch darauf hin, dass diese Produktionskosten in keinem Zusammenhang zum Preis stehen. (Menger 2014, S. 129) Dieser hängt ausschließlich vom subjektiven Güterwert ab. Der Gebrauchswert eines Guts definiert sich damit also aus seiner Verfügbarkeit in Relation zum Bedarf. Das ist ein Gedanke, der sich bereits bei Adam Smith findet, wenn er erklärt, warum Wasser oder Luft nur in einem konkreten Kontext einen materiellen Wert haben, obwohl ihr Gebrauchswert hoch ist. Dieser wiederum ergibt sich aus einer Hierarchie der Bedürfnisse. (Menger 2014, S. 105) Je wichtiger ein Gut für das Überleben des Menschen ist, desto höher ist sein Nutzwert. Dieser übersetzt sich dann in einen Marktwert, wenn das Gut schwer verfügbar ist. Da jedes Bedürfnis irgendwann befriedigt ist, kann der Mensch sich dann höheren Bedürfnissen zuwenden, so dass Märkte durch die Abfolge von Bedürfnissen fast unendlich wachsen. (Menger 2014, S. 48) Diese Märkte erschaffen sich jedoch nicht selbst, sondern müssen dadurch entwickelt werden, dass Anbieter herausfinden, was die zukünftigen Bedürfnisse ihrer Kunden sind und entsprechende Angebote machen. Im Gegensatz zu vorangegangenen Generationen von Ökonomen definiert er Märkte nun nicht mehr als angebots-, sondern als nachfragegesteuert. Damit kann man Menger als einen der Urväter des modernen Marketings im Sinne einer marktgerechten Unternehmensführung sehen. Folglich ist eine Investition für ihn die Erschließung zukünftiger Märkte. (Menger 2014, S. 146)

Der Preis eines Guts ergibt sich also aus dem »Verhältnis zwischen Bedarf und verfügbarer Gütermenge«. (Menger 2014, S. 92) Je geringer diese im Verhältnis zum Bedarf ist, desto höher ist der Preis. Umgekehrt sinken die Preise bei einer hohen Ausbringungsmenge relativ zum Bedarf. Insofern kann es für den Verkäufer einer Ware sinnvoll sein, diesen Artikel künstlich zu verknappen, um so die Stückpreise hochzuhalten. (Menger 2014, S. 86) Güter werden in Märkten verkauft, in denen ein Wettbewerb stattfindet. Dieser definiert sich zum einen durch den Preis, zum anderen aber auch durch die Qualität der angebotenen Güter. (Menger 2014, S. 185) Die Marktteilnehmer agieren unter Umständen in unterschiedlichen Marktsegmenten (Menger 2014, S. 260), um für sich den größtmöglichen Profit zu erwirtschaften. Bei freien und fairem Marktzugang führt das zu einem Gleichgewicht. (Menger 2014, S. 197) Jeder Marktteilnehmer agiert ausschließlich im Rahmen der »ökonomischen Sinnhaftigkeit« (Menger 2014, S. 197). Diese besteht darin, die direkten Kosten hereinzuholen und eine »Marge für den Wert der Kapitalbenutzung und der Unternehmertätigkeit« (Menger 2014, S. 150) zu erwirtschaften. Da Märkte nach seiner Überzeugung am Ende immer wieder ins Gleichgewicht kommen, nimmt er keine Grenze für diese Marke an. Umgekehrt kritisiert er jedoch Märkte, die von Monopolen oder Olygopolen geprägt sind als »Ausbeutung der Konsumenten« (Menger 2014, S. 227) ab. Auch wenn Menger keine explizite Aussage dazu trifft, wie eine Regulierung aussehen kann, ist doch zumindest implizit die Forderung nach der Korrektur dysfunktionaler Märkte formuliert. Da Bedürfnisse wie bereits erwähnt endlich sind und Wettbewerb zu einem größeren Angebot und damit zu sinkender Profitabilität führt, hat der wirtschaftlich sinnvolle Absatz Grenzen. (Menger 2014, S. 256 ff.) Folglich müssen in- und ausländische Märkte entwickelt werden, um neue Güter abzusetzen.

Auch wenn man das Konzept des Grenznutzens keinem einzelnen Ökonomen der Neoklassik zuschreiben kann, so gebührt Menger dennoch besondere Aufmerksamkeit. Menger hat nicht nur den Mechanismus dargestellt, nachdem eine bloße Verteilung von immer mehr und immer günstiger hergestellten Produkten eben nicht zu mehr Profitabilität führt. Er hat als erster Ökonom die Frage nach den Mechanismen von Absatzmärkten nicht nur gestellt, sondern auch zumindest rudimentär beantwortet. Aufgrund begrenzter Zyklen für jedes Gut, kann ein Unternehmen nur dann über einen längeren Zeitraum erfolgreich sein, wenn es Marktentwicklungen antizipiert und Güter kundenzentriert entwickelt. Dieser Ansatz macht Menger aus zeitgenössischer Sicht zu einem sehr modernen Denker, der damit die große Schwachstelle in der bisherigen liberalen Lehre behebt.

5.4 Alfred Marshall (1842-1924)

»The most valuable of all capital is that invested in human beings.« (Marshall 1890, S. 1271)

Marshall: Leben und Werk

Dar. 10: Alfred Marshall

Alfred Marshall war zu seinen Lebzeiten der wohl prominenteste und einflussreichste Ökonom Großbritanniens. Obschon sein strenger Vater eine klerikale Karriere für ihn vorgesehen hatte (Groenerwegen 1995, S. 22), begann seine akademische Karriere dank der finanziellen Unterstützung eines Onkels am St. John's College in Cambridge. Dort studierte er zunächst Mathematik und wurde aufgrund seiner herausragenden Leistungen zum Fellow ernannt. (Whitaker 1987) Er beschäftigte sich dann jedoch zunehmend mir moralphilosophischen Fragen, um sich um 1870 dann ganz der Ökonomie zuzuwenden. Das Interesse für die Ökonomie kam bei Marshall wohl tatsächlich aus dem Anspruch an sich selbst, durch das Studium der Ökonomie und durch Anwendung der Erkenntnisse das Leben der Menschen zu verbessern. So verbrachte er sehr viel Zeit damit, Studienreisen zu unternehmen, um das Leben der Menschen zu beobachten oder aber, um sich ein Bild von den Verhältnissen vor Ort zu machen. (Caspari 2008, S. 327)

1875 unternahm er eine lange USA – Reise und heiratete 1877 seine Studentin Mary Paley. (Fonseca o.J.) Da Fellows in Oxford und Cambridge unverheiratet sein mussten, verließ Marshall St. John's. (Caspari 2008, S. 327) Sie zogen nach Bristol, wo Marshall am neugegründeten University College Bristol eine Professur für Ökonomie übernahm und dort auch Rektor wurde (Whitaker 1987). Aufgrund der mit der Rektoratsfunktion verbundenen umfangreichen administrativen Tätigkeiten, die ihm absolut nicht lagen (Caspari 2008, S. 327), nahm seine Frau einen großen Teil seiner Lehrverantwortung wahr. (Fonseca o.J.) 1879 erschien das Buch *Economics of Industry*, das Mary Paley als Koautorin nennt. Tatsächlich geht man heute davon aus, dass der überwiegende Teil wohl von ihr stammen dürfte. (Fonseca o.J.) Im gleichen Jahr ließ er *Pure Theory of Foreign Trade* und *Pure Theory of Domestic Values* in einer kleinen Auflage drucken. Seine späteren Überlegungen zu Angebot und Nachfrage gehen auf diese Werke zurück. (Fonseca o.J.) Doch seine Tätigkeit in Bristol frustrierte ihn zusehends. Das College hatte finanzielle Probleme und die Rektoratsfunktion hinderte ihn daran, sein Projekt eines Grundlagenwerks zur Ökonomie umzusetzen. (Whitaker 1987) 1881 schied er dann aus dem University College aus, weil er gesundheitliche Probleme hatte. Marshall bereiste Europa und begann in Palermo mit der Arbeit an seinem neuen Buch. Nach einem kurzen Intermezzo in Bristol übersiedelten die Marshalls nach Oxford, wo Marshall eine Professur am Balliol College übernahm. Da Oxford im Gegensatz zu Cambridge jedoch bis heute kein wirkliches wirtschaftswissenschaftliches Profil entwickelt hat, zog es Marshall bereits 1863 zurück nach Cambridge. (Whitaker 1987) Doch auch hier fristete die Ökonomie bis 1903 eher ein Schattendasein. (Whitaker 1987) Auch wenn Cambridge erst nach seiner Emeritierung ein wirtschaftswissenschaftliches Profil entwickelte, geht dies doch im Wesentlichen auf Marshalls Bemühungen zurück. Zu seinen Studenten gehörten die später berühmten Ökonomen Arthur C. Pigou und John M. Keynes. Nach seiner Rückkehr nach Cambridge begann er auch eine langandauernde Beratertätigkeit für die Regierung. (Caspari 2008, S. 329) Die 80er Jahre des 19. Jahrhunderts verbrachte er damit, sein großes ökonomisches Werk zu verfassen. 1890 erschien schließlich der erste Band von *Principles of Economics*, das ein breites Echo fand und sehr positiv aufgenommen wurde. Damit wurde Marshall über Nacht von einem eher unbekannten Professor in einem noch wenig anerkannten Fach zu einem der führenden Ökonomen der Welt. Die nächsten Jahre verbrachte Marshall damit, den zweiten Band zu schreiben, doch dieser wurde nie fertig – nicht zuletzt, weil er an seinem eigenen Anspruch, die Wirtschaft in toto zu erklären, scheiterte. 1908 ging Marshall in den Ruhestand, publizierte jedoch weiter. Statt des zweiten Bands der Principles erschien 1919 *Industry and Trade*. Anders als die *Principles* beschäftigt sich dieses Werk stärker mit gesamtwirtschaftlichen Zusammenhängen und Entwicklungen statt mit einzelnen Märkten. Die Ruhestandsjahre waren stark von gesundheitlichen Problemen geprägt. Marshall starb 1924. (Whitaker 1987)

Für Marshall ist die Geschichte der Wirtschaft ein Wandel zum Besseren: »The hope that poverty and ignorance may gradually be extinguished, derives indeed much support from the steady progress of the working classes during the nineteenth century.« Für ihn strebt der Mensch stets nach Verbesserung der eigenen Lage, sowohl in Bezug auf die Entwicklung von Arbeit als auch auf das Marktverhalten. Technischer Fortschritt bedeutet also, dass die Arbeitsbedingungen der Menschen sich stetig verbessern. Er sieht die moderne Wirtschaft folglich weniger als eine harte Ellenbogengesellschaft als vielmehr eine freie Gesellschaft, in der Menschen eigenverantwortlich handeln können und hohe Freiheitsgrade genießen. Dies sicherzustellen, ist für ihn die Kernaufgabe der Volkswirtschaftslehre: »Political Economy or Economics is a study of mankind in the ordinary business of life; it examines that part of individual and social action which is most closely connected with the attainment and with the use of the material requisites of wellbeing.« (Marshall 1890, S. 21) Hier findet sich also das pragmatische Verständnis einer Handlungswissenschaft, obwohl Marshall selbst natürlich stark mathematisch argumentiert, diese Belege jedoch der Lesbarkeit Willen weitestgehend in Fußnoten und Anhang verbannt. Marshall zeigt sich ganz in der Tradition Adam Smiths, wenn er den Wohlstand Großbritanniens auf den Frei – und Außenhandel und die Innovation in der Industriellen Revolution zurückführt. (Marshall 1890, S. 570, 1526, 1708 und 1738) Er ist auch schon so weitsichtig, dass er eine Steigerung der Erlöse nicht nur durch Umsatzsteigerung erreichen will, sondern durch Kosteneinsparungen durch Effizienzsteigerungen in der Arbeit und der Arbeitsmittel. Insofern kann man Marshall als einen Vorreiter des »scientific management« im Sinne Taylors sehen. (Marshall 1890, S. 2689)

Marshall geht davon aus, dass der Mensch aus Eigeninteresse handelt und danach strebt, seine Bedürfnisse zu befriedigen. Auf einer übergeordneten Ebene hat er diese Grundidee schon verwendet, um darzulegen, wie es zu stetigen Verbesserungen der Arbeitswelt gekommen ist und auch noch kommen muss. Da die materiellen Bedürfnisse eines Menschen zu einem bestimmten Zeitpunkt befriedigt sein können, besteht in diesem Augenblick kein Bedarf am weiteren Konsum zur Bedürfnisbefriedigung. Werden nun also weitere Mengen ausgebracht, so sinkt der Stückpreis, weil der Nutzen für den Verbraucher geringer wird. (Marshall 1890, S. 261); »The marginal utility of a thing to anyone diminishes with every increase in the amount of it he already has.« (Marshall 1890, S. 262) Diese in einer fallenden Kurve dargestellte Grenznutzenbetrachtung ist auch heute noch ein klassisches Modell in der Betriebswirtschaftslehre. Interessant ist hier der mathematische Ansatz, da Marshall seine grundsätzlichen Aussagen mit Hilfe von Geld quantifiziert. Im zweiten Schritt stellt er die Frage nach der Angebotselastizität, d. h. danach, welche Auswirkungen Schwankungen im Angebot auf die Preise haben. Er kommt zu dem Schluss, dass es wenig preissensible Produkte gibt, nämlich alles, was zu den Grundbedürfnissen gehört und solche, die erst dann in größeren Mengen verkauft werden können, wenn durch das gestiegene Angebot die Preise fallen – also Dinge, die entweder nicht notwendig sind oder für die es aber Substitutionsprodukte gibt. (Marshall 1890, S. 283) Zum einen ist das ein sehr moderner Gedanke, weil er die Frage der Marktpositionierung vorwegnimmt. Zum anderen aber ist es bemerkenswert, dass die moderne Politik den Aspekt der Angebotselastizität völlig ignoriert. Aufbauend auf den Überlegungen von Arthur Cecil Pigou (1877-1959) versuchen zahlreiche Regierungen gesellschafts- und/ oder umweltschädliches Verhalten durch künstliche Verteuerung in Form von Steuern zu beeinflussen. (Woll 2018) Dies ignoriert die Tatsache, dass bei Gütern mit hoher Preiselastizität die Verteuerung keinen nennenswerten Einfluss haben kann. Es entbehrt nicht einer gewissen Ironie, dass Pigou der Nachfolger Marshalls auf dessen Lehrstuhl war. Grundsätzlich postuliert Marshall, dass es langfristig immer zu einem Gleichgewicht von Angebot und Nachfrage kommt.

Dies sind Beiträge, die Marshall zum »Werkzeugkoffer« der Ökonomen beigesteuert hat und die heute noch Bestand haben. Im Kontext von Walras, Jevons und Menger ist natürlich fraglich, wie originell diese Überlegungen denn tatsächlich sind. Was bei der Betrachtung von Marshall häufig nicht in der Tiefe betrachtet wird, sind seine Aussagen zum Arbeitsmarkt und zur Bedeutung von Bildung. Gerade bei diesem Teilbereich wird sein Anspruch deutlich, Verbesserungen für die Menschen zu erreichen. Im Buch über Arbeit und Bildung zeigt sich Marshalls positives Menschenbild. Anders als Malthus und Ricardo unterstellt er Armen nicht grundsätzlich moralische Verkommenheit, sondern stellt die Frage, weshalb Armut sich oft fortsetzt. Er konstatiert, dass Investition in Bildung keine herkömmliche Investition ist, für die man eine Rendite erwirtschaftet, denn das Ergebnis der Bildung liegt im Menschen, der nicht verkauft werden kann, sondern der nur seine Arbeit verkaufen kann. Folglich bekommen die Eltern, die »sacrificed themselves for the sake of their child« (Marshall 1890, S. 1270) dafür keinen Return on Investment. Da ungelernte Arbeiter nicht über ausreichende Mittel verfügen, findet die Investition in die Bildung der Kinder eben nicht statt. Bei den »professional classes« (Marshall 1890, S. 1270) hingegen gebe es eine ganz andere Kultur, die eigenen Kinder zu fördern. So sei die logische Konsequenz dessen, dass die Kinder ungelernter Arbeiter dann auch nicht zum Zug kommen, wenn es um Stellen geht, für die Kenntnisse neuer Technologien benötigt werden. Auch sei das Schul- und Ausbildungswesen zu rudimentär ausgebildet, um das leisten zu können. So verhindert mangelnde Bildungsteilhabe den sozialen Aufstieg. (Marshall 1890, S. 1270 f.) Marshall kritisiert die mangelnde Bildungsteilhabe als volkswirtschaftlich schädlich, weil wertvolles Potenzial nicht genutzt und Armut perpetuiert wird. Marshalls Überlegungen zum Arbeitsmarkt sind im Kern dadurch geprägt, dass er die Arbeitgeber gegenüber ungelernten Kräften in einer stärkeren Verhandlungsposition sieht. Ein Ausweg aus der Armut sieht er in Qualifikation und Zusammenschluss zur gemeinsamen Interessenvertretung. (Marshall 1890, S. 1285) Da er ja davon ausgeht, dass Märkte tendenziell eher angebotsgeprägt sind, gäbe es auch kein Problem mit einem zu hohen Qualifikationsniveau, denn die besser ausgebildeten Kräfte können andere bzw. höherwertige Produkte herstellen. Insofern sieht Marshall die mangelnde Bereitschaft, in die Ausbildung der eigenen Arbeiter zu investieren, da sie das neu erworbene Wissen ja andernorts nutzen könnten, sehr kritisch. Erschreckend ist, dass diese Einstellung teilweise heute noch in Unternehmen vorzufinden ist. Aber Marshall betrachtet das Bildungsthema nicht ausschließlich von einer ökonomischen Seite. Für ihn kann eine moderne Gesellschaft nur dann funktionieren, wenn die Bürger »a broader view on life« (Marshall 1890, S. 1270). Jeder Mensch müsse seine »abilities and faculties« (Marshall 1890, S. 1270) im Sinne von Selbstverwirklichung entwickeln können, damit letztlich auch das Gemeinwesen wieder davon profitiert. Über den »good start in life«, also über die Vergabe von Sozialchancen, entscheide das familiäre Umfeld. Also müsse schon die materielle Ausstattung des Elternhauses so sein, dass eine Erziehung überhaupt stattfinden kann. Diese wiederum ist auch davon abhängig, welches Bildungsniveau die Eltern haben. Letztlich liegt für Marshall die Wurzel aller gesellschaftlicher Übung in mangelnder Bildung und Ausbildung. (Marshall, 1890, S. 1271) Jedoch ist Marshall in der Begründung wesentlich detaillierter und nimmt stärker als Seeley vorweg, dass eine »moderne« Wirtschaft zunehmend wissensbasiert ist. Schon zu Beginn der *Principles* weist Marshall darauf hin, dass die Tatsache, dass Bildung in der Industriegesellschaft ein hoher Stellenwert zukommt, unter Ökonomen unbestritten sei, jedoch die Akteure der Wirtschaft dies nicht oder nur unzureichend umsetzten. (Marshall 1890, S. 507)

5.5 Zusammenfassung

War die erste Hälfte des 19. Jahrhunderts noch stark von einem wirtschaftlichen und gesellschaftlichen Pessimismus geprägt, so veränderte sich dies in der Neoklassik. Die intellektuelle Hilflosigkeit von Ricardo und besonders Malthus in Bezug auf die soziale Frage entsprang nicht zuletzt der Überzeugung, dass der Markt starren Gesetzmäßigkeiten unterliegt, die unveränderbar sind. Die Neoklassik hingegen gelangt zu einem deutlich tieferen Verständnis von Marktmechanismen, nicht zuletzt auch durch die Betrachtung von Absatzmärkten. Das Verstehen von Marktmechanismen führt dann eben auch zu der Erkenntnis, dass Märkte eben nicht starren Gesetzmäßigkeiten folgen, sondern vielmehr gestaltet und entwickelt werden. Vor allem aber stehen hier nicht Überlegungen im Mittelpunkt, in denen es um das bloße Erwirtschaften möglichst hoher Profite geht. Die Neoklassik fragt nun nach dem gesamtgesellschaftlichen Nutzen der Wirtschaft und stellt damit durchaus die Frage nach Verteilungsgerechtigkeit. Dennoch bleibt die Skepsis gegen staatliche Eingriffe in den Markt. Gerade die Erkenntnis, dass Preise ausschließlich von Angebot und Nachfrage bestimmt werden, führt letztlich dazu, dass man Märkte als langfristig selbstregulierend betrachtet. Aus der Zeit heraus betrachtet ist dies ein nachvollziehbare Schlussfolgerung, lebte man doch in einer Zeit relativen Wohlstands und die vielen kleineren Krisen der zweiten Hälfte des 19. Jahrhunderts schienen genau diese Thesen ja auch zu belegen, denn sie waren stets nur von kurzer Dauer. Was aber, wenn die ökonomische Welt nun aus den Fugen gerät?

6   Exkurs: John Maynard Keynes (1883-1946)

»But this long run is a misleading guide to current affairs. In the long run we are all dead.«
(Keynes 1923, S. 80)

Ist Keynes ein Wirtschaftsliberaler? War er nicht geradezu das Schreckgespenst der Wirtschaftsliberalen? Grundsätzlich muss man festhalten, dass Keynes mit Sicherheit kein Sozialist war. Keynes glaubte an Märkte, aber nicht daran, dass sie sich selbständig regulieren. Auch glaubte er nicht, wie die klassischen Wirtschaftsliberalen, dass die Summe der Eigeninteressen zu einem »sozialen Optimum« (Samuelson 1971, S. 562) führen. Gerade die aktuelle Diskussion um Klimawandel und ökologische Nachhaltigkeit zeigt sehr deutlich, dass über Jahrhunderte hinweg, ökonomisches Handeln einzelner Marktteilnehmer zu gesamtgesellschaftlichem Schaden geführt hat. Allerdings muss man auch festhalten, dass die Erkenntnis zu diesem Zeitpunkt nicht mehr originell war, da Pigou dies bereits 1920 konstatiert hatte und fiskalpolitische Interventionen bei Marktversagen gefordert hatte. (Fees 2018)

Keynes wendet sich von dem Grundgedanken der natürlichen Gesetzmäßigkeiten von Märkten ab und stellte die Frage nach der Steuerbarkeit durch den Staat. Damit ist er insofern geistesgeschichtlich von großer Bedeutung, weil er Ökonomie und Politik zusammenführt. Folglich definiert er gesellschaftlichen Wohlstand damit wesentlich differenzierter, nämlich als Vollbeschäftigung. Insofern ist sein Werk *The General Theory of Employment, Interest and Money* auch weniger deskriptiv als normativ. Vor allem aber stellen seine Überlegungen eine Abkehr von der Langfristbetrachtung dar. Ob Märkte sich langfristig selbst regulieren oder nicht, ist nicht die relevante Frage. Im Zentrum seiner Überlegungen steht die kurz- und mittelfristige Gestaltbarkeit ökonomischer und damit sozialer Rahmenbedingungen. Gleichzeitig muss man aber auch festhalten, dass Keynes nicht immer als Begründung für das herhalten kann, was oft in seinem Namen gefordert wird. Vor allem müssen seine Ausführungen auch im zeitlichen und räumlichen Kontext gesehen werden.

Dennoch ist er für die weitere Entwicklung des Wirtschaftsliberalismus von großer Bedeutung, da nachfolgende wirtschaftsliberale Ökonomen sich teilweise sehr stark in Abgrenzung zu Keynes positioniert haben. Auch wenn letztlich aus wissenschaftlicher Sicht schwer zu sagen ist, inwiefern der Keynesianismus funktioniert, so ist ihm doch ein wesentlicher Paradigmenwechsel zu verdanken. War die Annahme bisher, dass die Wirtschaft starren Gesetzmäßigkeiten unterliegt und mittel- bis langfristig alles schon wieder ins Lot kommt, so stellte Keynes genau dies in Frage. Keynes sieht die Wirtschaft als gestaltbar an und fordert staatliche Interventionen bei konjunkturellen Schwankungen. Tatsächlich kritisiert er die Casino-Mentalität der Spekulanten und fordert daher staatliches Eingreifen. (Skidelsky 2003, S. 533 f.)

Keynes studierte in Cambridge unter Alfred Marshall und wechselte nicht zuletzt durch dessen Einfluss von der Mathematik zu den Wirtschaftswissenschaften. In Cambridge kam Keynes dann auch zum Bloomsbury Circle – ein lockerer Zusammenschluss von Intellektuellen rund um Virginia Woolf. Nach seinem Master-Abschluss im Jahr 1909 wurde Keynes Beamter im Indian Office, also der Kolonialverwaltung, um dann wieder an seine Universität zurückzukehren. Bis 1915 lehrte er Wirtschaftswissenschaften in Cambridge. Mit Beginn des ersten Weltkriegs kehrte er zurück in den Staatsdienst und widmete sich der Kriegswirtschaft. 1919 trat Keynes jedoch von seinem Amt zurück, weil er große Vorbehalte gegenüber den ökonomischen Konsequenzen des Versailler Vertrags hatte, der Deutschland wirtschaftlich knebelte. In der Folge machte er sich dann als Aktivist gegen diese Politik einen Namen. Damit hatte Keynes sich gerade in der britischen Politik als unkonventioneller Denker positioniert, was ein zweischneidiges Schwert war, denn er galt damit für das Establishment als unzuverlässig. Doch waren seine Schriften in den 20er-Jahren bis auf wenige Ausnahmen eher konventionell. Angesichts der hohen Arbeitslosigkeit unterstützte Keynes die Politik der Liberalen Partei, großzügig öffentliche Aufträge zu verteilen. Damit stand er jedoch im klaren Gegensatz zur Lehrmeinung im Finanzministerium. 1936 veröffentlichte er das Grundlagenwerk *The General Theory of Employment, Interest and Money*, das in den Augen vieler (die es wahrscheinlich nicht gelesen haben), die theoretische Grundlage für eine interventionistische Wirtschaftspolitik legte. Tatsächlich ist das Buch als Text nicht unproblematisch. Waren Keynes frühe Publikationen sehr klar strukturiert und gut verständlich, stellt sich die *General Theory* anders dar.

»Sie ist ein schlecht geschriebenes Buch, unzulänglich gegliedert; jeder Laie der, von dem guten Ruf des Autors verführt, das Werk kaufte, war um seine fünf Schillinge betrogen. Es ist noch nicht einmal für die Ausbildung geeignet. Es ist arrogant, schlecht abgestimmt, polemisch und nicht gerade üppig in seinem Quellennachweis. Es wimmelt von trügerischen Entdeckungen und Unklarheiten (...) Aus all dem entsteht verschwommen das Keynessche System.« urteilt Samuelson harsch. (Samuelson 1971, S. 559 f.) Obschon er Keynes für ein Genie hält, stellt er fest: »Die *General Theory* gleicht den über Jahre hinweg gesammelten Zufallsnotizen eines begabten Mannes.« (Samuelson 1971, S. 560) Skidelsky stellt etwas nüchterner fest: »The difficulties Keynes encountered in forcing his vision into the straightjacket of this model makes *The General Theory* very difficult to digest. Much of Book II (...) is as much a nightmare to read as it must have been for Keynes to write.« (Skidelsky 2003, S. 531) Keynes selbst schreibt, dass sein Buch eigentlich für Ökonomen sei er aber hoffe, dass es »intelligble to others« (Keynes 1997, S. ix) ist. Diesem Anspruch wird er nicht gerecht. So ist es nicht verwunderlich, dass vieles der Interpretation bedarf und Vorstellungen in Keynes Werk hineinprojiziert wurden und werden.

Keynes argumentiert, dass Märkte emotional reagieren und nimmt psychologische Verhaltensmuster als Grundlage an. (Keynes 1997, S. 46 ff.; Skidelsky 2003, S. 532) Für diese A-priori-Annahmen bleibt er jedoch einen Beweis schuldig und das ist nicht verwunderlich, weil die Psychologie zu diesem Zeitpunkt noch gar nicht als eigene Wissenschaft mit eigener Methodik entwickelt war. Auch wenn die Kernaussage nicht von der Hand zu weisen ist, bleibt ihre Pauschalierung doch fragwürdig. Keynes stellt vor allem in Frage, dass wie von der Klassik und der Neoklassik postuliert, Angebot und Nachfrage letztlich immer zu einem zumindest langfristigen Gleichgewicht der Märkte führen. Tatsächlich hat die historische Betrachtung auch gezeigt, dass es immer wieder konjunkturelle Einbrüche gegeben hatte. Diese sind laut Keynes auf einen Einbruch der Nachfrage insbesondere nach Investitionsgütern zurückzuführen. (Keynes 1997, S. 74 ff.) Während dieser konjunkturellen Einbrüche soll der Staat die Wirtschaft durch Investitionen ungeachtet dessen, ob sie einen Return on Investment bringen, stimulieren. Folglich sollen Regierungen in Krisenzeiten Geld ausgeben und in wirtschaftlich guten Zeiten sparen, d. h. eine antizyklische Wirtschaftspolitik betreiben. (Keynes 1997, S. 247 ff.) Gleichzeitig sollen Zinsen niedrig gehalten werden, um Investitionen zu stimulieren. Ziel dieser Wirtschaftspolitik ist dann die Wiederherstellung der Vollbeschäftigung. Gerade die jüngere Vergangenheit hat gezeigt, dass der Mechanismus zumindest kurzfristig funktioniert, doch muss man fragen, zu welchem Preis, denn auf Phasen gesteigerter Investitionstätigkeiten durch Niedrigzinsen folgen meist Einbrüche. Keynes sieht »sparen« im Gegensatz zu Investitionen eher kritisch, unterschätzt dabei jedoch vollkommen die Bedeutung eines privaten und risikoarmen Vermögenaufbaus und die Konsequenzen der Geldentwertung durch Niedrigzinsen. Ebenso fehlt die Betrachtung, welches Risikoverhalten eine solche Zinspolitik mit sich bringt. Letztlich hat sich die Risikobereitschaft von Banken, die ja zum Teil Ursache der Finanzkrise war, durch die Niedrigzinspolitik nicht verändert. (Bundesbank 2016) Betrachtet man gerade auf Länderebene die Versuche, strukturschwache Regionen durch staatliche Investitionen zu beleben[17] und zu hoffen, dass am Ende die Erträge höher werden als die Investitionen, so sind diese Großprojekte letztlich fast alle gescheitert. Man muss sich vor Augen halten, dass die dadurch aufgebauten Staatsdefizite wirtschaftlich natürlich auf keinen Fall

---

17 An dieser Stelle sei besonders an Flughafenprojekte in strukturschwachen und wenig besiedelten Regionen gedacht wie z. B. Hahn und Zweibrücken in Rheinland-Pfalz. So erklärte der damalige Ministerpräsident Kurt Beck 2006 in einer Regierungserklärung, dass der Flughafen Hahn zum »Jobmotor« in der Region geworden sei. (Beck 2006, online) 2009 übernahm das Land Rheinland-Pfalz die Anteile von Fraport für einen symbolischen Preis von 1 Euro. 2013 war das Eigenkapital jedoch aufgebraucht. 2021 meldete der durchgängig defizitäre Flughafen Insolvenz an. Der Traum einer Airport City hat sich nie verwirklicht. Letztlich konnte der Flughafen aufgrund seiner Lage nur durch Subventionen Fluggesellschaften gewinnen. Nach Auslaufen der Subventionen suchten diese sich andere Flughäfen. Insofern zeigt sich, dass es sich um ein Strohfeuer handelte, aber nicht um nachhaltiges Wachstum. Kassel-Calden war (für jeden der es sehen wollte) von Anfang an als Fehlinvestition erkennbar.

generationengerecht sind. Dennoch war der Keynesianismus gerade in der 1960er- und 70er-Jahren in vielen Ländern wirtschaftspolitischer Konsens, obschon eben ein wissenschaftlicher Nachweis über die Effektivität fehlte. Wenn man dies nun in den historischen Kontext des Kalten Kriegs setzt, dann stellte sich für Wirtschaftsliberale eine einfache Dichotomie von Sozialismus und Kapitalismus dar. Der Keynesianismus war für viele dann der schleichende Weg in den Sozialismus und damit in die Unfreiheit. Insofern ist Keynes für die weitere Entwicklung des Wirtschaftsliberalismus von Bedeutung: Zum einen hatte er den Fokus von einer langfristigen Betrachtung auf eine kurz- und mittelfristige Gestaltung ökonomischer Prozesse gelenkt. Hier war der klassische Wirtschaftsliberalismus bisher eine Antwort schuldig geblieben. Zum anderen forderte er mit seiner Vorstellung der staatlichen Rolle in der Wirtschaft die Wirtschaftsliberalen zu entschiedenen Gegenentwürfen heraus.

7 Österreichische und Chicagoer Schule

7.1 Ludwig von Mises (1881-1973)

Mises: Leben und Werk

Dar. 11: Ludwig von Mises

Ludwig von Mises wurde 1881 in Lwiw (Lemberg) geboren. Er entstammte einer wohlhabenden jüdischen Familie, die unter Kaiser Franz-Joseph I. in den Adelsstand erhoben wurde. Sein Vater war Beamter im Eisenbahnministerium. Die Familie siedelte nach Wien über, wo er im Jahr 1900 begann, Jura zu studieren und 1906 mit einer Promotion abschloss. (Hülsmann 2007, S. 4 ff.) Ein entscheidender Einfluss auf den jungen Mises war die Lektüre Mengers. (Hülsmann 2007, S. 87) Nach diversen Stationen als Praktikant übernahm er 1909 die Leitung der Finanzabteilung der Handels- und Gewerbekammer. 1913 habilitierte Mises sich mit *Theorie des Geldes und der Umlaufmittel*. Dieses Werk bescherte ihm große

Aufmerksamkeit, weil es die Betrachtung der Währungspolitik grundlegend veränderte und auch eine Abkehr von seinen ursprünglich sozialreformerischen Absichten darstellte. Mises diente im Ersten Weltkrieg und konnte in der unmittelbaren Nachkriegszeit erreichen, dass ihm die sozialdemokratische Regierung Aufmerksamkeit schenkte und von ihren sozialistischen Plänen Abstand nahm. (Hülsmann 2007, S. 332) In den Folgejahren war er maßgeblich an der Neugestaltung des Finanzwesens der jungen Republik beteiligt und verhinderte eine Hyperinflation. (Hülsmann 2007, S. 345) Neben seiner eigentlichen Tätigkeit publizierte und lehrte er. Zu dieser Zeit hielt er auch seine Privatseminare ab, in denen er zahlreichen später bedeutenden Ökonomen intellektuelle Stimulanz bot. Die Seminare wurden dann im Kaffeehaus fortgeführt und dauerten bis in die frühen Morgenstunden. (Hülsmann 2007, S. 364) Da Mises jüdischer Herkunft war und Ansichten vertrat, die dem etatistischen Zeitgeist widersprachen, wurde er jedoch nie zum ordentlichen Professor berufen. Dennoch galt Mises als einer der führenden Philosophen und Wirtschaftswissenschaftler seiner Zeit. 1934 wurde ihm klar, dass er als Jude in Wien keine Zukunft haben würde. Daher übersiedelte er nach Genf und heiratete. 1940 schließlich emigrierte das Ehepaar in die USA und ließ sich nach einer abenteuerlichen Flucht durch Europa in New York nieder, wo sie zunächst in ärmlichen Verhältnissen lebten. Im gleichen Jahr erschien in Europa sein großes Werk *Gemeinwirtschaft*, das die Lehre der österreichischen Schule zusammenfasste und 1947 überarbeitet als »Human Action« in den USA erschien. Obschon Mises auch in den USA die akademische Anerkennung versagt blieb, gelang es ihm doch immer wieder, einflussreiche bzw. reiche Menschen für sich und seine Ideen zu begeistern, so dass er durch Publikationen und Lehraufträge seinen Lebensunterhalt bestreiten konnte. Von 1945 bis 1969 hatte er eine Art Stiftungslehrstuhl an der New York University inne. 1947 war er Mitbegründer des libertären Thinktanks Mont Pellerin Society, an dessen erster Tagung er auch teilnahm. 1957 erschien ein weiteres Hauptwerk, *Theory and History*, in dem er sich mit methodischen Fragen der Wirtschaftswissenschaft beschäftigt. 1973 verstarb Mises in New York.

Es ist schwer zu beurteilen, wie wichtig Ludwig von Mises für die Entwicklung des Wirtschaftsliberalismus war. Liest man aktuelle Biographien, dann kann der Eindruck entstehen, dass Mises extrem wichtig war und im Prinzip alle Krisen der Nachkriegszeit prophezeit hatte. Bis zu einem gewissen Grad mag dies stimmen. Jedoch muss man auch feststellen, dass den Biographen oft die notwendige Distanz zum Gegenstand ihrer Arbeit fehlt. Der angeblich so großen Bedeutung Mises' steht jedoch entgegen, dass er nie wirklich dauerhaft wirtschaftspolitischen Einfluss hatte und er auch nur bedingt identitätsstiftend für nachfolgende Ökonomen war. So bezeichnete er selbst Milton Friedman als Sozialisten (Stuhr 2009), was sehr gewagt ist. Waren seine radikal libertären Ansichten also eine Sackgasse?

Was Mises für den heutigen Leser oder Ökonomen schwer rezipierbar macht, ist zunächst sein methodischer Ansatz. Zu seiner eigenen Zeit war Wirtschaftswissenschaft in weiten Zügen Wirtschaftsgeschichte oder aber wie bei Walras mathematisch geprägt. (Hülsmann 2007, S. 704) Es wurde ja bereits darauf hingewiesen, dass Walras' Berechnungen mathematisch korrekt waren, dass dies aber nichts über ihre Korrektheit in Bezug auf tatsächliche Marktentwicklungen aussagt. Da man aus der Vergangenheit nur sehr bedingt Handlungsempfehlungen für die Zukunft ableiten kann (Hülsmann 2007, S. 704), wählte er einen anderen Ansatz, die sogenannte Praxeologie. Dabei stehen nicht empirische Untersuchungen im Vordergrund, sondern die Formulierung sogenannter A-priori-Annahmen, die ohne Erfahrung oder Wahrnehmung Gültigkeit haben, weil sie logisch sind (oder zu sein scheinen). (Mises 1998, online, Paragraph 1) Damit werden also alle weiteren Überlegungen aus der logischen Deklination dieser A-priori-Annahmen abgeleitet, die dann universal gültige All-Aussagen werden. So geht also Mises ideengeschichtlich letztlich wieder hinter Locke zurück, der ja die Empirie als einzige Quelle der Erkenntnis nennt. Dadurch wirkt Mises uns heute intellektuell sehr fremd, weil die modernen Wirtschaftswissenschaften sich in weiten Teilen als eine empirische Wissenschaft begreifen. Allerdings war er mit dieser Herangehensweise auch zu Lebzeiten bereits »an intellectual outsider«. (Hülsmann 2007, S. 162) Gleichzeitig treten Mises und auch seine Nachfolger häufig mit fast religiösem Eifer auf. Auch das macht ihn für uns sehr schwer zugänglich, denn die modernen Gesellschafts- und Wirtschaftswissenschaften in einer VUCA-Welt gehen ja eher davon aus, dass es eben keine absoluten Wahrheiten gibt, sondern dass bestimmte Maßnahmen oder Verhaltensweisen nur innerhalb eines zeitlich und räumlich definierten Rahmens sinnvoll sind oder nicht.

Mises lehnt jedes staatliche Handeln ab, dass einen anderen Zweck hat, als Eigentumsrechte zu schützen. (Hoppe 2015, S. 42) Jede Form staatlicher Intervention hat aus seiner Sicht immer unerwünschte Nebeneffekte, die zu weiteren Interventionen führen und letztlich eine Eskalationsspirale zur Folge haben. (Mises 1953, S. 28 ff.) Die Gesellschaft ist ein Markt, sonst nichts. »Free enterprise and the voluntary associations if individuals is superior to the coercive schemes of the state« fasst Mises Biograph Hülsmann es zusammen (Hülsmann 2007, S. 87) Eine seiner Kernaussagen, nämlich dass Sozialismus nie funktionieren kann, weil Markt-Feedback fehlt (Mises, 1981, S. 529), scheint die Geschichte zu belegen. Aber seine Forderung, dass der Staat sich grundsätzlich aus allem heraushalten sollte, ist ebenso von der Geschichte widerlegt, ohne hier dem Keynesianismus das Wort reden zu wollen. Diese absolute Dogmatik ist sicher die große Schwachstelle in Mises Denken bzw. auch in seiner Methodik. Da er eben mit A-priori-Annahmen arbeitet ist die Aussage, dass jedes staatliche Handeln immer Dysfunktionalitäten auslöst, eine empirisch nicht belegte Annahme. Legt man nun Falsifizierungskriterien an, sind viele der pauschalen Behauptungen Mises' nicht haltbar. Es verwundert nicht, dass er intellektuell kein Freund von Karl Popper war und dessen Wissenschaftslogik für die Wirtschaftswissenschaft ablehnte. Von daher ist es auch schwer nachzuvollziehen, dass Biographen ihn methodisch in der Nähe von Max Weber verorten, insbesondere in Bezug auf die Werturteilsfreiheit. (Hülsmann 2007, S. 204) Waren viele der bisher betrachteten Texte sprachlich oft schwer zugänglich, kann man das für Mises nicht behaupten. Oft wirken seine sprachlich sehr markant dargestellten Äußerungen propagandistisch bis dürftig. Der gesamte Inhalt von *The Theory of Money and Credit* ist im Prinzip auf einer Seite dargestellt, wie die Verweise in diesem Kapitel zeigen.

Allerdings muss man Mises nun auf der anderen Seite doch eine große Bedeutung zuerkennen. Die Klassiker waren davon ausgegangen, dass Preise durch Kosten bestimmt werden und dass Geld immer durch entsprechende Edelmetalle abgesichert ist. Damit wäre der Geldwert statisch. Das konnte aber z. B. Inflation oder Konjunkturzyklen nicht erklären. Mises stellt nun fest, dass Geld ein Gut im Markt ist wie jedes andere. Damit trifft der Grenznutzen auch auf Zahlungsmittel zu. (Mises 1953, S. 52 ff.) Eine Erhöhung der Geldmenge führt also zu einer Entwertung von Geld. Staaten hatten auch damals schon die Strategie, die Geldmenge zur inflationären Reduzierung der Schulden einfach zu erhöhen. Dies erkennt Mises nun als gesamtgesellschaftlich schädlich und lehnt diese Praxis als verdeckte Besteuerung ab. Daher ist er gegen Zentralbanken, da diese in seiner Vorstellung der Regierung gegenüber keine Kontrollfunktion haben können, wenn sie von der Politik abhängig sind. Er fordert daher den Goldstandard und Notenausgabe durch Banken (Hülsmann 2007, S. 498), die miteinander im Wettbewerb stehen. (Mises 1953, S. 204) Die Feststellung, dass die Geldmenge über den Wert des Geldes entscheidet, mag aus heutiger Sicht banal klingen, war aber für die damalige Zeit eine wichtige Erkenntnis mit weitreichenden Implikationen für die Politik. Nicht zuletzt war es in großen Teilen auch Mises zu verdanken, dass die Inflation in Österreich nach dem Ersten Weltkrieg besiegt werden konnte. Die zweite Erkenntnis von Mises ist ebenfalls von großer Bedeutung. Wenn es billiges Geld gibt, dann wird dies abgerufen und in Investitionen gesteckt. Dies verursacht eine Blase, die irgendwann platzt: »If one wants to avoid the recurrance of economic crises, one must avoid the expansion of credit that creates the boom and inevitably leads into slump.« (Mises 1953, S. 204) Dieser Mechanismus kann z. B. dazu führen, dass Aktien spekulativ gehandelt werden und der Wert dann in keinem Verhältnis mehr zum tatsächlichen Wert steht. Dazu kommt, dass bei einer Vielzahl von spekulativen Investitionen einige oder vielleicht auch viele nicht profitabel sein werden. Entsprechend werden dann Werte vernichtet. Schumpeter erkennt diesen Mechanismus auch, sieht ihn aber als unproblematisch an, weil der Kapitalismus disruptive Entwicklungen brauche, um sich weiterzuentwickeln. (Schumpeter 2008, S. 84) Hier hat die Wirklichkeit – besonders die Wirtschaftskrisen der 2000er-Jahre – gezeigt, dass Mises Recht zu haben scheint. Gerade Deutschland hat vor allem in der Regierungszeit von Angela Merkel (2005-2021) durch Niedrigzinspolitik darüber hinweggetäuscht, dass es real kein Wirtschaftswachstum gab. Zum Zeitpunkt der Drucklegung brachen der Immobilienmarkt und die Baubranche in Deutschland nach einer langen Boomphase stark ein. Es wird sich noch zeigen, welche langfristigen Auswirkungen die Niedrigzinsen bzw. der Zinsschock, der folgte, auf die Gesellschaft haben werden. Mises hat seine Thesen natürlich zu einem Zeitpunkt formuliert, als der Konsens in der Wirtschaftswissenschaft etatistisch war und Keynes ja scheinbar alle Lösungen gefunden hatte. Es entbehrt aber auch nicht einer gewissen Ironie, dass gerade mehr Empirie geholfen hätte, die Auswirkungen staatlicher Interventionen kritischer zu betrachten. Hinzu kommt, dass Mises natürlich sehr extrem, fast schon fanatisch war. Die dogmatische Forderung nach einem Nachtwächterstaat, der nur Eigentumsrechte sicherstellen soll, ging sicherlich an der gesellschaftlichen und politischen Realität der Zeit vollkommen vorbei.

7.2 Friedrich August von Hayek (1899-1992)

Hayek: Leben und Werk

Dar. 12: Friedrich August von Hayek

Friedrich August von Hayek war nicht nur einer der bedeutendsten Ökonomen des 20. Jahrhunderts, sondern auch einer derjenigen mit dem größten Einfluss auf die Politik. Reagan und insbesondere Thatcher beriefen sich bei ihrer Wirtschaftspolitik auf ihn. Die Reaganomics allerdings waren mit sehr hohen Staatsausgaben und gleichzeitigen Steuersenkungen sicher keine gelungene Umsetzung der Überlegungen Hayeks. (Ebenstein 2001, S. 300) In Großbritannien hingegen orientierte Margret Thatcher sich sehr stark an Hayek, auch wenn er nie offiziell ihr Berater war. Insofern ist der Name Hayek für viele verbunden mit Einschnitten in den Sozialstaat, Privatisierungen, Steuersenkungen und freier Marktwirtschaft, die damals dazu führte, dass viele Unternehmen schließen mussten. (Ebenstein 2001, S. 302) Gleichzeitig war der Thatcherismus auch von Nationalismus und gesellschaftspolitischem Konservatismus geprägt. Zumindest letzteres ist auch für Hayek kennzeichnend wie auch ein gewisser Kulturchauvinismus. Hayek will den Staat im Hinblick darauf, was in einer Gesellschaft zulässig ist und was nicht, durch das Wertesystem der Gemeinschaft ersetzen. (Ebenstein 2001, S. 307) Die Gemeinschaft bestimmt somit alle Aspekte des Privatlebens und sanktioniert Verstöße. Karl Popper redet hier von der »Stammes- oder geschlossenen Gesellschaftsordnung, die magischen Kräften unterworfen ist«. (Popper 1992, S. 3) Insofern zeigt sich gerade bei Hayek, dass ein wirtschaftspolitischer Liberalismus nicht zwangsläufig auch ein gesellschaftspolitischer Liberalismus sein muss.

Hayek war der Sohn des Arztes und Botanikers August von Hayek. Durch die Tätigkeit des Vaters und eine erhebliche Erbschaft der Mutter lebte von Hayek, der damals noch dem Adel angehörte, in materieller Sicherheit. Beide Großväter waren ebenfalls einflussreiche Intellektuelle. Bereits in jungen Jahren entwickelte Hayek intellektuelle Interessen, war jedoch trotzdem ein schlechter Schüler. Bereits zu seiner Schulzeit waren Hayeks intellektuelle Interessen sehr breit gefächert: von Botanik über Philosophie bis hin zu Literatur und Theater. 1917 trat Hayek in den Krieg ein. Dieser Krieg sollte für ihn dann auch die Motivation für das Studium werden, da er die Fehler erkennen und vermeiden wollte, die zu diesem Krieg geführt hatten. Nach dem Krieg begann er mit dem Studium von Philosophie, Psychologie und Wirtschaftswissenschaften. Auch hier zeigt sich wieder, wie bereits in seiner Kindheit, dass Hayek ein ganzheitliches Verständnis von Bildung hatte. Schließlich wechselte er mit dem Ziel, Diplomat zu werden, in die Rechts- und Wirtschaftswissenschaften. Anfang der 1920er-Jahre promovierte er. Inhaltlich prägte Menger Hayek während des Studiums maßgeblich. Auf Empfehlung Ludwig von Mises wurde Hayek schließlich beim österreichischen Staat angestellt, nicht zuletzt auch, da die finanzielle Situation der Familie sich nach dem Krieg deutlich verschlechterte. 1923 reiste Hayek zu einem Studienaufenthalt in die USA. Jedoch war dies für ihn eine negative Erfahrung, da er in Armut lebte und wenig soziale Kontakte hatte. So kehrte er 1924 wieder nach Österreich zurück. Etwa um diese Zeit wandte Hayek sich von sozialistischen Gedanken ab und wurde zum Wirtschaftsliberalen. Prägend war hier vor allem das Werk *Die Gemeinwirtschaft* von Mises. Zu dieser Zeit nahm er auch an den Privatseminaren von Mises' teil. 1926 heiratete Hayek seine erste Frau, mit der er zwei Kinder hatte. Ab 1927 leitete er mit Mises das Österreichische Institut für Konjunkturforschung. (Ebenstein 2011, S. 6 ff.)

1931 wurde Hayek vom wirtschaftsliberalen Ökonomen Lionel Robbins an die London School of Economics gerufen. (Ebenstein 2001, S. 59) Obschon die LSE später eher als Kaderschmiede Linksliberaler galt, positionierte Hayek sich dort als Gegenpol zu Keynes, mit dem ihn nach einem harten Konflikt auf einer persönlichen Ebene jedoch eine lebenslange Freundschaft verbinden sollte. (de Souza 2021) An der LSE traf Hayek auch Karl Popper, der ihn in Bezug auf ein modernes und aufgeklärtes Wissenschaftsverständnis stark prägte. (Ebenstein

2011, S. 156) Hayek entwickelte aufbauend auf Mises Idee von Konjunkturzyklen die These, dass private Investitionen effektiver für die Bildung volkswirtschaftlichen Wohlstands wären als staatliche Ausgaben. Insbesondere warnte er vor Konsumblasen. Nach dem Anschluss Österreichs an Deutschland beschlossen Hayek und seine Familie in Großbritannien zu bleiben und nahmen 1938 die britische Staatsangehörigkeit an. Gleichzeitig ermöglichte er anderen aus dem Deutschen Reich geflohenen Akademikern eine Karriere in Großbritannien. 1944 erschien sein Hauptwerk *The Road to Serfdom*, mit dem er eine breite Leserschaft erreichte und sozusagen zum »Rockstar« unter den Ökonomen wurde. Gleichzeitig hatte dies aber auch zur Folge, dass er eher als Populärwissenschaftler und Aktivist wahrgenommen wurde. (Ebenstein 2001, S. 153 ff.)

1947 initiierte Hayek ein Treffen liberaler Ökonomen am Mont Pelerin in der Schweiz. Hieraus sollte sich dann die Mont Pelerin Society – ein wirtschaftsliberaler Thinktank – entwickeln, deren Vorsitzender Hayek bis 1960 sein sollte. (Butler o.J.) 1950 ließ Hayek sich scheiden, was damals ein gesellschaftlicher Skandal war. Daraufhin verließ er die LSE und wurde nach einem Jahr als Gastdozent an der University of Arkansas schließlich Professor an der University of Chicago, wo er u. a. mit Milton Friedman zusammenarbeitete, auf den er auch einen großen Einfluss hatte, obschon sie sich persönlich nicht nahestanden. Im Mai 1959 veröffentlichte er *The Constitution of Liberty*. Jedoch war diesem Werk zu seiner großen Enttäuschung nicht der gleiche Erfolg gegönnt, wie *The Road to Serfdom*. Da Hayek durch seine häufigen und ausgedehnten Reisen viel Geld brauchte und wohl durch einen Betrug eine größere Summe verloren hatte, verließ er aus finanziellen Gründen Chicago und wechselte an die Universität Freiburg. (Ebenstein 2001, S. 166 ff.) Von 1962 bis zu seiner Emeritierung 1968 war er dort Professor, Vorstandsmitglied im Walter Eucken Institut und im Beirat der Friedrich-Naumann-Stiftung. Nach einem kurzen Intermezzo an University of California zog er 1969 nach Salzburg, wo er bis 1977 bleiben sollte. Diese Entscheidung bereute er jedoch, da die Bibliothek seinen Ansprüchen nicht genügte und die Wirtschaftsfakultät zu unbedeutend war. Hinzu kam, dass er seit 1969 an einer schweren Depression litt (Ebenstein 2001, S. 264), was ihn den Aufenthalt in Salzburg sicher nicht positiv wahrnehmen ließ. Nicht zuletzt durch seinen immer schlechter werdenden Gesundheitszustand publizierte er auch deutlich weniger. Umso erstaunlicher war es, dass er als erster Wirtschaftsliberaler 1974 mit dem schwedischen Ökonomen Gunnar Myrdal den erst 1968 ins Leben gerufenen Alfred-Nobel-Gedächtnispreis für Wirtschaftswissenschaften erhielt. (Ebenstein 2001, S. 262) Schließlich stammte seine letzte größere Veröffentlichung aus dem Jahr 1960. Damit erhielt Hayek die Position eines der führenden Wirtschaftsweisen, obschon er schon zu Churchills und später Thatchers Zeiten die Wirtschafts- und Finanzpolitik der britischen Konservativen maßgeblich beeinflusst hatte. In diesem Zusammenhang geriet Hayek auch ins Kreuzfeuer der Kritik, da er die restriktive Einwanderungspolitik Thatchers lobte und dabei auf die angeblich mangelnde Fähigkeit von Juden zur Assimilation verwies. Auch reiste er mehrfach nach Chile und lobte die Politik des Diktators Pinochet trotz der andauernden Menschenrechtsverletzungen in dem Land. Ab 1977 lebte Hayek wieder in Freiburg und verstarb 1992.

Hayeks frühe Arbeiten waren stark von Mises und der Idee von Konjunkturzyklen geprägt, d. h., dass staatliche Interventionen oder billiges Geld zu Blasen führen, die dann in einer Krise münden, weil falsche Impulse für Investitionen bzw. Konsumverhalten gesetzt werden. Das war eine Position, die nicht dem Zeitgeist entsprach. Es schien herrschender Konsens zu sein, dass eine Wirtschaftspolitik nur dann erfolgreich sein kann, wenn sie interventionistisch ist. Keynes galt als der führende Ökonom seiner Zeit und der Sozialismus bzw. Kommunismus wurde immer noch als ernsthafte Alternative zu Marktwirtschaft und Kapitalismus diskutiert. In diesem Kontext schrieb Hayek sein bekanntestes Werk *The Road to Serfdom*. Er stellt dort die Frage, welche Auswirkungen es hat, wenn der Staat eine zentrale steuernde Rolle in der Wirtschaft einnimmt. Er stellt die These auf, dass die totalitären Systeme in Europe primär das Ergebnis einer Konzentration von Macht in staatlichen Händen begründet sind. Das Argument für diese Konzentration ist, dass staatliche Machtausübung vor allem in der Wirtschaft für das Gemeinwohl förderlicher ist als Marktwirtschaft. Totalitäre Machtausübung ist für ihn ein Bruch mit der Evolution hin zu einer individualistischen Zivilisation. (Hayek 2007, S. 68) Sein Schluss ist: »Socialism means slavery.« (Hayek 2007, S. 67)

Hayek sieht es grundsätzlich kritisch, dass eine kleine Gruppe von Menschen Entscheidungen treffen kann, die dann zu einer geplanten optimierten Gesellschaft führen. Dem setzt er »spontaneous and uncontrolled efforts of individuals« entgegen, die zu »a complex order of economic activities« führen. (Hayek 2007, S. 69) Letztlich kommen Systeme also immer von selbst ins Gleichgewicht. Die Möglichkeit, überhaupt ökonomisch gestalten zu können, ist für ihn Ergebnis eines politischen Emanzipationsprozesses. Ökonomische und politische Freiheit sind also nicht trennbar, sondern miteinander verbunden. Staatliche Eingriffe in die Wirtschaft sind dann auch zwangsläufig Eingriffe in die individuelle Freiheit, weil eine Planwirtschaft keine freie Berufswahl kennen kann. Individuelle Selbstverwirklichung durch talentbasierte Berufswahl ist damit unmöglich. (Hayek 2007, S. 68) Letztlich sei es eben der Unternehmerkapitalismus der letzten 150 Jahre gewesen, der in relativ kurzer Zeit enorm viele Innovationen hervorgebracht hätte, der letztlich zu einem steigenden Lebensstandard und Wohlstand für die Gesellschaft geführt habe. (Hayek 2007, S. 69 f.) Fortschritt erfolgt evolutionär in einem Rechtsstaat. (Hayek 2007, S. 71) Die Idee der »spontaneous forces of society« (Hayek 2007, S. 71) im Gegensatz zu Zwang ist zentral in Hayeks System. Betrachtet man moderne Motivationstheorien, bestätigen diese den Gedankengang. Selbstverwirklichung und Sinnstiftung sind immer größere Motivatoren als Zwang. Insofern ist Hayek im Jahr 1943 (11 Jahre vor Maslows *Motivation and Personality*) sehr innovativ. Er hat auch ein positives Menschenbild, wenn er davon ausgeht, dass jeder »power over their own fate« haben möchte. Damit liegt die Initiative beim Bürger und der Staat hat die Aufgabe vor allem Rechtssicherheit herzustellen und durchzusetzen. Für Hayek war dies der Konsens des klassischen Liberalismus, den er seit der Wende zum 20. Jahrhundert in Frage gestellt sieht. Hier beginnt für ihn »the road to serfdom«. Zentrale Planung muss daher zwangsläufig zu Kollektivismus führen.

Grundsätzlich erkennt Hayek, dass es einen fundamentalen Unterschied zwischen »Freiheit von« und »Freiheit zu« gibt. Er stellt auch nicht in Frage, dass die wirtschaftliche Lage eines Menschen maßgeblich über »Freiheit zu« entscheidet. Gleichzeitig kritisiert er aber auch, dass so unter dem Deckmantel der »Freiheit« »a deliberate reorganisation of society« (Hayek 2007, S. 76) stattfindet. Dies kann für ihn dann nur in einer totalitären Gesellschaft enden. Er stellt dann aus einer historischen Perspektive vollkommen korrekt fest, dass der Stalinismus kein Betriebsunfall des Marxismus ist, sondern seine zwangsläufige Konsequenz. (Hayek 2007, S. 79; Jdanoff 2023, S. 14) Letztlich geht es um die Frage, ob wenige Macht ausüben oder viele über ihr Schicksal bestimmen.

Hayek konstatiert, dass die Attraktivität einer zentralen Planung darin liegt, dass der Zufall durch eine scheinbar rationale Planung ersetzt wird. (Hayek 2007, S. 84) Diese Planung setzt Zwang und Eingriffe in alle Aspekte der Gesellschaft und des Lebens der Bürger voraus. Dem setzt er entgegen, dass Wettbewerb immer effektiver ist, grenzt sich jedoch gleichzeitig eindeutig von einem Laissez-faire-Liberalismus ab. Der Staat habe »a carefully thought-out legal framework« und auch klare Verbote für gesellschaftsschädliches Verhalten zu formulieren. (Hayek 2007, S. 86) Die Marktteilnehmer müssten jedoch »free to sell and buy at any price at which they can find a partner to the transaction« sein. (Hayek 2007, S. 86) Auch hier sieht er wieder die Verbindung zur Freiheit der Berufswahl: »And it is essential that the entry into the different trades should be open to all on equal terms and that the law should not tolerate any attempts by individuals or groups to restrict this entry by open or concealed force.« (Hayek 2007, S. 86) Eine Preiskontrolle lehnt er grundsätzlich ab, da Preise letztlich Feedback des Marktes sind, das es den Marktteilnehmern ermöglicht, ihre Strategien an den Markt anzupassen. (Hayek 2007, S. 95) Dieser Gedanke ist vor allem auch für das spätere Werk Hayeks kennzeichnend: je weiter der Entscheider vom jeweiligen Marktgeschehen entfernt ist, desto weniger Kenntnisse hat er von diesem und desto schlechter ist die Entscheidungsqualität. (Hayek 2007, S. 107) Daher sollte er besonders in späteren Jahren ein eiserner Verfechter der Verlagerung von möglichst vielen Entscheidungen auf die regionale Ebene werden. (Hayek 2007, S. 308) Damit stellt er letztlich auch das staatliche Monopol für bestimmte Aufgaben (z. B. Bildung) in Frage und will diese dem Markt überlassen. Hier zeigt beispielhaft der Blick auf Großbritannien in der Regierungszeit Margaret Thatchers (1979-1990) mit großen gesellschaftlichen und wirtschaftlichen Unterschieden zwischen Norden und Süden, dass dieser Ansatz eine Sackgasse war, denn Wohlstand für alle ist damit eben nicht zu schaffen. Letztlich plädiert er hier für einen regionalen Sozialdarwinismus. In *The Road to Serfdom* betont er jedoch – und auch das ist kennzeichnend für sein späteres Werk – dass Wettbewerb nur dann funktionieren kann, wenn es ein

Rechtssystem gibt, dass einerseits die Marktwirtschaft unterstützt und es in gesellschaftlich nützliche Bahnen lenkt. Anders als Pigou, der gesellschaftsschädliches Verhalten mit Steuern lenken will, stellt Hayek klar, dass in solchen Fällen pseudomarktwirtschaftliche Instrumente nicht sinnvoll sind, sondern dass staatliches Handeln gefordert ist. (Hayek 2007, S. 87).

Ein Argument für staatliches Planen ist, dass technische Innovationen zu Monopolen führen. Dem hält er entgegen, dass Technologien und damit Monopole durch disruptive Entwicklungen auch schnell obsolet werden können. Im Gegensatz zu Mises fordert Hayek auch ein entschiedenes Eingreifen des Staates gegen Monopole. Dennoch sieht er auch klare Grenzen staatlichen Handelns: »The state should confine itself to establishing rules applying to general types of situations and should allow the individuals freedom in everything which depends on their circumstances of time and place, because only the individual concerned in each instance can fully know these circumstances and adapt their actions to them.« (Hayek 2007, S. 114) Ein anderer wesentlicher Punkt für ihn ist, dass eine zentrale Wirtschaftsplanung, die ja zwangsläufig in alle Bereiche des Lebens eingreifen müsste, einen breiten gesellschaftlichen Konsens über das zu erreichende Ziel bräuchte. Gerade dieser sei eben nicht vorhanden, was dann zur Ausübung von Zwang über Andersdenkende führen würde. (Hayek 2007, S. 115) Alternativ sieht er das Risiko, dass Demagogen zu einer Politik der Ausgrenzung von Minderheiten greifen, um die Mehrheit hinter sich zu bringen: »nationalism, racism or classism.« (Hayek 2007, S. 161)

Hayek erkennt an, dass das Leben grundsätzlich ungerecht sein kann und viele Menschen ihre Startchancen im Leben nicht beeinflussen können. Dennoch warnt er davor, dass Eingriffe immer weitreichende Folgen haben und Gleichmacherei in einem kollektivistischen System enden muss. Anders als die bisherigen wirtschaftsliberalen Ökonomen erkennt er jedoch an, dass es einen Zusammenhang zwischen materieller Sicherheit und Freiheit gibt. Insofern spricht er sich für staatliche Transferleistungen aus, jedoch nur in dem Maße, in dem die Volkswirtschaft sich das auch leisten kann. (Hayek 2007, S. 148) Gleichzeitig weist er auch darauf hin, dass Arbeitsleistungen und damit Berufe einen Marktpreis haben. (Hayek 2007, S. 150) Dementsprechend erwartet er auch eine Lohnentwicklung, die diesen Marktpreisen entspricht. (Hayek 2007, S. 214)

Hayek kritisiert, dass ökonomische Fragestellungen zu seiner Zeit eine geringere Rolle spielten als noch zuvor, zudem sieht er die Überwindung des rein Ökonomischen und die Hinwendung zu Fragen der Selbstverwirklichung und des Metaphysischen kritisch. Aus einer humanistischen Sicht mag man dies begrüßen, doch stellt Hayek »a new unwillingness to submit to any rule of necessity« (Hayek 2007, S. 211) fest. Ob man nun seine Einschätzung einer »economophobia« (Hayek 2007, S. 212) teilt, sei dahingestellt. An dieser Stelle war Hayek beinahe prophetisch, was die Entwicklung der Nachkriegszeit angeht. Immer mehr Aufgaben wurden vom Staat übernommen, wodurch dieser nicht nur seine Einflusssphäre ausweitete, sondern an vielen Punkten auch an der ökonomischen Realität vorbei handelte. Dies wiederum führte immer wieder zu Phasen einer harten Austeritätspolitik, die in dieser Brutalität vermeidbar gewesen wäre. Nun ist die Erkenntnis, dass in einer

Demokratie der Bürger eher dem folgt, der große Versprechungen macht als dem, der unnagenehme Dinge sagt, nicht neu. Bemerkenswert ist jedoch die Verschiebung von der brutalen rein ökonomischen Sichtweise von Malthus und Ricardos auf Armut hin zu einer, die Sachzwänge vollkommen ausblendet – und das bei einem steigenden Bildungsniveau der Bevölkerung. Wenn man sich fragt, wo heute die Relevanz Hayeks liegt, dann ist dies sicher einer der wesentlichen Punkte, nämlich das immer wieder die ökonomische Nachhaltigkeit aus dem politischen Diskurs und vor allem der Entscheidungsfindung ausgeblendet wird, was mittel- bis langfristig zu Problemen und sozialen Verwerfungen führt.

Ein wenig erstaunlich ist, dass Hayek beim internationalen Handel Staaten weitestgehend außen vorlässt und diesen auch auf individuelle Handelsbeziehungen beschränken will. Das ist tatsächlich erstaunlich kurzsichtig, denn die Geschichte der EU hat ja gezeigt, dass Handelsabkommen und -allianzen förderlich für die Entwicklung der Wirtschaft sind.

Alles in allem zeigt sich, dass Hayek in der Analyse mit vielen Argumenten recht hatte. Mit der Ausweitung staatlicher Interventionen unter dem Motto der sozialen Gerechtigkeit steigen Steuern und Abgaben. Er entlarvt den Mythos, dass politische und ökonomische Freiheit getrennt voneinander betrachtet werden können. Gerade die Realität in den kommunistischen Regimes der Nachkriegszeit zeigte, dass seine Warnungen durchaus korrekt waren. Immer weitere staatliche Eingriffe scheinen heute Konsens in der Politik zu sein. Gerade die haushaltspolitische Situation der Bundesrepublik Deutschland zeigt die Gefahren von wirtschaftlich nicht nachhaltigem Handeln. Viele Probleme sind durch ein Zuviel an Staat entstanden und sollen nun durch ein Mehr an Staat gelöst werden. Das ist tatsächlich wenig plausibel. Auch die Annahme, dass Steuern steuern, die ein Mantra vor allem in der Umwelt- und Klimapolitik geworden ist, kann man nach der Lektüre Hayeks kritisch hinterfragen, zumal es dazu historisch betrachtet tatsächlich relativ wenige Beleg gibt. Dennoch muss man auch anmerken, dass Hayek mehr oder weniger in einem Wertevakuum agiert. Zwar ist er in seiner psychologischen Betrachtung, dass Menschen nach beruflicher Selbstverwirklichung streben und leisten wollen, sehr modern. Doch darüber hinaus bleibt oft fraglich, wie sein Menschenbild eigentlich aussieht. Er reduziert Freiheit an vielen Punkten auf reine Marktmechanismen. Daher hat er in seinem persönlichen Handeln auch wenig Probleme damit, ein konservatives Weltbild zu vertreten, das letztlich die Freiheit vor allem von Minderheiten ausblendet. Das Spannungsfeld zwischen »Freiheit von« und »Freiheit zu« kann er letztlich nicht überzeugend auflösen. Zwar sieht er grundsätzlich sozialstaatliche Aufgaben gegeben. Doch kann er die Frage nicht beantworten, inwiefern die Privatisierung staatlicher Kernaufgaben oder eine Regionalisierung soziale Gerechtigkeit gewährleisten soll. Nun kann man trefflich die Frage stellen, ob das eine staatliche Aufgabe ist oder ob soziale Gerechtigkeit denn überhaupt noch Gerechtigkeit ist. Aber Hayeks Buch untersucht ja vor allem auch die Frage, wie man Faschismus oder Sozialismus verhindern kann. Eine instabile Gesellschaft, in der es soziale Spannungen gibt, weil Menschen und/ oder Regionen abgehängt sind, ist der perfekte Nährboden für totalitäre politische Kräfte. Was Hayek jedoch modern und gleichzeitig zeitlos relevant macht, ist die von Popper geprägte Annahme, dass man nicht mehr wissen kann, als man weiß. Daher hegt er ein tief verwurzeltes Misstrauen gegenüber allmächtigen Autoritäten, die sich im Besitz unveränderlicher Wahrheiten glauben und denken, aufgrund dieser Gesetzmäßigkeiten eine Gesellschaft am Reißbrett gestalten zu können. Betrachtet man die politische Geschichte, insbesondere die Phasen des Vordringens von Kommunismus und Faschismus, dann haben die Versuche, Menschen an diese scheinbaren Gesetzmäßigkeiten anzupassen, Millionen von Todesopfern gekostet. Was zielführend ist, hängt immer vom Kontext ab. Es ist natürlich unfassbar arrogant, zu glauben, dass eine Einzelperson oder eine kleine Gruppe eine validere Entscheidung treffen kann als die Marktteilnehmer selbst. Diese können durch ihr Handeln eine spontane Ordnung in Systemen schaffen.

7.3 Milton Friedman (1912-2006)

»Eine empirische Wissenschaft vermag niemanden zu lehren, was er soll. (...) Richtig ist, dass die persönlichen Weltanschauungen (...) die wissenschaftliche Argumentation immer wieder trüben. Aber von diesem Bekenntnis menschlicher Schwäche ist es ein weiter Weg bis zu dem Glauben an eine ethische Wissenschaft der Nationalökonomie, welche aus ihrem Stoff Ideale oder durch Anwendung allgemeiner ethischer Imperative auf ihren Stoff konkrete Normen zu produzieren hätte.« (Weber 1988, S. 151 f.)

Friedman: Leben und Werk

Dar. 13: Milton Friedman

Wie Mises und auch Hayek hat Friedman die Grenzen der Wissenschaft häufig mit normativen Aussagen überschritten. Man kann trefflich die Frage stellen, wie intellektuell redlich es ist, Meinung und Erkenntnis miteinander zu vermischen oder Werturteile mit der Autorität des Wissenschaftlers zu vertreten. Doch gerade deshalb war Friedman wahrscheinlich neben oder vor Hayek der Ökonom, der die neokonservative Politik der zweiten Hälfte des 20. Jahrhunderts am meisten geprägt hat. Noch stärker als Hayek war Friedman eine öffentliche Person, ja gar ein Medienstar.

Milton Friedman wurde 1912 geboren. Er war ein sehr guter Schüler, insbesondere in Mathematik, so dass er bereits mit 16 am Rutgers College Wirtschaftswissenschaften zu studieren begann. 1932 schloss er mit dem Bachelor of Arts ab und ging dann nach Chicago, um dort Wirtschaftswissenschaften zu studieren. (Friedman; Friedman 1999, S 19 ff.) Zu dieser Entscheidung hatte die Weltwirtschaftskrise maßgeblich beigetragen. Dort studierte er unter Frank Knight, dem wirtschaftsliberalen Jacob Viner und dem Monetaristen Henry Simons. (Ebenstein 2007, S. 3 ff.) Diese gelten als Begründer der Chicagoer Schule, obschon der Begriff erst geprägt wurde, nachdem Friedman dort eine Professur antrat. Zu diesem Zeitpunkt vertrat Friedman hauptsächlich einen mathematisch-statistischen Ansatz. (Ebenstein 2007, S. 28) In Chicago lernte er auch seine spätere Frau Rose Director kennen (Friedmann; Friedman 1999, S. 33 ff.), die auch Ökonomin war und eng mit ihm zusammenarbeitete und teilweise auch als Koautorin genannt wird.

Zunächst sah alles nach einer akademischen Karriere aus, da er 1933 nach dem Masterabschluss eine Fellowship an der Columbia University bekam (Ebenstein 2007, S. 38). Jedoch gelang es ihm zunächst nicht, danach an einer Hochschule Fuß zu fassen. So trat er 1935 in den Staatsdienst ein und betreute im Rahmen des Konjunkturprogramms New Deal für das National Bureau of Economic Research unterschiedliche Projekte. 1938 heirateten Rose und Milton Friedman. Nach einem kurzen Intermezzo an der University of Wisconsin, wo er unter antisemitischen Angriffen zu leiden hatte (Friedman; Friedman 1999, S. 101), wechselte er mit Kriegseintritt der USA dann in das Treasury Department, wo er in der Statistical Research Group, Modellrechnungen zu kriegsrelevanten Fragestellungen durchführte. (Ebenstein 2007, S. 44) Inhaltlich war Friedman zu diesem Zeitpunkt ein orthodoxer Ökonom, der im Wesentlichen den Ideen von Keynes folgte. (Ebenstein 2007, S. 43) 1945 erhielt er schließlich einen Ruf an die University of Minnesota, wo er den späteren Wirtschaftsnobelpreisträger George Stigler kennenlernte. (Stigler 1982) 1946 wurde Friedman an der Columbia University promoviert. Nachdem Jacob Viner einen Ruf nach Princeton erhalten und angenommen hatte, wurde Friedman 1946 dessen Nachfolger an der University of Chicago. (Ebenstein 2007, S. 53)

Friedman forderte 1953 in seinem Essay »The Methodology of Positive Economics.« mehr Empirie und weniger Statistik für die Ökonomie – eine Forderung, die sicher auch heute noch von vielen Studenten unterstützt wird – wenn auch meist aus anderen Gründen. Etwas weniger als 50 Jahre nach Max Weber forderte er dann auch die Trennung zwischen Werturteilen und wissenschaftlicher Erkenntnis. Der Wert wissenschaftlicher Erkenntnis liegt für ihn in der Vorhersagegenauigkeit ihrer Modelle. Ökonomie hat für ihn den Zweck, klare Mittel – Zweck Relationen herauszuarbeiten. Es entbehrt nicht einer gewissen Ironie, dass Milton Friedman später in seinen populärwissenschaftlichen Werken jedoch immer wieder Meinung und Wissenschaft vermischen sollte.

War Friedman bis 1945 eher ein für die Zeit orthodoxer (also von Keynes geprägter) Ökonom, der dem New Deal positiv gegenüberstand, so änderte sich dies nach dem Krieg deutlich. Er wandte sich in der Nachkriegszeit deutlich gegen jede Form eines »dritten Weges« zwischen Kapitalismus und Kommunismus und positionierte sich eindeutig für einen »free market private property capitalism«. (Ebenstein 2007, S. 70) Dazu gehört auch der bedingungslose Freihandel und die Ablehnung protektionistischer Maßnahmen wie die Festsetzung von Wechselkursen. (Ebenstein 2007, S. 72) Zu dieser Zeit wurde Friedman auch einer breiteren Öffentlichkeit bekannt, da er regelmäßig im Radio zu Wirtschaftsthemen zu hören war. Hierbei scheute er sich auch nicht, Dinge zu sagen, die nicht dem Zeitgeist entsprachen, wenn er sie für richtig hielt. (Ebenstein 2007, S. 74) 1957 legte er mit *A Theory of the Consumption Function* eine nüchterne Streitschrift gegen Keynes vor, in der er dessen Annahme widerlegt, dass die Zahl der Investitionsmöglichkeiten sinke, je höher eine Wirtschaft entwickelt ist. Dies wiederum führe zu einer ungleichen Vermögensverteilung und zu einem negativen Effekt für das Konsumverhalten. Durch eine differenzierte Betrachtung des Konsum- und Sparverhaltens arbeitet Friedman jedoch heraus, dass dies faktisch nicht so ist. Damit hält er Keynes Forderungen nach staatlichen Eingriffen für empirisch widerlegt. Aus wissenschaftstheoretischer Sicht ist das bemerkenswert, weil bis dahin hauptsächlich mit A-priori-Annahmen gearbeitet wurde und Friedman genau diese nun empirisch betrachtet.

In den späten 1940er-Jahren begann Friedman dann mit Anna Schwartz an seinem wichtigsten akademischen Werk zu arbeiten, das dann 1963 unter dem Titel *A Monetary History of the United States* erschien. (Friedman 1999, S. 203) Anhand statistischer Daten wollten die Autoren eine Aussage darüber treffen, ob die Geldmenge einen Einfluss auf die wirtschaftliche Entwicklung hat. Letztlich entwickeln sie die These, dass die Geldmenge der einzig relevante Faktor für Inflation bzw. Deflation ist. Sie vergleichen die große Depression mit anderen Wirtschaftskrisen und kommen zu dem Schluss, dass die wirtschaftlichen Probleme nicht größer waren als bei anderen Krisen, die jedoch deutlich milder verliefen. Es sei die restriktive Geldpolitik der Federal Reserve gewesen, die dazu geführt habe, dass aus der Krise eine Depression wurde. (Ebenstein 2007, S. 113 ff.; alternative Krugman 2012) 1947 trat Friedman der Mont Pellerin Society bei, deren Vorsitzender er von 1970 bis 1972 war.

In den 1960er-Jahren wandelte Friedman sich jedoch vom Ökonomen zum politischen Kommentator: »He became less of a social scientist and more of a public figure.« (Ebenstein 2007, S. 139) Dazu gehörte auch die Organisation der Volker-Konferenzen zu *Capitalism and Freedom*. (Ebensetin 2007, S. 140) In Anlehnung an John Stuart Mills Essay *On Liberty* stellte er nun das Individuum und seine Freiheit von staatlicher Kontrolle in den Mittelpunkt. Anders als Hayek war Friedman damit aber gesellschaftspolitisch wenig konservativ: Er trat für die Freigabe aller Drogen ein, für die Legalisierung von Prostitution und für LGBTQ-Rechte und die Abschaffung der Wehrpflicht. Letzteres betrachtete er immer als seine größte Leistung. (Ebenstein 2007, S. 140; S. 176) Friedman selbst war zunächst überzeugt davon, dass die junge Generation sich stärker liberalen bzw. libertären Ideen zuwenden würde. Er gab dem Vietnamkrieg die Schuld daran, dass der Zeitgeist gerade an den Universitäten eher links geprägt war. (Ebenstein 2007, S. 151) Von 1966 bis 1984 verfasste Friedman dann seine regelmäßige Kolumne zu wirtschafts- und gesellschaftlichen Themen in Newsweek. Hierdurch sollte er in den USA einer breiten Öffentlichkeit bekannt werden. Wie auch Hayek geriet Friedman wegen seiner Reisen nach Chile in die Kritik. Zahlreiche Alumni der University of Chicago waren unter dem Diktator Pinochet im Regierungsapparat beschäftigt. Auf deren Initiative hin wurde er nun nach Chile zu Vorträgen eingeladen und als Berater engagiert. Fairerweise muss man festhalten, dass Friedman sich nie positiv über das Pinochet-Regime geäußert hat. Sein Argument war, dass es losgelöst von politischer Freiheit für das Volk ja nur gut sein könne, wenn es der Wirtschaft gutgehe. Ab diesem Zeitpunkt wurde Friedman bei öffentlichen Auftritten oft von Protesten begrüßt. (Ebenstein 2007, S. 189 ff.)

Schließlich erhielt der mittlerweile zum Medienstar avancierte Friedman 1976 den Wirtschaftsnobelpreis. In seiner Rede hob er erneut hervor, dass die Wirtschaftswissenschaften wissenschaftstheoretisch genau so arbeiten müssten wie die Naturwissenschaften. Im gleichen Jahr trat Friedman in den Ruhestand und das Ehepaar zog nach San Francisco. Dann wurde er Fellow an der Hoover Institution, einem konservativen Thinktank. (Ebenstein 2007, S. 196) 1980 sollte seine Popularität dann noch weiter anwachsen, da er mit seiner Frau die TV Dokumentation Free to Chose konzipierte und umsetzte. 1980 wurde dann auch Ronald Reagan, den Friedman bereits seit den 1960er-Jahren kannte, zum US-Präsidenten gewählt. Dieser war nicht nur ein großer Bewunderer Friedmans, sondern gab ihm dann auch die Rolle eines Beraters. Dies war der Beginn von Reagonomics, der Senkung von Steuern bei gleichzeitiger Steigerung staatlicher Ausgaben. Friedman glaubte nicht an die sogenannte Laffer-Kurve, die im Prinzip besagt, dass Steuersenkungen sich selbst finanzieren. (Eggert o. J.) Er sah aber auch keinen Widerspruch darin, die Steuerausfälle mit Schulden auszugleichen. Das ist aus heutiger Sicht nicht nachvollziehbar, denn es müsste ja klar sein, dass ein solches Ausgabenverhalten nicht generationengerecht sein kann und die Finanzierungskosten den staatlichen Handlungsspielraum in der Zukunft stark einschränken werden bzw. eine Erhöhung der Geldmenge notwendig wäre. So erbte Präsident Clinton dann auch ein Rekordhaushaltsdefizit von seinen republikanischen Vorgängern. In Großbritannien war Margaret Thatcher 1979 Premierministerin geworden und suchte ebenfalls die Nähe Friedmans. Dort arbeitete dann eng mit dem Thinktank Institute for Economic Affairs unter Thatchers offiziellem Berater Allan Walters zusammen. Die Jahre ab etwa 1980 waren zunächst in der westlichen Welt von den Gedanken der Deregulierung, Privatisierung und Liberalisierung von Märkten geprägt. Nach 1990 wurde Friedman dann vor allem in den Transformationsstaaten in Osteuropa zur Lichtgestalt. Und Transformationsstaaten begannen, ihre Volkswirtschaften und ihre Sozialpolitik an Friedmans Ausführungen zu orientieren. Der letztlich brutale Transformationsprozess der Jelzin-Jahre hat in Russland sicher Putin erst möglich gemacht und einen neuen Gesellschaftsvertrag begründet, in dem russische Bürger Freiheit gegen ökonomische Sicherheit tauschen. Insofern ist Friedman neben Hayek sicherlich der Ökonom, der den größten Einfluss auf die Politik hatte. Milton Friedman verstarb 2006.

1956 hatte Friedman eine Reihe von Vorlesungen am Wabash College gehalten. Hintergrund war die Ausweitung staatlicher Ausgaben und damit auch Aufgaben seit dem New Deal und dann auch unter Eisenhower und Kennedy. Für Friedman bedeutete diese Ausweitung der staatlichen Machtsphäre eine Bedrohung der individuellen Freiheit. Diese Vorlesungen waren dann die inhaltliche Grundlage für *Capitalism and Freedom*, das 1962 erschien und in zahlreiche Sprachen übersetzt wurde. Dieses Buch will nun einen Gegenentwurf zu der damaligen Entwicklung vorstellen. (Friedman 1999, S. 339 f.)

Grundsätzlich betont Friedman, dass eine Trennung von politischer und ökonomischer Freiheit nicht möglich ist. Freier Austausch sei die Basis einer modernen Gesellschaft und da alle Parteien bei freiem und fairem Marktzugang von dem Austausch profitieren, profitiert auch die Gesellschaft als Ganzes davon. Der Gedanke an sich ist weder neu noch originell, denn das findet sich ja bereits bei Adam Smith. Er sieht auch gesellschaftlich einen »Markt der Ideen«, den er durch ökonomische Unfreiheit bedroht sieht. Für ihn sind reine Markttransaktionen dann auch die Antwort auf Diskriminierung, weil diese eben nach Nutzenkriterien durchgeführt werden und nicht nach persönlichen Präferenzen. (Friedman 2020, S. 10 ff.) Das mag auf den ersten Blick vielleicht plausibel klingen, aber es blendet die tatsächlichen Probleme einer modernen Gesellschaft aus. Die Herkunft oder Zugehörigkeit zu einer Minorität bestimmt natürlich, welche Ausgangsposition man hat, die wiederum entscheidend für die Art der Marktteilhabe ist. Zum anderen sind Markttransaktionen nicht rein auf den objektiven Nutzen ausgerichtet. Betrachtet man den Arbeitsmarkt in Deutschland zum Beispiel, dann ist auffällig, dass der Anteil von Frauen in Führungs- und bestimmten Fachpositionen deutlich unter dem Anteil der Frauen mit entsprechender Qualifikation liegt. Ebenso sind Männer in der frühkindlichen Pädagogik deutlich unterrepräsentiert. Rein mathematisch betrachtet ist es schon auszuschließen, dass fast in jedem Fall zufällig immer ein Vertreter des einen oder des anderen Geschlechts der beste

Kandidat war. Kahneman, Sibony und Sunstein weisen in ihrem Werk »Noise« (2021, S. 47) darauf hin, dass menschliche Entscheidungen grundsätzlich eher unzuverlässig sind. Dies bezieht sich zum einen auf das Individuum selbst, aber auch die Kongruenz von Entscheidungen innerhalb einer Gruppe von Entscheidungsträgern. Insofern kann ein reiner Marktmechanismus, in dem Machtpositionen durch ökonomische Begebenheiten ungleich verteilt sind, dem Anspruch an gleichberechtigter Teilnahme aller Marktteilnehmer bzw. Mitglieder der Gesellschaft nicht gerecht werden. Die Frage ist dabei auch, welche Aspekte der Gesellschaft durch reines Marktgeschehen im Gegensatz zu staatlicher Steuerung bzw. Unterstützung sinnvoll gesteuert werden können. Kunst und Kultur können z. B. nur sehr begrenzt nach marktwirtschaftlichen Prinzipien und ohne staatliche Unterstützung gesteuert werden. Dieser Aussage kann man sicher den Einwand entgegenbringen, dass dort, wo Ressourcen der Allgemeinheit genutzt werden, man auch der Allgemeinheit verpflichtet sein muss. Dass dies oft nicht der Fall ist, führt dazu, dass nicht wenige Menschen Kunst und Kultur als elitär erleben. Insofern wäre es gesellschaftlich fatal, wenn Kunst und Kultur aufhören würden, mit dem Durchschnittsbürger zu kommunizieren, denn dann würden diese wichtigen Aspekte des Lebens und des Miteinanders keine Akzeptanz mehr finden. Würde man jedoch nur den quantitativen Erfolg zu Grunde legen, könnten innovative und/ oder nicht massentaugliche Projekte nicht umgesetzt werden. Damit würden wir kulturell verarmen und uns nicht weiterentwickeln. Es geht also weniger darum, Kunst und Kultur mit einem Preisschild zu versehen, sondern vielmehr darum sicherzustellen, dass niemand ausgegrenzt wird und Kultur für alle da ist. Das alleinige Urteilen von Eliten über Kunst und Kultur ist zutiefst undemokratisch. In einem liberalen Kunst- und Kulturverständnis müssen diese immateriellen Güter allen zugänglich sein, denn sie sind Teil eines gesellschaftlichen Diskurses, ohne den es keine Zivilgesellschaft geben kann.

Friedman sieht die Rolle des Staates darin, demokratische und verfassungsgemäße Gesetze zu beschließen und durchzusetzen. Die Regierung kann und muss gegen bestimmte Monopole vorgehen, die den freien Markt in Gefahr bringen. (Friedman 2020, S. 28 ff.) Im Gegensatz zu Hayek, der ja sogar in Frage gestellt hat, ob der Staat das Monopol auf die Ausgabe von Geld haben soll, sieht Friedman die Kontrolle der Geldmenge als eine entscheidende staatliche Aufgabe. Hier macht er die klare Vorgabe, dass die Geldmenge pro Jahr um 3 bis 5 Prozent steigen soll, um eine normale Inflation zu gewährleisten. (Friedman 2020, S. 45 ff.) Er lehnt das Bretton Woods System (1944) ab, das den Goldstandard abschaffte und andere Währungen an den Dollar koppelte. Dies betrachtet Friedman als einen Eingriff in den Freihandel und fordert daher die komplette Freigabe von Wechselkursen, nicht zuletzt, weil die Währung für ihn ja das zentrale Steuerungsinstrument ist. (Friedman 2020, S. 67 ff.)

Friedman grenzt sich in der Fiskalpolitik klar von Keynes ab. Dieser hatte die These aufgestellt, dass steuerfinanzierte staatliche Eingriffe in den Markt ein Vielfaches an Return on Investment bringen. Dies stellt Friedman mit zahlreichen empirischen Belegen in Frage. Daher verlangt er eine zurückhaltende Fiskalpolitik.

(Friedman 2020, S. 90) Das Recht auf Eigentum ist im Wirtschaftsliberalismus ein zentrales Grundrecht, so auch bei Friedman. Folglich sind staatliche Eingriffe in Form von Steuern und Abgaben zunächst eine Einschränkung von Freiheitsrechten. Zudem manövrieren Eingriffe in Besitzstände den Bürger zunehmend in Abhängigkeiten und schränken Gestaltungsmöglichkeiten in der individuellen Lebensplanung ein. Insofern verlangt Friedman eine Mäßigung des Staates und eine Beschränkung auf staatliche Kernaufgaben. Hier zeigt sich, dass eine Trennung zwischen ökonomischer und politischer Freiheit tatsächlich nicht möglich ist. Friedman sieht das progressive Steuersystem kritisch. Nach seinen Untersuchungen führt die Progression nicht zu einer gerechteren Verteilung von Einkommen bzw. Lasten, sondern durch die Vielzahl der Möglichkeiten Ausgaben von der Steuer abzusetzen, profitieren davon eher Besserverdienende. Daher ist er Verfechter einer »Flat Tax«, die dann aber so gut wie keine Ausnahmen mehr kennt. Dies würde aus seiner Sicht zu einer größeren Steuergerechtigkeit führen. (Friedman 2020, S. 204 ff.) Tatsächlich wird das Thema auch immer wieder diskutiert. Im Jahr 2005 hatte der Finanzexperte und Rechtsprofessor Paul Kirchhoff ein ähnliches System für die Bundesrepublik vorgeschlagen und die These aufgestellt, dass die Umstellung wahrscheinlich aufkommensneutral sein würde, aber die Prozesse transparenter gestalten würde. Daraufhin wurde er vom damaligen Kanzler Gerhard Schröder scharf angegriffen und nur als »Professor aus Heidelberg« tituliert, obschon Schröder inhaltlich keine wirklichen Argumente hatte außer einem subjektiven Gerechtigkeitsempfinden. (Bosehm; Hulverscheidt 2011)

Ein weiterer zentraler Gedanke aus *Capitalism and Freedom* ist das Konzept, das Bildungswesen nach marktwirtschaftlichen Grundsätzen zu führen. Friedman postuliert, dass Bildung für das Funktionieren einer Demokratie unerlässlich ist und daher auch flächendeckend gewährleistet werden muss. (Friedman 2020, S. 103) Davon grenzt er jedoch »vocational training« ab, da hiervon nur Arbeitgeber und Arbeitnehmer einen Nutzen hätten und daher auch für die Finanzierung zuständig seien. (Friedman 2020, S. 106) Die Geschichte hat natürlich gezeigt, dass dies falsch ist. In Ländern ohne ein System, das eine hohe Employability von Schulabgängern garantiert, ist die Jugendarbeitslosigkeit sehr hoch, was auch das Aufkommen extremistischer politischer Kräfte begünstigt.

Friedman will ein funktionierendes Bildungswesen und zumindest freien Zugang für alle. Der Grundgedanke ist, dass Eltern ein Budget bekommen und damit eine Schule für ihre Kinder aussuchen. Das soll Transaktionskosten senken (der Bürger zahlt Steuern, die verwaltet werden müssen und erhält dann Dienstleistungen vom Staat) und zu einem Wettbewerb unter den Schulen führen, der dann zu einer stetigen Verbesserung des Niveaus führen soll. (Friedman2020, S. 107 ff.) Lange Zeit waren diese Bildungsgutscheine Programmatik der FDP in Deutschland. In einer liberalen Gesellschaft, die das Individuum und sein Streben nach Glück (»pursuit of happpiness«) in den Mittelpunkt gesellschaftlichen Handelns stellt kann ein Bildungswesen nicht nach marktwirtschaftlichen Grundsätzen organisiert werden. Zum einen ist Bildung entscheidend für die Selbstverwirklichung und damit für die Ausprägung des Individuums. Wenn also das Individuum im Mittelpunkt des liberalen Selbstverständnisses steht, dann muss ein zunächst Bildungswesen losgelöst von monetär quantifizierbarem Nutzen für die Allgemeinheit optimale Entfaltungsmöglichkeiten für das Individuum bieten. Das Konzept der Bildungsgutscheine übersieht z. B., dass es in bestimmten ländlichen Regionen schlichtweg aus Mangel an Schulen keinen Wettbewerb gibt. Ferner spielt die Herkunft eine wichtige Rolle. Zentral ist die Frage, welchen Stellenwert Bildung in der Familie oder im Umfeld hat. Letztlich geht es darum, ob die Eltern entscheiden können und wollen, was die optimale Bildung für ihre Kinder ist. Zumindest für Deutschland belegen Studien, dass die eigene Bildungshistorie stark von der der Eltern abhängig ist. (Anger; Orth 2016, S. 24 f.) Auch hier zeigt sich, dass Bildungsgutscheine dieses Problem eher verstärken als lösen würden.

Friedman sieht Monopole als schädlich für den Markt an und lehnte diese im Gegensatz zu Mises konsequent ab. (Friedman 2020, S. 143 ff.) Er sieht jedoch die größte Gefahr in Monopolen, die durch staatliche Intervention oder Ausweitung der staatlichen Machtsphäre entstehen. (Friedman, S. 151 ff.) Friedman lehnt jede Form von Zugangsbeschränkungen für Berufe ab und erläutert dies ausgerechnet am Beispiel von Ärzten. Die notwendigen Qualifikationen und staatlichen Zulassungen würden zu höheren Kosten und schlechterer Qualität im Gesundheitswesen führen. Grundsätzlich ist es nachvollziehbar, dass jede Form von Kartellen der Habenden, die andere vom Markt ausschließen wollen, wie dies die Zünfte taten, wenig förderlich für das Allgemeinwesen sind. (Friedman 2020, S. 164 ff.) Aus heutiger Sicht mutet diese Forderung Friedmans bizarr an, denn es geht ja um die Dokumentation von Qualitätsstandards. Sicherlich kann man diskutieren, ob die Hürden, die z. B. für angehende Ärzte aufgebaut werden, gesamtgesellschaftlich zielführend sind. Dennoch ist es unumgänglich, dass es Qualitätsstandards gibt. Ob diese vom Staat oder von Standesorganisationen durchgesetzt werden, ist eine andere Frage. Ohne Zweifel wird ein unqualifizierter Arzt langfristig vom Markt verschwinden, aber selten war Keynes Diktum »In the long run we are all dead« zutreffender.

Bisher waren Friedmans Argumente darauf ausgerichtet, dass die Ausweitung staatlicher Aufgaben den Bürger bevormundet und eine von mündigen Bürgern gestaltete Gesellschaft als Markt besser funktionieren würde. Daher lehnt er grundsätzlich staatliche Transferleistungen ab, ist jedoch Realist genug, um zu verstehen, dass es ohne diese wohl doch nicht geht. Zunächst kritisiert er, dass das System des Sozialstaats sehr kompliziert und daher auch teuer ist. Daher schlägt er vor, die Vielzahl staatlicher Transferleistungen durch eine negative Einkommenssteuer zu ersetzen, die dann nur noch von einer Stelle, nämlich dem Finanzamt, ausgezahlt wird. Betrachtet man die enormen Transaktionskosten, die durch Dokumentationspflichten und Bürokratieapparat entstehen, würde diese Vorgehensweise wahrscheinlich eine enorme Kostenersparnis einbringen. Rein rational betrachtet gibt es eigentlich wenige Argumente dagegen. Aber gerade hier zeigt sich eben, wie irrational Diskussionen teilweise geführt werden, wenn enorme Transaktionskosten in Kauf genommen werden, um ein subjektives Gerechtigkeitsempfinden zu befriedigen. Letztlich basiert dies noch auf dem Denkansatz aus dem 19. Jahrhundert, nämlich dass es »deserving« und »undeserving poor« gibt. Wenn man allerdings tiefer in Friedmans Gedanken einsteigt, dann lehnt er trotz des konstruktiven Vorschlags der negativen Einkommenssteuer den Sozialstaat ab, weil er davon ausgeht, dass eben die Bürger, die ja eigentlich selbstbestimmt ihr Leben und ihr Umfeld gestalten sollen, dann dazu verführt werden, sich in der oft beschworenen »sozialen Hängematte« auszuruhen. (Friedman 2020, S. 211 ff.) Der nicht aufgelöste Widerspruch in Friedmans Gedankenwelt ist, dass er einerseits ein positives Menschenbild hat, wenn er davon ausgeht, dass der Mensch selbstbestimmt leben und gestalten will und der Staat dabei in seine Gestaltungsfreiheit eingreift. Andererseits hat er aber auch ein negatives Menschenbild, wenn er eben davon ausgeht, dass der Mensch potenziell ein Interesse daran hat, auf Kosten anderer zu leben und sich eben in die Obhut des Sozialstaates zu begeben.

Soziale Verantwortung von Unternehmen lehnt Friedman grundsätzlich ab. (Friedman 2020, S. 160 ff.) Zum einen argumentiert er, dass rechtliche Personen nicht moralisch handeln können, sondern nur natürliche Personen, da nur Menschen Werte haben. Das blendet vollkommen aus, dass es eine normative Ebene der Unternehmensführung gibt, die als unternehmerische Willenserklärung festlegt, in welchem Wertesystem sich eine Organisation bewegen darf – es geht also um Prinzipien, ethische Grundsätze, Normen und Werte, die bei der Erreichung der Unternehmensziele einzuhalten sind. (Krings 2024, S. 25) Tatsächlich zeigt sich auch, dass diese Ebene der Unternehmensführung wichtig ist. Der VW-Skandal hangelt sich von Skandal zu Skandal, da Regeln nicht eingehalten und Werte nicht berücksichtigt werden. (Krings 2024, S. 24)

Sein nächstes Argument ist, dass nur der Unternehmer sein eigenes Kapital einsetzt. Angestelltes Management hat die Aufgabe, das eingesetzte Kapital der Eigenkapitalgeber zu vermehren – das klassische Konzept des Shareholder Value. Wenn also das Management aus sozialer Verantwortung Dinge tut, die die Eigenkapitalrendite schmälern, veruntreuen sie das Geld der Eigenkapitalgeber. Das ist grundsätzlich zutreffend, greift in der Realität zumindest heute deutlich zu kurz. Als Shell Mitte der 1990er-Jahre den Öltank Brent Spar im Meer versenken wollte, traf das Unternehmen auf vehementen Widerstand, angeführt von Greenpeace. Das Gegenargument von Shell war Friedman pur: Das Versenken sei nicht verboten und man sei verpflichtet das zu tun, was die geringsten Kosten verursacht. Der Schuss ging nach hinten los und die Umsätze gingen nach Boykottaufrufen deutlich zurück. Letztlich kosteten die Umsatzverluste mehr als das Verschrotten, was dann auch tatsächlich geschah. (Klaus 2002, S. 97 ff.) Wir leben heute in einer Zeit, in der eine zunehmende Zahl von Marktteilnehmern ethisches Verhalten von Organisationen erwartet und entsprechende Ausgaben als Investitionen zu sehen sind.

Aus Kundensicht verteuert soziales Engagement des Unternehmens die Produkte oder Dienstleistungen. Damit erhebt das Unternehmen laut Friedman im Grunde eine Steuer, ohne dafür demokratisch legitimiert zu sein. Wie jede Form staatlicher Eingriffe führe das dann zum Sozialismus. Grautöne waren sicherlich nicht Friedmans Stärke. Daher folgert Friedman: *The Social Responsibility of Business Is to Increase*

Its Profits – so der Titel eines Essays in der New York Times. (Friedmann 1970) Auch wenn durchaus Wahrheit darin liegt, greift es zu kurz und zeigt ein letztlich naiv anmutendes Vertrauen in Märkte. Hier sei als Beispiel die Ford-Pinto-Affäre angeführt. Der Pinto war ein Einstiegsmodell zu einem günstigen Preis. Es war bekannt, dass bei Auffahrunfällen der Tank reißen und Benzin auf die heiße Achse tropfen konnte. Als Ergebnis fingen die Fahrzeuge Feuer. Ford kalkulierte damals, dass es günstiger wäre, Schadensersatzforderungen wegen Tod oder Verletzung bis zu einer bestimmten Summe zu zahlen als ein Teil einzubauen, das verhindert, dass das Fahrzeug Feuer fängt. (Krings 2024, S. 12) Es wurde ja bereits zu Beginn darauf hingewiesen, dass verbleites Benzin über Jahrzehnte hin verkauft wurde, obschon bekannt war, dass es gesundheitsschädlich ist. Man kann nun aus philosophischer Sicht trefflich darüber diskutieren, wie es moralisch zu bewerten ist, wenn eine Regierung Bürgern die Möglichkeit nimmt, selbst nach den eigenen Werten zu entscheiden. Letztlich muss man aber eher die Frage stellen, ob die Annahme, dass jeder Marktteilnehmer über korrekte und ausreichende Informationen verfügt, um staatliche Regulierung überflüssig zu machen. Das zeigt zwei Dinge: Eine Organisation, die kein klares Wertesystem hat, wird sich tendenziell gesellschaftsschädlich verhalten. Zum Zweiten zeigt dies auch, welche Gefahr von ein den Konzentrationsprozessen in der Automobilbranche ausgeht.

7.4 Zusammenfassung

Die aktuelle Kapitalismuskritik bezieht sich an vielen Punkten auf die drei Ökonomen in diesem Kapitel. Sie scheinen für soziale Kälte zu stehen. Mit ihren Namen werden Privatisierung und Liberalisierung in Verbindung gebracht, ein scheinbarer Rückzug des Staates, der Menschen schutzlos in Märkten zurücklässt und schließlich zu einem »Heuschreckenkapitalismus« führt. Ob diese Analyse stimmt oder ob es letztlich nur eine falsche Verklärung der Vergangenheit ist, sei dahingestellt. Betrachtet man die Geschichte nach dem Ersten und nach dem Zweiten Weltkrieg, war es damals tatsächlich gar nicht so unwahrscheinlich, dass auch Staaten aus der westlichen Hemisphäre sozialistische und damit totalitäre Staaten werden könnten. In der Analyse dieses Risikos lagen Mises und Hayek sicher richtig. Auch der Versuch einiger Staaten, einen dritten Weg zu gehen, in dem Märkte reguliert werden und der Staat als Unternehmer agiert, war letztlich nicht von Erfolg gekrönt.

Gerade Großbritannien hatte nach dem zweiten Weltkrieg den Weg des »Sozialismus light« beschritten, was zu großangelegten Verstaatlichungen und ausufernden staatlichen Transferleistungen führte. Seit Beginn der 70er Jahre eskalierte diese Situation so weit, dass Großbritannien sich in einer tiefen Krise befand und es Bestrebungen gab, einen Staatsstreich nach chilenischem Vorbild durchzuführen. Grund hierfür war die Wirtschaftspolitik der Labour-Regierung von Harold Wilson (1974-1976), die marode Unternehmen künstlich durch Subventionen und Verstaatlichung am Leben hielt und vollkommen überzogene Tarifabschlüsse unterstützte. Die Steuersätze stiegen auf bis zu 98 Prozent, was Kapitalflucht zur Folge hatte. Der Staatsbankrott drohte. Auch Wilsons konservativer Vorgänger Edward Heath hatte in der Wirtschaftspolitik auf Planwirtschaft gesetzt. (Sandbrook 2011) Thatcher orientierte dich konsequent vor allem an Hayek, aber auch an Friedman. Ohne Zweifel begann unter Thatcher ein wirtschaftlicher Aufschwung, aber die Einschnitte waren natürlich sehr hart und führten zu gravierenden sozialen Verwerfungen. Gerade vor dem Hintergrund dessen, dass in vielen Staaten spätestens nach 1945 der Gedanke des Sozialstaats gelebt wurde, macht es vielen natürlich Angst, wenn nun gefordert wird, dass der Staat sich zurückzieht und in vielen Bereichen den Markt entscheiden lassen will. Genau dort liegt eine große Schwäche dieser Denkschule: Zum einen sieht sie den Staat nicht als ein Gebilde, das bestimmten Werten verpflichtet ist. Der Freiheitsbegriff ist sehr eindimensional besetzt und korreliert am Ende mit dem Recht des Stärkeren, denn nicht alle Marktteilnehmer treten mit den gleichen Voraussetzungen in den Markt ein. Es wird ausgeblendet, dass das Ermöglichen von Partizipation eine staatliche Aufgabe ist. Alle Einwände gegen die libertären Vorstellungen werden mit dem fast schon hysterischen Totschlagargument beatwortet, dass jeder Eingriff zwangsläufig zum Sozialismus führe. Es fehlt letztlich auch eine Antwort darauf, wie Unfreiheit durch Ausübung ökonomischer Macht über Marktteilnehmer verhindert werden soll. Aus wissenschaftlicher Sicht sind oft gar nicht einmal die Ideen an sich problematisch, sondern nur der Absolutheitsanspruch, mit dem sie vertreten werden.

Dennoch sollte man die Grundgedanken von Mises, Hayek und Friedman nicht leichtfertig verwerfen. Die Frage, wo staatliche Interventionen enden müssen, ist durchaus berechtigt. Die Zeit nach 1945 hat viele Verstaatlichungen und Monopole gesehen. Gerade in Deutschland hat zum Beispiel die Liberalisierung von Strom- und Telekommunikationsmärkten für die Bürger enorme Vorteile gebracht. Andere Privatisierungen, z. B. im Bereich der kommunalen Daseinsvorsorge, haben sich jedoch als wenig zielführend erwiesen. Das zeigt eben wieder, dass es keine pauschale Aussage gibt, die lautet: Privatwirtschaftlich ist immer effektiver als staatlich, sondern dass es sich dabei um situative Entscheidungen mit einer Halbwertzeit handelt. Natürlich sind Steuern zunächst ein Eingriff in Eigentumsrechte und damit in die Freiheit der Bürger. Diese Frage hat gerade heute eine hohe Relevanz. Staaten reißen immer mehr Macht und Aufgaben an sich, um vermeintliche Wohltaten an den Wähler zu verteilen. Da der Staat kein eigenes Geld hat – wenn er es sich nicht druckt – muss er es sich in Form von Steuern, Gebühren und Beiträgen wieder vom Bürger zurückholen. Was man bekommt, ist also das Eingezahlte abzüglich einer Bearbeitungsgebühr. Das funktioniert unter der Prämisse, dass es eine Zahl von Menschen gibt, die glauben, mehr aus dem System zu bekommen als sie eingezahlt haben. Deshalb ist der Aufschrei gegen Steuererhöhungen besonders dann groß, wenn klar ist, dass sie definitiv alle betreffen werden. Zum anderen gewinnt man zunehmend den Eindruck, dass unter dem Motto »Steuern steuern« immer mehr politische Herausforderungen durch Pseudomarktmechanismen geregelt werden sollen. Mit echter Marktwirtschaft hat das wenig zu tun, denn in einer solchen werden Preise von Angebot und Nachfrage gemacht. Gerade Hayek hat darauf hingewiesen, dass Steuern für genau solche Zwecke eben nicht das geeignete Instrument sind. Die seit 2023 zu beobachtende Staats- und Demokratiefeindlichkeit einer immer größer werdenden Gruppe hat sicher auch in dieser Fiskalpolitik ihre Ursache. Insofern ist der Wirtschaftsliberalismus ideengeschichtlich nicht überwunden, sondern kann in der augenblicklichen Krise vieler Demokratien, die letztlich auch durch mangelndes ökonomisches Maßhalten in der Vergangenheit verursacht wurde, wichtige Denkanstöße liefern.

8 Walter Eucken (1891-1950) und die Freiburger Schule

Eucken: Leben und Werk

Dar. 14: Walter Eucken

Obschon Walter Eucken außerhalb Deutschlands wenig bekannt ist, war er wahrscheinlich für die Wirtschaftsordnung Kontinentaleuropas nach 1945 maßgeblich verantwortlich. (Regling 2017) Dies liegt nicht zuletzt daran, dass er nach dem Krieg Berater Ludwig Erhards war, auch wenn er diesen nicht unkritisch sah. (Dathe 2014) Dennoch ist Eucken prägend für die Soziale Marktwirtschaft, die sich in vielen Punkten innerhalb der EU durchgesetzt hat. Das Vereinigte Königreich ging mit der starken Orientierung an der freien Marktwirtschaft eher einen Sonderweg.

Walter Eucken wurde 1891 als Sohn des Philosophen und Literaturnobelpreisträgers Rudolf Eucken in Jena geboren. Er wuchs in einer intakten und herzlichen Familie auf, Kindheit und Jugend waren von breiten kulturellen Interessen und Aktivitäten geprägt. Das spiegelt sich dann auch in seiner Studienfachwahl. Er studierte Geschichte, Jura, Staatskunde und Ökonomie an verschiedenen Universitäten. 1913 promovierte er. 1914 wurde er eingezogen und diente im Ersten Weltkrieg. 1921 habilitierte er und wurde nach einem kurzen Intermezzo in Tübingen zum Professor in Freiburg berufen, wo er dann auch bis zu seinem Lebensende bleiben sollte. In den 1930er-Jahren fand er sich mit Kollegen aus der juristischen Fakultät zusammen. Gemeinsam betrachtete man wirtschaftswissenschaftliche und -politische Fragestellung nun interdisziplinär aus ökonomischer und juristischer Sicht. Daraus sollte dann eine Schriftenreihe entstehen, in der ohne ideologische Scheuklappen konkrete Fragestellungen untersucht und mit wissenschaftlicher Methodik einer Lösung zugeführt wurden. Im Dritten Reich war Eucken in deutlicher Opposition zum Regime. Obschon es immer wieder Drohungen gegen ihn gab konnten er und seine jüdische Frau die Zeit der Dritten Reichs unbeschadet überstehen. Nach dem Krieg waren Eucken und die Vertreter der Freiburger Schule Berater Erhards und damit maßgeblich für die Wirtschaftsordnung der Bundesrepublik verantwortlich. 1950 starb Eucken unerwartet auf einer Reise in London. (Klinckowstroem 2024)

»My personal assets were protected. That's the point of the corporate structure. It encourages entrepreneurship. It encourages risk taking. That's where the glory is.« (Child 2019, S. 369)

Eucken war ein Liberaler, insofern er direkte staatlich wirtschaftliche Betätigung ablehnte und ebenso zentrale Steuerung. Im Gegensatz zu den bisher betrachteten Ökonomen bringt Eucken jedoch wirtschaftlichen und gesellschaftlichen Liberalismus zusammen. Die zentrale Fragestellung für ihn ist, wie volkswirtschaftliche Prosperität mit Nutzen für die Individuen in Einklang zu bringen. Insofern ist seine Betrachtungsweise der Nationalökonomie zweckgebunden und das unterscheidet ihn grundlegend von Mises, Hayek und Friedman: »Soziale Sicherheit und soziale Gerechtigkeit sind die großen Anliegen der Zeit. Die soziale Frage ist seit Beginn der Industrialisierung (...) zur Zentralfrage menschlichen Daseins geworden. Auf ihre Lösung müssen Denken und Handeln vor allem gerichtet sein.« (Eucken 1972, S. 10) Insofern kann man Eucken inhaltlich auch durchaus in der Nähe der katholischen Soziallehre verorten. Eucken argumentiert, dass in einer einfachen Gesellschaft mit kleinen Wirtschaftseinheiten Entscheidungen von einzelnen Personen getroffen werden können, da diese in der Regel die Tragweite ihrer Entscheidungen überschauen können. Eine Wirtschaft funktioniert in Euckens System dann, wenn sie Knappheit vermeiden kann. Dies kann nur dann funktionieren, wenn jeder Teilnehmer Feedback vom Markt erhält und auf dieses reagiert. (Eucken 1972, S. 10 ff.) Damit kann er eine Zentralstelle als Steuerungsinstrument für die Wirtschaft als ineffektiv ausschließen, da keine einzelne Stelle die Komplexität des Marktgeschehens erfassen kann. (Eucken 1972, S. 16) Damit kann die Rolle des Staates also nicht diejenige des Wirtschaftslenkers sein, sondern nur die desjenigen, der die Wirtschaftsordnung vorgibt, um Knappheit zu verhindern und die soziale Frage zu lösen. »Alle wirtschaftspolitischen Fragen laufen auf die Frage nach der Ordnung der Wirtschaft hinaus und haben nur in diesem Rahmen einen Sinn.« (Eucken 1972, S. 19) Er erkennt, dass die Verteilung von Ressourcen für die vielen die zentrale Fragestellung ist. »Das Verteilungsproblem ist für die meisten Menschen das primäre wirtschaftspolitische Problem«. (Eucken 1972, S. 19) Hierzu gehört für ihn an erster Stelle die Vermeidung von Arbeitslosigkeit. (Eucken 1972, S. 20) Im Gegensatz zu Hayek geht er jedoch davon aus, dass Ordnungen sich nicht selbst schaffen: »Von selbst werden diese Ordnungen nicht entstehen.« (Eucken 1972, S. 21) Sinn einer Gesellschaft ist »eine funktionsfähige und menschenwürdige Ordnung.« (Eucken 1972, S. 21) Anders als die österreichische bzw. die Chicagoer Schule lehnt Eucken den Ansatz des »one size fits all« ab. Die richtige Wirtschaftsordnung ist vom Kontext abhängig. So legt er dar, dass die sogenannte Laissez-faire-Wirtschaftsordnung die Industrielle Revolution erst ermöglicht hat. (Eucken 1972, S. 34 ff.) Er stellt jedoch auch die Begrifflichkeit in Frage und weist vollkommen korrekt darauf hin, dass ja gerade im späten 18. und frühen 19. Jahrhundert viele gesetzliche Regelungen gefunden wurden, die erst eine Überwindung des Feudalismus ermöglichten. Der heutigen Komplexität und den unterschiedlichen Interessenlagen und -vertretungen kann die rein rechtliche Regulierung jedoch nicht mehr gerecht werde. Sie erfordert eine komplexere Wirtschaftsordnung. Die Prämisse des Wirtschaftsliberalismus im 18./19. Jahrhundert sei es gewesen, dass freie Märkte zwangsläufig zu einer optimalen Verteilung von Ressourcen und Arbeit führt. Jedoch entstanden tatsächlich andere Marktformen, da der wenig regulierte Markt auch Zusammenschlüsse zum Eliminieren von Konkurrenz oder aber Kartellbildung ermöglichen. (Eucken 1972, S. 37) Die Marktmacht der Arbeitgeber angesichts des Überangebots an Arbeitskräften im 19. Jahrhundert illustriert dies deutlich, zumal die Arbeitgeber dann ihren politischen Einfluss nutzten, um Assoziationsverbote für Arbeiter durchzusetzen. Man kann also trefflich diskutieren, ob es ein freies Spiel der Kräfte überhaupt je gegeben hat. Folglich konstatiert Eucken eine Tendenz zur Bildung von Monopolen oder Teilmonopolen und weist deren Schädlichkeit für die Volkswirtschaft nach. (Eucken 1972, S. 37 ff.) Demnach ist die Verhinderung von Monopolen eine zentrale Aufgabe der Wirtschaftsordnung. So beschreibt er die frühe Industrielle Revolution als ein Oligopol der Arbeitgeber.

Diese Form des Kapitalismus ist für ihn »die Idee der freien Ordnung, die faktisch keine Freiheit brachte.« (Eucken 1972, S. 46) Dies ist ein ganz zentraler Gedanke Euckens: die Frage ist nicht wie frei die Wirtschaftsordnung ist, sondern vielmehr wie groß der Grad der faktischen individuellen Freiheit aller Marktteilnehmer auf allen Ebenen ist. Im Prinzip nimmt er damit die Gedankengänge Hobbes- und Lockes auf, die ja sehr wohl die Frage gestellt hatten, wie viel ökonomische Freiheit und wie viel ökonomische Macht gesamtgesellschaftlich schädlich sind. Dennoch grenzt er sich klar von sozialistischem Gedankengut ab, indem er den Staat als Akteur in der Wirtschaft ausschließt, da zentrale Planungs- und Verteilungsstellen der Komplexität einer modernen Wirtschaft nie gerecht werden können.

Es sei nicht der Verlust der Produktionsmittel, der zu sozialen Frage geführt hätte. Vielmehr sei es die Arbeitsmarktstruktur gewesen, die einzelnen Arbeitgeber faktisch Monopole gewährt. Marx stellt aus Euckens Sicht die Systemfrage, wenn der sinnvollerweise die Frage nach der Marktordnung stellen sollte. (Eucken 1972, S. 47) Die nachweislich sich stetig verbessernde materielle Situation der Arbeiter ab Mitte des 19. Jahrhunderts hat sich durch die Veränderung im Arbeitsmarkt ergeben. Die fortschreitende Industrialisierung und die gestiegene Mobilität führten dazu, dass ein Nachfrage(teil-)monopol zu einem funktionierden Markt mit Wettbewerb wurde. Daher ist es auch erstaunlich, dass Wirtschaftsliberale wie Mises sich stark gegen Gewerkschaften positionieren, denn diese sind für das Funktionieren des Arbeitsmarkts notwendig.

Bisher hat sich gezeigt, dass der fundamentale Unterschied zwischen Eucken und den klassischen Liberalen darin besteht, dass er die Wirtschaft nicht nur als einen Mechanismus begreift, sondern als Teil und Grundbedingung eines funktionierenden Gemeinwesens. Auch für Eucken ist der Rechtsstaat, der dem Bürger Rechte gegenüber dem Staat einräumt und Rechtsverhältnisse zwischen einzelnen Akteuren regelt, zentral für einen freiheitlichen Staat. (Eucken 1972, S. 50) Er stellt jedoch auch die Frage, ob ein laissez-faire-Kapitalismus mit dem Gedanken der Rechtsstaatlichkeit vereinbar ist. Grundsätzlich stellt er fest, dass die Marktwirtschaft sich nicht hätte entwickeln können, wenn es die moderne Rechtsstaatlichkeit nicht gegeben hätte. Dennoch konstatiert er aber auch, dass diese Form der Rechtsstaatlichkeit zu kurz greift, weil es ungleiche Machtverteilung zwischen den Marktteilnehmern gibt, die zu Unfreiheit führen kann. Er kritisiert also, dass in diesem Rechtsstaatsverständnis der Staat keine proaktive Rolle bei der Wahrung der »Freiheit von« hat. (Eucken 1972, S. 50 f.) »Träger privater Macht« (Eucken 1972, S. 52) müssen also vom Rechtsstaat kontrolliert werden, denn bei asymmetrischen Machtverhältnissen, die zwangsläufig auftreten, muss der Staat Akteure gegen Willkürakte anderer Akteure schützen, so wie Bürger in einem Rechtsstaat vor Willkür des Staates geschützt werden. Wie Hobbes stellt auch Eucken fest, dass es Freiheit nur dort geben kann, wo es freiheitsbeschränkende Maßnahmen gibt. Spätestens seit dem ersten Weltkrieg wurde jedoch zunehmend klar, dass der klassische laissez-faire-Liberalismus an seine Grenzen gestoßen war. Eucken kritisiert, dass es weltweit kaum Anstrengungen gab, eine Wirtschaftsordnung bewusst zu gestalten, um definierte Ziele zu erreichen, sondern dass experimentiert wurde. Hierbei unterscheidet er zwischen zwei Wirtschaftsformen: eine zentrale Planwirtschaft oder Mischformen. In beiden Fällen ist der Staat ein wirtschaftlicher Akteur. Beide waren letztlich nicht tauglich, um das Wohlstandsversprechen für die vielen einzulösen. Er warnt auch deutlich davor, dass eine zentrale Lenkung der Wirtschaft zwangsläufig auch Eingriffe in alle anderen Bereiche der Gesellschaft zu Folge hat. (Eucken 1972, S. 91 ff.) Die Geschichte gab ihm an diesem Punkt Recht. Was Eucken sehr angenehm zu lesen macht, ist gerade bei diesem Punkt, dass er Konsequenzen und Gefahren aufzeigt, aber ohne die polemische Rutschbahntaktik der klassischen neoliberalen Ökonomen anzuwenden.

Er fordert für eine funktionierende Wirtschaftsordnung eine internationale Geldordnung, die frei von politischem Einfluss ist, Wechselkurse möglichst stabil hält und Inflation und Deflation weitestgehend verhindert. (Eucken 1972, S. 117 f.) Anders als Smith, der davon ausging, dass die Summe der Einzelinteressen allen Marktteilnehmern Nutzen stiftet, arbeitet Eucken heraus, dass es Gruppenegoismen gibt. Da einzelne Gruppen stärker sind als andere kann die Durchsetzung dieser Gruppenegoismen zu Machtmissbrauch führen. Eine effektive Wirtschaftsordnung muss also sicherstellen, dass es keine nicht demokratisch legitimierten »Machtkörper« gibt. (Eucken 1972, S. 119 ff.) Eucken sieht in der Menschheitsgeschichte zwei Bewegungen: in dem Maße, in dem die politische Emanzipation des Menschen voranschritt, bildeten sich durch wirtschaftliche Konzentrationprozesse Kräfte, die diese Freiheit de facto einschränkten. Hier zeigt auch wieder ein großer Gegensatz zu den vorher betrachteten Ökonomen, die nur die potenzielle Gefahr der Einschränkung der Freiheit durch den Staat sieht und die ökonomische Macht, die dann letztlich auch zu politischer wird, ausblenden. Er grenzt sich als Ökonom auch dadurch ab, dass er eben nicht davon ausgeht, dass die Wirtschaftsordnung die Basis ist, auf der dann alle anderen Ordnungen zwangsläufig als »irgendwie« frei erwachsen. Für ihn ist klar, dass es zwischen den einzelnen Ordnungen Interdependenzen gibt und die Ausprägung der einen die der anderen beeinflusst. (Eucken 1972, S. 124 ff.) Es ist sicherlich seiner humanistischen Bildung geschuldet, dass er ganz klar erkennt, dass eine Wirtschaftsordnung nicht nur Prosperität garantieren muss, sondern auch die »geistig-seelische Existenz« (Eucken 1972, S. 126) gewährleisten muss. Die soziale Frage im engeren Sinne wurde im 19. Jahrhundert weitestgehend gelöst. Im weiteren Sinne bleibt sie jedoch im Sinne der Frage nach Arbeit und Sicherheit bestehen. Wirtschaftspolitik und -ordnung sind heutzutage in der Regel auch immer sozialpolitische Maßnahmen. Dennoch warnt er auch hier wieder davor, dass der Staat Vollbeschäftigung garantieren will, in dem er selbst zum Akteur wird. Der Zusammenbruch des Ostblocks hat gezeigt, dass eine solche Politik nicht nachhaltig ist. Eucken warnt aber auch davor, dass es dann eben auch weitere staatliche Eingriffe in Freiheitsrechte der Bürger geben muss. Das ist tatsächlich das Echo von Hayek, der ja auch davor warnte, dass Staatskapitalismus die talentbasierte Berufswahl unmöglich macht. Eine nachhaltige Wirtschaftsordnung garantiert Konkurrenz durch Regeln, die fairen und freien Marktzugang ermöglichen. (Eucken 1972, S. 131) Dadurch entsteht dann Gleichgewicht in der Wirtschaft und langfristige staatliche Transferleistungen werden überflüssig.

Eucken hatte bereits die wirtschaftspolitischen »Experimente« der Vorkriegszeit kritisiert. Einer der Gründe war, dass Eingriffe in die Wirtschaftsordnung einen unmittelbaren und meist auch gewollten Effekt haben. Aber sie haben meistens auch noch einen mittelbaren und oft ungewollten Effekt. Auch hier ist er inhaltlich weit von der kategorischen Ablehnung staatlicher Intervention wie bei Mises entfernt. Er lehnt jede Zwangsläufigkeit in der Entwicklung ausdrücklich ab. Er sieht den Menschen als Gestalter seiner Umwelt. Eine effektive Wirtschaftsordnung muss also das Gemeinwesen systemisch betrachten und Abhängigkeiten und mögliche Dysfunktionalitäten berücksichtigen. (Eucken 1972, S. 145 ff.)

Er stellt klar heraus, dass die Frage nicht lauten kann, ob es eine zentral gelenkte oder eine freie Wirtschaftsordnung gibt. Vielmehr müsse eine effektive Wirtschaftsordnung, die Mangel und Unsicherheit minimiert, die »Ordnungen des Staates, des Rechtes und der Gesellschaft« in Einklang bringen. (Eucken 1972, S. 152) »Sie sucht die Formen des Wirtschaftens zu gestalten oder die Bedingungen zu beeinflussen. Aber sie lässt in diesen Formen Planen und Handeln der Haushalte und Betriebe frei.« (Eucken 1972, S. 153) Ihm schwebt daher eine »Marktform vollständiger Konkurrenz« vor. (Eucken 1972, S. 154) Hierbei agieren alle Marktteilnehmer selbstbestimmt. Diese stehen untereinander in einem Leistungswettbewerb, der vom Markt bestimmt wird. (Eucken 1972, S. 156) Grundsätzlich ist die Art der Wirtschaftsordnung vom gesellschaftlichen Kontext abhängig. Dennoch sieht er in der »ungrundsätzlichen« (Eucken 1972, S. 157) Wirtschaftspolitik der Vergangenheit ein großes Problem. Daher geht es ihm darum, universale Grundsätze für eine Wirtschaftsordnung zu definieren. Der erste Grundsatz ist für ihn ein funktionierendes Preissystem durch vollständige Konkurrenz. Damit wendet er sich ausdrücklich gegen jede Form kurzfristiger Konjunkturpolitik und lehnt insbesondere Steuern als Instrument zur Beeinflussung von Preisen ab, weil dies den Wettbewerb verzerren. Ebenfalls weist er nach, dass staatliche Eingriffe in den Markt in Form von Preiskontrollen, Zwangsmonopolen oder Subventionen gesamtwirtschaftlich immer schädlich sind. Die Wettbewerbsordnung unterscheidet sich vom klassischen Liberalismus dadurch, dass sie proaktive Instrumente benötigt, die das Funktionieren des Preismechanismus sicherstellen. (Eucken 1972, S. 160) Eine solche Marktordnung kann jedoch nur funktionieren, wenn die Währung stabil ist. (Eucken 1972, S. 161 f.) Gerade hier zeigt sich der Einfluss Euckens auf die Politik, denn die Bundesrepublik hatte vor der Euro Einführung eine der stabilsten Währungen in Europa und der Gedanke eines Stabilitätspakts kann sicher zu Eucken rückverfolgt werden. Märkte müssen offen sein. Dazu gehört für ihn auch, dass Technologien durch Lizenzen weitergegeben werden. Dies führt einerseits echten Wettbewerb herbei, andererseits stimuliert dies Innovation. (Eucken 1972, S. 163 ff.) Zwischen allen Marktteilnehmern muss es Vertragsfreiheit geben. Das muss das Merkmal einer Marktordnung sein, aber gerade Mises hat sich mit den Gewerkschaften als Vertragspartner immer sehr schwergetan. Tatsache ist aber auch, dass einer der Gründe für den wirtschaftlichen Erfolg die grundgesetzlich garantierte Tarifautonomie ist, in der Arbeitgeberverbände und Gewerkschaften Flächentarifverträge abschließen. Das hat zum einen zur Folge, dass der Prozess der Tarifverhandlungen in der Bundesrepublik immer deutlich berechenbarer war als z. B. in Großbritannien und starke disruptive Konfrontationen meist vermieden werden konnten. Zum anderen hat dieser Grundgedanke der Vertragsfreiheit zwischen Arbeitnehmer- und Arbeitgebervertretungen dazu geführt, dass es nie eine Kultur der harten Konfrontation oder Gegnerschaft gab, wie z. B. in Frankreich. Er schränkt auch ausdrücklich ein, dass die Vertragsfreiheit dort endet, wo sie die Marktordnung gefährdet. (Eucken 1972, S. 172) Er kritisiert auch deutlich, dass bestimmte Gesellschaftsformen es Marktteilnehmern ermöglichen, Haftung für Ihr Handeln zu umgehen. Auch das ist geradezu prophetisch, wenn man betrachte, in welchem Ausmaß Märkte durch mangelnde Haftung wie z. B. im Enron Skandal erschüttert werden können. Wie Friedman widerspricht er Keynes auch vehement, dass es mit zunehmender Reife einer Gesellschaft weniger Investitionsmöglichkeiten gäbe und dass dies zu Marktverwerfungen führe. Er führt dagegen an, dass Investitionszurückhaltung in Zeiten hoher Kosten und niedriger Erträge entsteht. Ein Blick auf das Baugewerbe in Deutschland 2024 bestätigt das. Als zweiten Faktor für Investitionszurückhaltung führt er mangelnde Konstanz in Märkten an. Daher warnt er ausdrücklich davor, die Wirtschaftsordnung zu verändern oder kurzfristig einzugreifen. Investitionen brauchen Stabilität. (Eucken 2017, S. 175) Marktteilnehmer benötigen Vertrauen in den Markt. Dies zeigt sich gerade in der Bundesrepublik Deutschland. In den letzten Jahren wurde Klimapolitik primäre über das Erheben von Steuern betrieben. Fossile Brennstoffe und Energie wurden künstlich verteuert. Man kann sicher trefflich darüber diskutieren, ob das Konzept »Steuern steuern« tatsächlich jemals funktioniert hat. Tatsache ist jedoch, dass als Reaktion auf diese Maßnahmen die Investitionsbereitschaft deutlich zurückgeht. Gerade Finanzinvestoren, die häufig im Zeitraum Quartalsberichte planen, reagieren häufig sehr sprunghaft in instabilen Märkten.

Abschließend stellt Eucken fest, dass Sozialpolitik notwendig ist, aber nur dann stattfinden kann, wenn sie durch entsprechende Produktivitäten finanziert werden kann. »Das Anliegen der sozialen Gerechtigkeit kann nicht ernst genug genommen werden.« (Eucken 1972, S. 180) Soziale Ungerechtigkeit entsteht für ihn hauptsächlich durch Versagen der Marktordnung. Bei einer funktionierenden Marktordnung finden freie und faire Tauschvorgänge statt. Gibt es wie bereits erwähnt ein Arbeitgebermonopol, findet kein fairer Austauschprozess mehr statt und soziale Ungerechtigkeit entsteht. In Zentralwirtschaften seien (und die Geschichte hat das bestätigt) die sozialen Unterschiede zwischen Eliten und den Massen deutlich größer, weil monetäre Mechanismen zum Bestehen des Systems gehören. Vergütung hat also nichts mit Leistung zu tun, sondern mit dem Wert des Individuums für das System. In einer Verkehrswirtschaft hingegen ergeben sich Einkommensunterschiede aus dem Marktwert der Tätigkeit. Problematisch wird dieser Unterschied dann, wenn er sich nicht aus Marktgeschehen, sondern aus asymmetrischen Machtverhältnissen gibt, d. h., wenn eine Partei keinen fairen und freien Marktzugang hat. Er stellt auch fest, dass Unternehmen, die besonders gute Sozialleistungen anbieten, dies nur aufgrund ihrer Profitabilität können. Soziale Sicherheit ist für Eucken eine Grundbedingung für das Zustandekommen eines Gemeinschaftswesens. Er bleibt aber vage, in welcher Form und Höhe diese erfolgen soll. Er konstatiert, dass ein Staat soziale Sicherheit nur dann gewährleisten kann, wenn die Marktordnung störungsfrei funktioniert. Die Verantwortung für das persönliche Wirtschaften verortet er bei jedem Individuum selbst. Soziale Sicherheit in Form von Transferleistungen sind Ausnahmen, deren Notwendigkeit er nicht in Frage stellt. Er fordert jedoch für jeden Bürger zuerst das Recht auf wirtschaftliche Selbstbestimmung, d. h. der Bürger muss autonom handeln können, um seine eigene Situation zu gestalten. Demensprechend müssen Sozialabgaben auch entsprechend geringgehalten werden. (Eucken 1972, S. 183 f.) Daher betont er an dieser Stelle auch die Notwendigkeit, Inflation möglichst gering zu halten, weil diese einer Besteuerung bzw. Enteignung gleichkommt. Nicht zuletzt aus der Erfahrung des Dritten Reichs sieht er die Gefahr eines totalitären Staates, wenn dieser in die Wirtschaft eingreift. Die Wirtschaftsordnung ist für Eucken Teil der Staatsordnung und damit eine staatliche Kernaufgabe.

Von all den hier behandelten Ökonomen ist Eucken sicherlich einer der wenigen, die Wirtschaft systemisch betrachten. Dies betrifft zum einen die Wechselwirkung zwischen einzelnen Maßnahmen. Eucken glaubt, dass es zum Gesellschaftsvertrag gehört, dass materielle Sicherheit und Freiheit des Individuums garantiert werden müssen. Ist dies nicht der Fall, ist die Wirtschaftsordnung nicht tauglich. Das ist nun tatsächlich ein neuer Ansatz, der dem entgegensteht, dass der Staat potenziell eine Bedrohung für die Freiheit des Einzelnen ist. Eucken hingegen stellt fest, dass ein funktionierender Staat, der die Ordnung festlegt und durchsetzt, überhaupt erst eine Grundbedingung für Freiheit ist. Daher kann eine Wirtschaftsordnung nur im Rahmen einer Gesellschaftsordnung gesehen werden. Sie muss sich nicht nur einfügen, sondern vielmehr ein Rädchen sein, das das Ganze am Laufen hält. Dennoch zeigt Eucken auch Grenzen des gefräßigen Staats auf und warnt vor dessen Konsequenzen. Wie Hayek deutet er zumindest an, das die Sozialpolitik sich nicht aus den Bedürfnissen oder dem individuellen Menschenbild ableiten kann, sondern dass diese ökonomischen Fakten unterliegt. Es kann nur dann eine Sozialpolitik geben, wenn der Markt produktiv ist. Gleichzeitig findet die Sozialpolitik, besonders in Form von Sozialabgaben, die Grenze an der ökonomischen Selbstbestimmung der Bürger.

9 Zusammenfassung und Ausblick

Die Wenigsten haben die Klassiker im Original gelesen, weil sie im Hinblick auf ihre Argumentation für die heutige Leserschaft oft nur schwer zugänglich sind. Wie bei vielen berühmten Buchklassikern, die nur wenige gelesen haben, werden Dinge oft falsch, verzerrt oder unvollständig kolportiert. Das Ziel dieses Buchs war es, die Kerngedanken der Klassiker des Wirtschaftsliberalismus herauszuarbeiten, diese in ein konzeptionelles Verhältnis zueinander zu setzen und dadurch Informationen für die Frage zu liefern, welche Teile mit Blick auf die Erklärung und Bewältigung der aktuellen ökonomischen Herausforderungen noch relevant sind.

Die Wirtschaftsformen Kapitalismus und Marktwirtschaft bilden im Grunde den sozioökonomischen Emanzipationsprozess des Menschen ab. Man kann, wie das Beispiel Chiles während der Militärdiktatur von Augusto Pinochet verdeutlicht, durchaus eine Marktwirtschaft ohne Freiheit haben. Aber es kann keine Freiheit ohne Marktwirtschaft geben. Das zeigt sich eben auch darin, dass die Frage nach dem Recht auf Eigentum etwa von Locke und Hobbes nicht isoliert, sondern im Kontext einer Gesellschaftstheorie betrachtet wird. Beide stellen fest, dass das Recht auf Eigentum ein Grundrecht ist. Jedoch wird dieses Grundrecht durch Leistung, die gesamtgesellschaftlichen Nutzen schafft, erworben. Das wiederum setzt jedoch auch Grenzen, denn ab einer bestimmten Dimension kann Eigentum nicht mehr durch eigene Leistung erworben worden sein. Dies kann sozial schädlich sein. Eine Lösung dafür können sie nicht anbieten, aber sie werfen eine legitime Frage auf, deren wahre Bedeutung letztlich im wirtschaftsliberalen Spektrum erst wieder von Walter Eucken erkannt wurde.

Adam Smith legt schließlich den Grundstein für ein liberales Wirtschaftsverständnis. Sein Werk wendet sich an erster Stelle gegen die Macht- und Wohlhabenden der damaligen Zeit, weil gerade diese von Restriktionen im Markt profitierten. Auch das ist eine aktuell durchaus noch relevante Feststellung, denn auch heute gibt es immer noch Branchen, die für sich machtvoll bestimmte Schutzrechte oder Restriktionen gegen andere fordern. Gesamtgesellschaftlich dürfte das in den meisten Fällen eher schädliche Wirkungen haben. Insgesamt ist Smiths Werk vor allem ein Dokument der Zuversicht. Er fordert Marktteilnehmer auf, mehr Mut zu zeigen und von Überkommenem abzulassen. Damit meint er vor allem, dass die Frage nach der Wettbewerbsfähigkeit gestellt werden muss. Wenn etwas an einem anderen Ort besser und/ oder günstiger produziert werden kann, ist es unsinnig, im gleichen Markt mit den gleichen Produkten zu agieren. Dennoch hat gerade die Corona-Pandemie gezeigt, dass Freihandel eben nicht nur unter monetären Gesichtspunkten gesehen werden darf, sondern dass auch die Versorgungssicherheit berücksichtigt werden muss. So wird die Zukunft zeigen, ob es sinnvoll war, in Deutschland komplett aus dem zwar teuren, aber unter strategischen Gesichtspunkten relevanten Steinkohlebergbau auszusteigen, solange dieser Energieträger noch eine Rolle im deutschen Energiemix spielt. Andererseits sollte man diesen Punkt gerade denjenigen entgegenhalten, die von einer Deindustrialisierung Deutschlands sprechen und protektionistische Maßnahmen fordern. Es ist vollkommen normal, dass in Volkswirtschaften solche Produktionstätigkeiten aufgeben werden, die andernorts effektiver verrichtet werden können. Solche Transformationsprozesse finden seit Jahrhunderten statt und sind langfristig unproblematisch, wenn sie denn gestaltet werden.

Vor allem aber ist Smith ein Verfechter des technischen Fortschritts. Was Smith zur damaligen Zeit nicht wissen konnte, war die Tatsache, dass disruptive technische Innovationen zu sozialen Verwerfungen führen können und dass es eine gesellschaftliche Aufgabe ist, diese Veränderungen zu gestalten. Smith sieht das Eigeninteresse als wichtigsten Motivator. Es würde aber zu kurz greifen, wenn man ihm unterstellt, dass er die moralische Dimension bei wirtschaftlichem Handeln ausklammert. In seinen philosophischen Werken führt er das Konzept des *sympathetic observers* ein, der moralisch handelt und Empathie für andere empfindet. Die Exzesse der frühen Industriellen Revolution mit dem unfassbaren Elend, das sie produzierten, wären für Smith wahrscheinlich unvorstellbar gewesen. Auch wenn das Motiv der *invisible hand* überstrapaziert wird, war Smith in seiner Argumentation sehr modern, indem er unterstellte, dass Systeme sich in der Regel selbst stabilisieren und Eingriffe oft nicht nötig oder sogar kontraproduktiv sind. Was sagt uns das Werk von Adam Smith heute noch? Ein wichtiger Punkt ist sicherlich, dass er stets danach fragt, wie der gesamtgesellschaftliche Nutzen bzw. Schaden ausfällt, wenn man Partikularinteressen durch Restriktionen gegen Mitbewerber und/ oder Subventionen schützt. Wettbewerb ist positiv, auch wenn das Veränderung bedeutet. Auch die Erkenntnis ist bis heute relevant, dass ein Eingreifen in Marktprozesse oft nicht notwendig ist, weil Märkte sich selbst regulieren. Hier gilt jedoch die Einschränkung Karl Polanyis, dass wir den Wandel zwar nicht aufhalten können, aber die Wahl haben, wie wir die Veränderungen gesellschaftlich, politisch und wirtschaftlich gestalten. Für die heutige Zeit ist vor allem die Feststellung wichtig, dass gesamtgesellschaftlicher Wohlstand nur durch eine dynamische Wirtschaft erreicht werden kann.

Dem Optimismus Smiths steht der durch die frühe Industrielle Revolution geprägte Pessimismus von Malthus und Ricardo gegenüber. Malthus Bedeutung liegt sicher nach wie vor in der Verwissenschaftlichung der Ökonomie. Die Frage, die er konsequent ausblendet, nämlich wie eine Wirtschaft beschaffen sein muss, um möglichst vielen einen Nutzen zu bringen, ist heute Dreh- und Angelpunkt aller wirtschaftspolitischen Überlegungen. Die anachronistische Unterscheidung zwischen *deserving* und *undeserving poor* prägt im Übrigen für viele unbewusst auch heute noch die Diskussion über staatliche Transferleistungen und verhindert die Umsetzung unbürokratischerer Konzepte. Der moderne Wohlfahrtsstaat verursacht gewaltige Kosten, einen riesigen Verwaltungsaufwand und verursacht dadurch enorme Transaktionskosten

Noch stärker als Malthus steht Ricardo für die Verwissenschaftlichung der Ökonomie, wenngleich wir heute wissen, dass etwa seine Preistheorie (Arbeitswerttheorie), die von Marx übernommen wurde, falsch war. Wie Malthus sieht auch Ricardo die *undeserving poor* als Problem und beim Staat die Aufgabe, diese zu »erziehen«. Dieser Gedanke findet sich heute auch immer wieder in der Diskussion über staatliche Transferleistungen und Arbeitsanreize. Wenn man also davon redet, dass der Staat den Leistungsempfänger »fördern und fordern« soll, dann ist das sicherlich das Echo Ricardos. Es ist vielleicht nicht abwegig, dass Ricardo diesen Gedanken hatte. Dass dieser aber angesichts eines gewandelten Menschenbildes und anderslautender Erkenntnisse der modernen Psychologie immer noch in die Diskussion einfließt, ist schwer verständlich. Wie Malthus nimmt auch Ricardo an, dass die Wirtschaft bestimmten unveränderbaren Gesetzen unterliegt und nicht gestaltet werden kann. Dieser Grundgedanke wirkt bis Mises, vielleicht auch bis Hayek und Friedman nach. Dem stehen sozialistische Fantasien von der Gestaltbarkeit der Wirtschaft und Gesellschaft jenseits der ökonomischen Realität entgegen. Prägend für fast alle nachfolgenden Ökonomen und auch von großer wirtschaftspolitischer Relevanz sind jedoch Ricardos Ausführungen zu Freihandel und vor allem zu komparativen Wettbewerbsvorteilen.

Die Neoklassik ist aus wissenschaftlicher Sicht bis heute prägend. Deren wichtige Erkenntnis war, dass Preise im Zusammenspiel von Angebot und Nachfrage entstehen. Daher bilden Preise für Marktteilnehmer das entscheidende Feedback. Das zeigt deutlich, wie gefährlich es ist, wenn die Politik regulierend in den Markt eingreift und damit die Preise verzerrt. Es ist interessant, dass auch in der heutigen gesellschaftspolitischen Diskussion immer wieder die Frage gestellt wird, ob ein Preis oder eine Entlohnung gerecht ist oder nicht. Letztlich ist die Frage vollkommen irrelevant, weil es kaum Einflussmöglichkeiten gibt bzw. diese in den meisten Fällen kontraproduktiv sein werden. Die Neoklassik mag auf den ersten Blick nicht die gleichen bahnbrechenden Erkenntnisse oder Ideen hervorgebracht haben wie die vorangegangenen Ökonomengenerationen. Auch wenn die Texte recht nüchtern erscheinen, eröffnen sie doch den Zugang zu einem modernen Verständnis der Ökonomie als Wissenschaft. Aber alles Nachfolgende wäre ohne die Neoklassik nicht denkbar gewesen. Keynes kann in diesem Sinne – obwohl er stets als Gegenspieler gesehen wird – weitgehend dem Liberalismus zugeordnet werden, weil er zwar staatliche Eingriffe fordert, aber die Privatwirtschaft nicht in Frage stellt. In vielerlei Hinsicht prägt er heute noch den wirtschaftspolitischen Diskurs, da seinen Ausführungen trotz des weitgehenden Fehlens empirischer Erfolgsbeweise schlicht Gültigkeit unterstellt wird. Der Appell kann hier nur lauten, dass Wirtschaftspolitik mehr (objektive) Empirie und weniger (ideologisch motivierte) A-priori-Annahmen braucht.

Welche Bedeutung Mises heute noch hat, ist schwer zu sagen. Methodisch hat das, was er geschrieben hat, nur wenig mit Wirtschaftswissenschaft zu tun, die sich als empirische Sozialwissenschaft begreift. Auch inhaltlich kann der radikal-libertäre Ansatz, der jede soziale und politische Dimension ausblendet, wenig bieten, das heute noch Relevanz hat. Mises gebührt die Anerkennung, das Konzept des Grenznutzens auf das Geldphänomen angewandt und damit die Geldmenge als Ursache für Inflation erkannt zu haben. Dass die Hyperinflation in Österreich 1922 gestoppt werden konnte, ist auch diesen Überlegungen zu verdanken. Auch das Konzept der Konjunkturzyklen ist wichtig, wenn auch aus empirischer Sicht nicht unumstritten. Aber die letzten Jahre haben gezeigt, dass wohl tatsächlich auf Phasen »billigen« Geldes konjunkturelle Einbrüche folgen. Diese Einbrüche sind zweifellos Ergebnis der Wirtschaftspolitik des letzten Jahrzehnts.

Hayek und Friedman stehen heute beispielhaft für soziale Kälte und die Exzesse eines vermeintlichen entfesselten Raubtierkapitalismus. Ohne Zweifel stand das Vereinigte Königreich in den 1970er-Jahren wirtschaftlich und politisch am Abgrund. Ohne Zweifel war es in dieser Situation wichtig, dass sich die Konservativen unter Thatcher nach dem planlosen Experimentieren in der Wirtschaftspolitik unter den Vorgängerregierungen ein klares Profil gaben. Aber die Härte, mit der die Veränderungen in kurzer Zeit durchgesetzt wurden, führten zu massiven gesellschaftlichen Verwerfungen, die bis heute nachwirken. Gerade der Rückzug des Staates und die Privatisierung bestimmter staatlicher Aufgaben führten dazu, dass es oft wenig Kontrolle gab und dass sich die Lebensbedingungen regional stark verschlechterten. Die zur gleichen Zeit in den USA implementierte Variante der Angebotspolitik, die unter dem Namen Reagonomics bekannt wurde, funktionierte zwar kurzfristig, hinterließ jedoch einen finanz- und wirtschaftspolitischen Scherbenhaufen. Dennoch liegt die Bedeutung des Thatcherismus und der Reagonomics für die heutige Zeit darin, dass sie auch gegen den Zeitgeist definierten, was staatliche Kernaufgaben sind und was nicht. Gerade in Krisenzeiten wird der Ruf nach einem starken Staat immer lauter. Abweichende Stimmen sind oft eine Minderheit. Dabei ist es nicht nur legitim, sondern wichtig zu berücksichtigen, was der Staat überhaupt generationengerecht leisten kann und welche Einschränkungen bürgerlicher Freiheitsrechte damit einhergehen.

Eucken ist einer der einflussreichsten ökonomischen Denker des 20. Jahrhunderts. Es ist nicht so, dass er bahnbrechend neue Dinge feststellt oder fordert. Er betrachtet die Gesellschaft als ein System, in dem die Wirtschaftsordnung eine Rolle spielt. Sie ist Teil einer Gesamtordnung und was richtig oder falsch ist, entscheidet sich im Kontext dieser Gesamtordnung. Eucken weist in historischer Betrachtung nach, dass angesichts der Komplexität der heutigen Wirtschaft und Gesellschaft eine zentrale Steuerung der Wirtschaft nicht funktionieren kann und dass es keine Alternative zu einer Marktwirtschaft gibt – das Ende der sozialistischen Planwirtschaften des Ostblocks hat diesen Befund nachdrücklich bestätigt. Aber er stellt auch fest, dass diese Marktwirtschaft klare Regeln braucht, die die Entstehung asymmetrischer Machtverhältnisse verhindern. Er erkennt, dass ökonomische Macht auch faktische Macht schafft, die dann die Freiheitsrechte anderer in Frage stellt. Mit dem Ordoliberalismus verbindet sich vor allem die Warnung vor wirtschaftspolitischen Experimenten, die nicht in eine Gesamtordnung eingebettet sind. Es wäre zu wünschen, dass sich diese Erkenntnis bei den (wirtschafts-)politischen Verantwortungsträgern durchsetzt.

Fast allen wirtschaftsliberalen Ökonomen ist gemein, dass sie sich in Theorie und Praxis intensiv mit der Definition von staatlichen Kernaufgaben und ihren Implikationen beschäftigen. Die Bandbreite der diesbezüglichen Überlegungen ist groß: Das eine Extrem wird von Mises markiert, der heute identitätsstiftend nicht nur für rechte Libertäre in den USA ist. Am anderen Ende steht Keynes, der glaubt, mit staatlichen Ausgabenprogrammen Konjunktur und Wachstum stimulieren zu können. Alle sind sich dahingehend einig, dass eine funktionierende Marktwirtschaft ein starkes Rechtswesen braucht und die Machtmittel, um dies durchzusetzen. Unumstritten ist auch die äußere Sicherheit. Um diesen Aufgaben nachzukommen, benötigt der Staat Ressourcen. Daher sind sich auch alle einig, dass der Staat hierfür Steuern erheben muss. Jedoch müssen Steuern und Abgaben geringgehalten werden, um die ökonomische Selbstbestimmung des Bürgers nicht zu gefährden. Steuern dienen dem ausschließlichen Zweck, die Einnahmen des Staates zur Wahrnehmung seiner Kernkompetenzen sicherzustellen. An diesem Punkt sieht man aktuell die größte Diskrepanz zur politischen Realität. Die Last an Steuern und Abgaben nimmt stetig zu, weil der Staat immer mehr Aufgaben an sich zieht. Es ist kein klares Staatsverständnis zu erkennen, das eine Begründung dafür liefern würde, weshalb der Staat Aufgaben übernehmen sollte, die er in der Vergangenheit nicht hatte. Damit ist keine Wertung verbunden, ob dies richtig oder falsch ist. Es ist vielmehr ein Beleg dafür, was Eucken als »Experimentieren«, also Agieren ohne normative Grundlage, beschreibt. Seit den 1990er-Jahren werden in Deutschland zunehmend Steuern als politisches Gestaltungsinstrument eingesetzt. So bedeutet etwa die aktuell vieldiskutierte Klimapolitik vor diesem Hintergrund zumeist wachsende Besteuerung. Letztlich befeuern diese Steuern auch die Binneninflation. Man kann die These in den Raum stellen, dass das Erstarken extremer politischer Kräfte in Deutschland mit den Existenzängsten zusammenhängt, die auch durch diese Fiskalpolitik erzeugt werden. Die kritische Betrachtung staaticher (Kern-)Kompetenzen und dabei insbesondere die Rolle von Steuern ist sicherlich einer der wichtigsten Denkanstöße, den die Klassiker heute geben können.

Im Gegensatz zu anderen Wissenschaften gibt es in der Ökonomie als Sozialwissenschaft nur wenige Aussagen, die per se richtig oder falsch sind. Die Wissenschaft vermag nur nach Mittel-Zweck-Relationen zu fragen. Sie kann und darf nicht den Zweck als wissenschaftliche Erkenntnis verkaufen. Die Betrachtung der wirtschaftsliberalen Denker hat gezeigt, dass genau dort das große Problem liegt. Grundsätzlich gehen fast alle von einem minimalistischen Staatsverständnis aus. All das, was der Staat im Namen des Guten leisten sollte, muss allerdings auch in Form von Steuern und Abgaben finanziert werden. Gerade darin liegt die Gefahr, dass der Staat die erzielten Mehreinnahmen eben nicht für Investitionen nutzt, sondern für konsumtive Ausgaben, die keinen Mehrwert für die Gesellschaft als Ganzes darstellen. Ein Beispiel hierfür ist das Bürgergeld in seiner jetzigen Form.

Ohne Zweifel muss jeder eine menschenwürdige Existenz führen können. Die schweren gesellschaftlichen Verwerfungen im Vereinigten Königreich als Folge der radikalen Wirtschaftspolitik der Thatcher-Jahre sind sicherlich nicht erstrebenswert. Ganze Bevölkerungsgruppen und Regionen wurden wirtschaftlich und gesellschaftlich abgehängt. Doch Strategie – das ist Politik – ist eine Ökonomie der Kräfte. Da die Einnahmen des Staates nicht endlos gesteigert werden können, müssen Mehrausgaben in einem Bereich durch Kürzungen in einem anderen kompensiert werden. Ohne nun inhaltlich dazu Stellung beziehen zu wollen, welche Prioritäten die Politik setzen sollte, muss eine klare Lektion aus dieser Betrachtung sein, dass wirksame Politik jenseits von Einzelinteressen zu einer ganzheitlichen Betrachtung kommen muss. Vor allem muss die Politik anerkennen, dass sie nicht alles für jeden sein kann und darf.

Der klassische Liberalismus geht von Eigeninteresse als Motivation für das Handeln in Markt und Gesellschaft aus. Dem steht nun seit den 1990er-Jahren die Forderung nach einer Gemeinwohlorientierung ökonomischen Handelns entgegen. Demnach soll nicht mehr der ökonomische Erfolg die entscheidende Kennzahl sein, sondern der Beitrag des Handelns einer Organisation zum Gemeinwohl. Der Europäische Wirtschafts- und Sozialausschuss hat 2015 sogar empfohlen, die Gemeinwohlorientierung in den nationalen wie europäischen Rechtsrahmen zu integrieren. Doch genau hier zeigt sich wieder das Kernproblem normativer Ökonomie: Wie soll das Allgemeinwohl definiert werden? Gerade der Umgang mit dem globalen Süden zeigt, wie komplex das Thema ist. Das Gemeinwohl würde diktieren, dass der Ressourcenverbrauch durch Begrenzung der Bevölkerung und Zurückfahren des Konsums einzuschränken ist. Haben wir das Recht, ganzen Nationen, bei denen es durchschnittlich deutlich weniger Wohlstand gibt, Verzicht zu predigen? Würde das dort Akzeptanz finden? Gleichzeitig bewegt sich etwas bei dem Thema, denn immer mehr Unternehmen erstellen Gemeinwohlbilanzen. Ob dies nun aus ethischer Verantwortung geschieht oder aber weil relevante Stakeholder Corporate Citizenship erwarten, ist natürlich schwer zu beantworten.

Aus empirischer Sicht kann man festhalten, dass Kommunismus und Sozialismus gescheiterte Konzepte sind. Die entsprechenden Regime waren weder ökonomisch noch sozial und erst recht nicht ökologisch nachhaltig und sind deshalb kollabiert. Dennoch gab es immer wieder Gläubige, die feststellen, dass es bisher nie richtigen Sozialismus gegeben hätte, dass aber dieses Mal alles funktionieren würde – bis zum nächsten Scheitern. (Jdanoff 2023, S.139 ff.) Das ist jedoch nur die halbe Wahrheit. Auch wenn die Ergebnisse nicht so verheerend waren, sind doch auch die radikal marktliberalen Utopien im Geiste Hayeks oder Friedmans gescheitert.

Die große Frage ist, welchen Effekt wirtschaftsliberale Politik denn konkret hat. Letztlich geht es dabei um die Frage, ob eine solche Politik das Gemeinwohl fördert. Stabilisieren oder destabilisieren ein staatlicher Rückzug bzw. Deregulierung die Demokratien oder nicht? Gibt es vielleicht sogar einen Zusammenhang zwischen wirtschafts- und sozialpolitischem Engagement des Staates und einem Erstarken der politischen Ränder? Finden bestimmte Investitionen ohne den Staat überhaupt statt? In diesen Kontext gehört auch die aktuell intensiv diskutierte Frage nach der Staatsverschuldung. Ist die Schuldenbremse einzuhalten oder nicht? Ist eine hohe Staatsverschuldung generationengerecht und ökonomisch nachhaltig? Oder kann ein antizyklisches Verhalten des Staates die Wirtschaft stimulieren? Wo liegt der Unterschied zwischen Geld ausgeben und investieren? Betrachtet man den politischen und auch wirtschaftswissenschaftlichen Diskurs in Deutschland, so dominieren folgende Themen:

- Gerechtigkeit,
- Angst vor Verelendung,
- Ressourcenverbrauch/ Nachhaltigkeit,
- Freihandel/ europäischer Wirtschaftsraum,
- Steuerbelastung und Verschuldung.

Die oberen 10 Prozent der Vermögenden in Deutschland besitzen etwa 60 Prozent des Gesamtvermögens. Die unteren 50 Prozent verfügen hingegen nur über 2,3 Prozent des Gesamtvermögens. Damit liegt Deutschland in Europa etwa im Mittelfeld. (BMWK 2024, online) Dies wirft die Frage auf, die schon Locke und Hobbes gestellt haben, nämlich wie viel Ungleichverteilung gesellschaftlich bzw. wirtschaftlich schädlich ist. Marcel Fratzscher stellt die Thesen auf, dass große Ungleichheit das Wirtschaftswachstum hemmt, schädlich für den Vermögensaufbau ist, das volkswirtschaftliche Humankapital mindert, Verteilungskämpfe fördert und letztlich Bürger in Abhängigkeiten vom Staat manövriert, wodurch die persönliche Freiheit eingeschränkt wird. (Fratzscher 2017, S. 80 ff.) Tatsächlich fließen in Deutschland sehr hohe Summen in staatliche Transferleistungen, die dazu dienen sollen, soziale Ungleichheit abzumildern. Der Etat des Bundesministeriums für Arbeit und Soziales liegt 2024 bei 176 Milliarden Euro mit stetig steigender Tendenz. (Bundestag 2024, online) Auch wenn die statistische Validität der EZB-Studie zu den Privatvermögen im europäischen Vergleich kritisiert werden kann (Gigrenzer et al. 2024, online), ist das deutsche Rentenniveau bei vergleichsweise niedrigen Haushaltsvermögen gering. In Europa ist Frankreich die große Ausnahme, da es dort keine Beitragsbemessungsgrenzen bei der Rente gibt und Franzosen daher 100 Prozent ihrer Altersbezüge aus den staatlichen Rentenkassen beziehen. Es ist jedoch längst bekannt, dass dieses System nicht nachhaltig ist und unter einem jahrzehntelangen Reformstau leidet. (Lissek 2023, online) Betrachtet man Staaten mit höheren Privatvermögen oder Ruhestandseinkünften als in Deutschland, so wird deutlich, dass die Antwort nicht mehr Staat ist, sondern dass die Vermögen in vielen Fällen durch eine private Komponente der Altersvorsorge zustande kommen. Wenn jedoch schon bei den Einkommen eine große Ungleichheit besteht, sinkt natürlich die Sparquote und die betroffenen Haushalte sind stärker von konjunkturellen Folgen betroffen als andere. Da in Deutschland im Vergleich zu anderen Ländern Einkünfte aus Arbeit stärker besteuert werden als Vermögen (Bundestag 2020, online), ist die Sparquote gerade bei den unteren Einkommen gering. Dies führt wiederum zu deutlich höheren Transferleistungen insbesondere im Alter. Der größte Posten im Etat des Ministeriums für Arbeit und Soziales entfällt auf Ausgleichszahlungen für Rentner. Die Bezieher geringerer Einkommen beteiligen sich weniger am Konsum, was den Binnenmarkt schwächt, und sind anfälliger für die Folgen von Inflation. Letztlich gefährdet die Ungleichheit auch die gesellschaftliche Teilhabe auf allen Ebenen. Dies wiederum führt dazu, dass extremistische politische Kräfte erstarken, weil sie genau diese Ängste thematisieren. Zum Zeitpunkt der Drucklegung dieses Buchs wurde das sogenannte Bürgergeld bzw. dessen Höhe sehr kontrovers diskutiert. Diese Debatte zäumt jedoch das Pferd vom Schwanz auf. Die grundlegende Frage ist zuerst, wie die Notwendigkeit von Transferleistungen möglichst vermieden werden kann, auch weil diese Ungleichheit in der Regel über Generationen weitergetragen wird, wie ja die Debatte um Bildungsgerechtigkeit zeigt. (Edelstein 2024, online)

Es ist im Wesentlichen unumstritten, dass der Freihandel wirtschaftsgeschichtlich mehr Nutzen als Nachteile gebracht hat. Die Entwicklung der Wirtschaft exportorientierter Länder nach der Euro-Einführung hat ebenfalls gezeigt, dass der gemeinsame Wirtschaftsraum vorteilhaft ist. Die Folgen des Brexit (Biesinger 2024, online) lassen darauf schließen, dass ökonomischer Isolationismus volkswirtschaftlich schädlich ist. Dennoch werden die Rufe nach einer protektionistischen Wirtschaftspolitik in vielen Ländern immer lauter. Donald Trump fordert »America first«, will Freihandelsabkommen aufkündigen und die US-Wirtschaft mit Zöllen schützen. In Deutschland reden populistische Kräfte eine Deindustrialisierung herbei und fordern entsprechende Maßnahmen von der Politik. Welche Folgen hätte es, wenn man nun durch protektionistische Maßnahmen z. B. die Textilproduktion in Deutschland schützen wollte? Es dauert etwa 2,5 Stunden, ein Herrenhemd zu nähen. Der Mindestlohn liegt bei 12,41 Euro.[18] Inklusive Lohnnebenkosten wären das dann rund 46 Euro Lohnkosten. Dazu kommen die Materialkosten in Höhe von ca. 12 Euro (kalkulatorische Kosten für Maschinen etc. bleiben bei dieser Betrachtung außen vor). Damit lägen die reinen Herstellungskosten bei rund 58 Euro. Der Handel kalkuliert in der Regel mit dem Faktor 2,5, so dass der Netto-Verkaufspreis bei 174 Euro läge. Das würde das Budget besonders derjenigen mit geringen Einkommen übermäßig belasten, ohne dass diese daraus einen Mehrwert erfahren. Es ist auch unsinnig, vor diesem Hintergrund die Einfuhr von günstiger produzierten Hemden aus dem Ausland zu reglementieren. Die Frage kann also nicht sein, ob man diesen Wandel verhindert, sondern wie man ihn gestaltet. Gabriel Felbermayr sieht gerade im Bereich der Gestaltung des Transformationsprozesses eine zentrale Aufgabe der EU, die diese jedoch nur dann bewältigen kann, wenn sie einen großen und attraktiven Binnenmarkt hat. (Felbermayr 2024, S. 141)

Leider liegt es in der Natur der Sache, dass Populisten meist tatsächlich existierende Probleme oder Risiken ansprechen. Natürlich gibt es unfaire Praktiken im internationalen Handel. Dies können Dumpingpreise sein, offene oder versteckte

---

18 Der Mindestlohn ist im Grunde genommen eine Anomalie in der deutschen Wirtschaft. Artikel 9, Absatz 3 GG regelt die Tarifautonomie. Arbeitgeber- und Arbeitnehmervertreter können Verträge abschließen, die dann Gesetzescharakter haben, also sogenannte Tarifverträge. Da die Zahl der Unternehmen, die arbeitskostenbedingt aus der Tarifbindung aussteigen müssen, dramatisch angestiegen ist, funktioniert diese Rechtsordnung nur noch bedingt und musste daher durch das Instrument des Mindestlohns ergänzt werden.

Subventionen, niedrigere Standards bei Umweltschutz und Arbeitssicherheit, ausbeuterische Arbeitsverhältnisse, Hindernisse bei der Einfuhr von Gütern etc. 2024 wurden daher Zölle auf chinesische Elektro-Autos erhoben. Es mag tatsächlich eine legitime Sorge sein, dass man durch unfaire Praktiken aus einem Zukunftsmarkt gedrängt werden kann. Die Antwort ist hier jedoch auf keinen Fall weniger EU. Der Binnenmarkt ist so groß, dass die EU eine stärkere Verhandlungsposition hat als jeder einzelne Staat. Das Problem ist jedoch die fehlende Rechtsordnung. Felbermayr weist darauf hin, dass die EU zwar mit 80 Staaten bilaterale Handelsabkommen hat, nicht jedoch mit ihren wichtigsten Partnern, nämlich USA, China, Indien und Brasilien – hier gilt WTO-Recht. (Felbermayr 2024, S.135) Er stellt jedoch auch fest: »Die WTO bietet nicht mehr die Rechtssicherheit, die sie bieten sollte.« (Felbermayr 2024, S.136) Gleichzeitig ist die EU in ihren Forderungen oft wenig konsequent. Man denke hier nur an die nicht enden wollende Diskussion über das Lieferkettengesetz. Es gibt also keine Alternative zum internationalen Freihandel. Wie Eucken schon festgestellt hat, endet die Vertragsfreiheit dort, wo sie die Marktordnung gefährdet. Es ist letztlich global betrachtet wenig sinnvoll, sich selbst hohe Standards im ökologischen und sozialen Bereich zu setzen, wenn diese nicht in die Handelsbeziehungen einfließen. Die EU wird es jedoch nur dann schaffen, ihre Standards durchzusetzen, wenn sie zum einen eine klare Strategie verfolgt und zum anderen einen Binnenmarkt hat, der so attraktiv ist, dass er zur handelspolitischen Verhandlungsmasse taugt.

Das Dilemma moderner Politik spiegelt sich im Diskurs zwischen John Rawls und Robert Nozick wider. Rawls schrieb 1971 »A Theory of Justice«, also zu einem Zeitpunkt, an dem soziale Fragen im Fokus der gesellschaftlichen und politischen Debatte standen und linke Positionen versprachen, Verkrustungen aufzubrechen. Man denke hier nur an den Slogan der SPD »Mehr Demokratie wagen« aus dem Jahr 1969. Dennoch wird Rawls Werk dem politischen Liberalismus zugeordnet, weil es sich sehr stark mit dem Individuum und seinen Rechten bzw. Pflichten in der Gesellschaft beschäftigt. (Gosepath 2021, online) Es geht also um die »Freiheit zu«, auch wenn die Mittel mit dem Liberalismus schwer vereinbar sind. Die Prämisse von Rawls ist, dass eine Gesellschaft für alle gerecht sein muss und eben den utilitaristischen Ansatz des größtmöglichen Nutzens für die größtmögliche Zahl in Frage stellt. (Rawls 2020, S. 18) Er ist ein Vertreter der Idee des Gesellschaftsvertrags. Eine Gesellschaft ist nur dann gerecht, wenn die Vertragspartner sich auf Regeln einigen, die ungeachtet ihrer Position in der Gesellschaft gelten. Es muss also auch dann Gerechtigkeit geben, wenn »his enemy were to assign him his place« (Rawls 2020, S. 32). Sie müssen also nach objektiven Kriterien gerecht sein, d. h. Ungleichheit darf es nur dann geben, wenn sie allen nutzt. Jeder muss also die gleichen Freiheitsrechte (Rawls 2020, S. 18), aber auch die gleichen Pflichten haben (Rawls 2020, S. 56) Auch soziale Ungleichheiten sind nur dann zu dulden, wenn sie allen Beteiligten Nutzen bringen und jeder freien Zugang zu Positionen und Ämtern hat. Gerechtigkeit heißt für ihn Verfahrensgerechtigkeit, also eine Regulierung von Interaktionen, wie sie schon Eucken forderte. Seine Vorstellung einer gerechten Gesellschaft ist paretooptimal, das Besserstellen einer Person stellt damit eine andere Person nicht schlechter. Der Grundgedanke der Chancengleichheit durch Verfahrensgerechtigkeit ist in der sozialliberalen Politik identitätsstiftend. Es ist also – gerade in Abgrenzung zu Hayek – eine staatliche Kernaufgabe, diese Chancengleichheit sicherzustellen. Daher ist für Rawls auch eine gerechte Verteilung von Ressourcen notwendig, also eine Umverteilung. Eine Bevorteilung von Leistungsträgern lehnt er ab, denn diese würde ja den anderen Mitgliedern der Gesellschaft keinen Vorteil bringen. (Rawls 2020, S. 80 ff.) Eine gerechte Gesellschaft ist für ihn Selbstzweck und nicht an ökonomische Faktoren gebunden. Es mag nun sicherlich Diskussionen darüber geben, ob und wie weit der Staat dabei gehen kann und muss, aber der Grundgedanke, dass staatliches Handeln zu mehr Fairness führen muss, ist Konsens.

Heute stellen die meisten Menschen deutlich andere Ansprüche an staatliches Handeln. Anders als im Wirtschaftsliberalismus wird ein Staat gefordert, der regulierend und gestaltend eingreift. Der Staat regelt also nicht mehr das Rechtsverhältnis zwischen einzelnen Interessengruppen, sondern wird aktiv zum Anwalt bestimmter Gruppen, die dann gefördert werden oder Sonderrechte bekommen. Man kann hier das Thema Geschlechtergerechtigkeit als Beispiel heranziehen. Dass alle Menschen die gleichen Rechte haben, ist heute selbstverständlich. Wenn also nicht alle Menschen im gleichen Maße partizipieren, wird postuliert, dass die Rechte einer oder mehrerer Gruppen verletzt wurden. Also wird gefordert, dass der Staat nun eingreift, z. B. in Form von Antidiskriminierungsgesetzgebung, Förderungen spezieller Gruppen oder aber durch Diskriminierung in Form von Quoten. Das alles bedeutet Eingriffe in Entscheidungsprozesse autonom handelnder Marktteilnehmer. Letztlich ist also die Frage zu beantworten, welche Eingriffe in Freiheitsrechte durch Verletzung von Freiheitsrechten gerechtfertigt sind. Ohne nun auf die Rutschbahntaktik von Mises eingehen zu wollen, dass jeder Eingriff zwangsläufig eskaliert und/ oder in den Sozialismus mündet, muss man festhalten, dass gleichzeitig niemand eine Antwort darauf hat, wo denn Grenzen zu ziehen sind. Es ist eine vollkommen korrekte Feststellung, dass z. B. Frauen in bestimmten Positionen unterrepräsentiert sind. Allerdings sind auch andere Gruppen (z. B. Ostdeutsche, Behinderte, sozial Benachteiligte oder Menschen mit Migrationshintergrund) hier unterrepräsentiert. Wo hört man nun mit regulierenden Eingriffen oder Quotierungslösungen auf? Oder anders formuliert: Wie erklärt man einer Gruppe, dass ihre Teilhabe weniger wichtig ist als die einer anderen? Muss ein Parlament dann überhaupt noch gewählt werden oder quotiert man einfach nach Bevölkerungsgruppen? Wie demokratisch und frei ist eine Gesellschaft dann noch, wenn sie maximal inklusiv ist? Man muss auch die grundsätzliche Frage stellen, wie demokratisch die Prozesse der Priorisierung sind, wenn sie losgelöst von Marktteilnehmern stattfinden? Wessen Themen haben Priorität? Diejenigen der Mehrheit oder von Gruppen mit dem größten medialen, politischen und gesellschaftlichen Einfluss? Kann man rational erklären, warum das Thema Transsexualität in einer der größten wirtschaftlichen Krisen der Bundesrepublik Priorität haben soll? Auch Wahlen sind Marktgeschehen, nämlich im Markt der Ideen.

Nozick hingegen beruft sich auf das Konzept des Gesellschaftsvertrags, in dem das Individuum absolute Freiheit gegen Sicherheit eintauscht. (Nozick 2013, S. 8 ff.) Insofern müssen Eingriffe des Staates möglichst gering sein. Er verwirft den Umverteilungsgedanken mit der Maxime, dass im Recht ja auch das Prinzip gelte, dass eher Schuldige nicht bestraft als Unschuldige bestraft werden.(Nozick 2013, S.96) Damit argumentiert er tatsächlich für den »Nachtwächterstaat«. Er stellt die provokante Frage: »Why must differences between persons be justified?« (Nozick 2013, S. 223) Die Beseitigung von Ungleichheit ist für ihn keine staatliche Aufgabe. Insofern kann Gerechtigkeit für ihn nur eine Verfahrensgerechtigkeit sein. Ein Gut, das man legal erworben hat, ist Eigentum, auf das niemand anderes einen Anspruch hat, es sei denn man schließt mit dieser Person einen Handel ab. Kein anderer Weg des Erwerbs von Eigentum ist zulässig. (Nozick 2013, S. 171 ff.) Der Minimalstaat hat nur dann einzugreifen, wenn Leib, Leben oder Eigentum bedroht sind. »My property rights in my knife allow me to leave it where I will, but not in your chest.« (Nozick 2013, S. 171)

Der These von Rawls, dass Gerechtigkeit der Ungleichheit immer vorzuziehen ist (also im Prinzip »Armut für alle«) steht heute weniger ein Laissez-faire-Liberalismus entgegen als vielmehr ein Protektionismus der eigenen Interessen, in dem andere von Teilhabe ausgegrenzt werden sollen, um die eigene materielle Sicherheit nicht zu gefährden. Das ist die Sozialpolitik der Populisten. Für die Politik besteht die große Herausforderung darin, einen Weg zwischen diesen Extremen zu finden. Der kann jedoch nicht darin bestehen, dass immer wieder einzelne Interessensgruppen bedient werden. Hier ist eine systemische Lösung gefragt.

Aus ökologischer Perspektive wird im Kapitalismus gern die alleinige Ursache der Klimakrise gesehen, weil er auf stetigem Wachstum und damit steigendem Ressourcenbedarf beruht. Es wurde bereits darauf hingewiesen, dass Wachstum im Sinne einer Steigerung des Outputs notwendig ist, solange die Weltbevölkerung wächst. Solange die Kapitalismuskritik nicht beantworten kann, wie ohne stetiges Wachstum eine Welt mit etwa 8 Milliarden Menschen versorgt werden soll, kann man sie getrost als widerlegt betrachten. Aber selbst Claus Leggewie und Harald Welzer, die Individualverkehr mit Heroinsucht vergleichen (Leggewie, Welzer 2011, S. 177 f.), halten die Herausforderungen der Dekarbonisierung der Wirtschaft für mit marktwirtschaftlichen Instrumenten lösbar. Sie grenzen sich deutlich von Anthony Giddens Forderung ab, dass der Staat in dieser Krisensituation ein wirtschaftlicher Akteur werden muss. (Leggewie, Welzer 2011, S.131) Sie konstatieren, dass die notwendigen Infrastrukturinvestitionen nur durch den Staat geleistet werden können, was aus einer historischen Betrachtung auch sinnvoll zu sein scheint. Sie kritisieren jedoch, dass der Staat sehr undiszipliniert mit finanziellen Ressourcen umgeht. Konkret bedeutet dies, dass staatliche Förderprogramme eben nicht nur für Investitionen genutzt werden, sondern auch als Ausgaben eingesetzt werden, um bestimmte Interessensgruppen zu bedienen. Leggewie und Welzer führen hier vor allem die in jeder Hinsicht sinnlose Pkw-Abwrackprämie aus dem Jahr 2009 als Beispiel an. (Leggewie, Welzer 2011, S. 118) Sie postulieren, dass bei einer gezielten Investition in den Markt erneuerbarer Energien dieser ein hochprofitabler Wirtschaftszweig werden könnte, der ökologische mit ökonomischer Nachhaltigkeit vereint. Dennoch liegt für sie ein grundsätzliches Marktversagen vor, weil Unternehmen nicht als *Corporate Citizens* agieren, sondern gesellschaftsschädliches Verhalten an den Tag legen und gleichzeitig eine Vergesellschaftlichung ihrer Risiken fordern. (Leggewie, Welzer 2011, S.111) Unter Bezugnahme auf Karl Polanyi fordern sie daher, dass die Wirtschaft stärker in die Regeln des sozialen Zusammenhalts eingebunden werden muss. Sie bleiben hier recht ungenau (wie das bei Utopien meist so ist), weisen aber auf den Widerspruch zwischen Ansprüchen an die Gesellschaft und des fehlenden Engagements für die Gesellschaft hin. (Leggewie, Welzer 2011, S. 108). Zwar stehen sie dem System des Zertifikathandels für Verschmutzungsrechte kritisch gegenüber, weil es sich um eine grundsätzliche ordnungspolitische Frage handelt. (Leggewie, Welzer 2011, S.109) Die Frage, ob ordnungspolitische Themen mit marktwirtschaftlichen Instrumenten einer Lösung zugeführt werden können und sollen, ist eine berechtigte. Dennoch sehen sie im Zertifikathandel prinzipiell ein sinnvolles Instrument, nicht zuletzt wegen seiner Einfachheit. Doch auch hier konstatieren sie vollkommen korrekt, dass eine Marktstörung vorliegt. Das Grundkonzept der Pigou-Steuern besteht ja darin, dass die Kosten, die der Allgemeinheit entstehen in voller Höhe vom Nutznießer getragen werden. Das würde natürlich bedeuten, dass die Kosten für Verschmutzungsrechte deutlich höher sein müssten, als sie eigentlich sind. Letztlich führen Dumpingpreise und die viel zu hohe Anzahl von im Umlauf befindlichen Zertifikaten dazu, dass das Instrument nicht greift. (Leggewie, Welzer 2011, S.109 ff.) Auch Hans-Werner Sinn weist in seinem Buch »Das Grüne Paradoxon« (2020) darauf hin, dass ein solches Steuerungsinstrument eigentlich nicht funktionieren kann, wenn der Endverbraucher kein Feedback zu seinem Verhalten bekommt, sondern die wirtschaftlichen Vorteile eines veränderten Verhaltens an ein Unternehmen fallen. Grundsätzlich zeigen diese Überlegungen aber – auch wenn die Autoren in ihren jeweiligen Forderungen oft sehr radikal sind – dass Marktwirtschaft, Kapitalismus und Klimaschutz keine Gegensätze sein müssen.

Die Wirtschaftskrise von 2008/09 hatte für Europa und damit auch für Deutschland gravierende Folgen. Als Reaktion auf die wirtschaftlichen Folgen der Anschläge vom 11. September 2001 weitete die Federal Reserve in den USA die Geldmenge dramatisch aus, was zu niedrigen Zinsen führte. Besonders bei Immobiliengeschäften wurden Darlehen im sogenannten Subprime-Bereich vergeben, also an Leute, die sich eine solche Finanzierung bei normalen Marktzinsen nicht hätten leisten können. In diese Geschäfte investierten auch europäische Banken. Wie Mises vorhergesagt hatte, platzte diese Blase natürlich und die Bank Lehman Brothers meldete Insolvenz an. Gleichzeitig wuchsen die Staatsschulden, da viel Geld für die Rettung von Banken aufgewendet wurde. Augenscheinlich hatten auch die Kontrollmechanismen in der Euro-Zone versagt und Griechenland war zahlungsunfähig. Auch Spanien, Portugal und Zypern waren stark überschuldet. Man beachte, dass hier kein Marktversagen vorliegt, sondern dass die Marktordnung unzureichend war. Die schlimmsten Befürchtungen der Euro-Gegner schienen wahr geworden zu sein. Hans-Werner Sinn, bis 2017 Leiter der Ifo-Instituts, kritisierte die zur Bewältigung der Krise eingeleiteten Maßnahmen scharf. Zum einen merkte er an, dass es ein grundsätzlicher Fehler war, aus der Finanzkrise einiger südeuropäischer Staaten eine Euro-Krise zu machen und damit die Währung als Ganzes in Frage zu stellen. Es hätte nationaler Lösungen bedurft. (Sinn 2010, online) Er stellt fest, dass die Euro-Staaten diese und auch die folgende Corona-Krise mit billigem Geld bewältigen wollten, also durch eine Erhöhung der Geldmenge und infolgedessen niedrigen bis keinen oder sogar negativen Zinsen. »Europa schwimmt im Geld, aber es ist deswegen nicht reich« (Sinn 2021, S. 16) und »die Wirtschaft und die Bürger erhielten Ersatzeinkommen aus der Druckerpresse.« (Sinn 2021, S. 16) Letztlich ist das genau die Politik, die zur ursprünglichen Wirtschaftskrise in den USA geführt hat. Im Prinzip versuchten die Regierungen damit also eine Art ökonomisches Perpetuum mobile zu schaffen. Gleichzeitig weist Sinn darauf hin, dass dies die einzige Möglichkeit war, den Kollaps des Bankensystems mit katastrophalen Folgen zu verhindern. Jedoch hätte die Geldmenge danach wieder reduziert werden müssen. (Sinn 2021, S. 18) Die EZB kaufte jedoch mit fiktivem Geld in großem Umfang Staatspapiere, um die im Maastricht-Vertrag festgeschriebene Inflation zu gewährleisten. Zwischen 2010 und 2015 kaufte die EZB für 200 Milliarden Euro Staatsanleihen der hochverschuldeten Länder. (Fischer 2015, online) Im Jahr 2023 waren es schon 2.802 Milliarden. (Statista 2024, online) Damit wurde im Euro-Raum die Trennung von Verantwortung und Haftung eingeführt, d. h. derjenige, der eine Entscheidung trifft, kann die Haftung dafür auf andere abwälzen, wenn die EZB zu einer machtlosen Zentralbank wird. (Bugdalle 2024, online) Die durch Niedrigzinsen finanzierten Anleihenkäufe hatten mehrere problematische Effekte: Zum einen kam dies für Menschen mit nicht inflationsgesicherten Einkommen und Vermögen einer Enteignung gleich. Zum anderen war ein risikoaffines Verhalten von Banken eine Konsequenz. Es wurden hochspekulative Investitionen getätigt und im Immobilienbereich Darlehen gewährt, die wie in den frühen 2000er-Jahren in den USA zu realistischen Marktkonditionen nicht finanzierbar gewesen wären. Dies wiederum führte zu einem überhitzten und hochspekulativen Immobilienmarkt. Die negativen Konsequenzen in der Bau- und Immobilienbranche sind deutlich spürbar. Auch hier wird wieder lautstark nach staatlicher Unterstützung gerufen, die in diesem Fall eher Teil des Problems denn der Lösung ist. Was passieren wird, wenn die Zinsfestschreibungen aus der Niedrigzinsphase auslaufen, wird sich noch zeigen. Letztlich kann man Sinn nur zustimmen, wenn er feststellt, dass die Euro-Zone seit 2008 in einer Dauerkrise ist, die immer noch andauert. (Sinn 2021, S. 25)

Im Gegensatz zu den USA vermisst man in Europa bis heute eine Rechtsordnung, die eine Wiederholung der durch Überschuldung entstandenen Krise verhindert. (Sinn 2021, S. 245) Letztlich erleben wir einen Rückfall in das Denken von Keynes, wenn Politiker glauben, durch Schulden Wirtschaftswachstum erzeugen zu können. Sinn weist auch darauf hin, dass die EZB ein gesteigertes Interesse an der Verdrängung von Bargeld durch elektronisches Geld hat, da dieses nicht gelagert werden kann und damit einfach Negativzinsen durchzusetzen sind. (Sinn 2021, S. 392) Hier zeigt sich die zeitlose Relevanz gerade der österreichischen und der

Chicagoer Schule, nämlich die Erkenntnis, dass von einer Erhöhung der Geldmenge und den daraus resultierenden Niedrigzinsen ein sehr großes gesamtwirtschaftliches Risiko ausgeht. Vor allem aber wird hier wieder klar, wie wenig wirtschaftspolitische Entscheidungen auf Empirie beruhen. Schuldenfinanzierte Ausgaben haben oft einen geringen bis keinen Effekt. Sie können kurzfristig stabilisieren, aber kein langfristiges Wachstum auslösen. In keinem Fall sind sie generationengerecht. Man kann trefflich darüber streiten, ob das Folge der Theoriefeindlichkeit in der Politik ist oder aber ob das in den durch Legislaturperioden bedingt relativ kurzen Entscheidungszyklen liegt.

Auch wenn einige Punkte aus dem klassischen Wirtschaftsliberalismus heute widerlegt oder aber aufgrund des Wertewandels nicht mehr akzeptabel sind, hat gerade dieses Kapitel gezeigt, dass bei einer funktionierenden Rechtsordnung viele Probleme mit weniger Staat gelöst werden können.

Literatur

Allen, R. (2009) The British Industrial Revolution in Global Perspective. Cambridge University Press: Cambridge.
Allen, R. (2011) Global Economic History. Oxford University Press: Oxford.
Anger, C; Orth, K. (2016) Bildungsgerechtigkeit in Deutschland. Institut der deutschen Wirtschaft: Köln.
Anschutz, R. (o. J.) John Stuart Mill. Online: https://www.britannica.com/biography/John-Stuart-Mill, abgerufen am 16.2.2022.
Ball, T.; Loizides, C. (2021) John Stuart Mill. Online: https://plato.stanford.edu/cgi-bin/encyclopedia/archinfo.cgi?entry=james-mill, abgerufen am 12.6.2024.
Beck, K. (2006) Regierungserklärung. Online: https://www.gdp.de/gdp/gdprp.nsf/id/76E35B9FDFA4C974C125717F003E7D1A/$file/REGIERUNGSERKLÄRUNG-30-05-2006.pdf?open, abgerufen am 20.4.2023.
BMWK (2024) Vermögensungleichheit in Deutschland und Europa. Online: https://www.bmwk.de/Redaktion/DE/Schlaglichter-der-Wirtschaftspolitik/2024/03/05-vermoegensungleichheit-in-deutschland-und-europa.html, abgerufen am 2.9.2024
Bosehm; G.; Hulverscheidt, C. (2011) Der Professor ködert die Politik. Online: https://www.sueddeutsche.de/wirtschaft/radikales-steuer-konzept-kirchhof-koedert-die-politik-1.1113120, abgerufen am 20.2.2024.
Bowyer, J. (2012) Malthus and Scrooge: How Charles Dickens Put Holly Branch Through The Heart Of The Worst Economics Ever. Online: https://www.forbes.com/sites/jerrybowyer/2012/12/24/malthus-and-scrooge-how-charles-dickens-put-holly-branch-through-the-heart-of-the-worst-economics-ever/, abgerufen am 8.2.2022.
Boos, M. (1986) Die Wissenschaftstheorie Carl Mengers: biographische und ideengeschichtliche Zusammenhänge. Böhlau Verlag: Wien.
Bryson, B. (2003) A Short History of Nearly Everything. Doubleday: London.
Bugdalle, T. (2024) Die EU auf dem Weg zu einem zentralbankfinanzierten Superstaat? Online: https://www.flossbachvonstorch-researchinstitute.com/de/kommentare/die-eu-auf-dem-weg-zu-einem-zentralbankfinanzierten-superstaat/#:~:text=Der%20Bestand%20aller%20Anleihen%20in,der%20EZB%2DAnleihebest%C3%A4nde%20sind%20Staatsanleihen., abgerufen am 11.9.2024
Bullock, A.; Shock, M. (1985) Englands liberale Tradition. In: Gall, L.(1985) Liberalismus, Athenäum Verlag: Königstein, S. 254-282.
Bundesbank (2016) Geldpolitik kann Risikobereitschaft von Banken erhöhen. Online: https://www.bundesbank.de/de/aufgaben/themen/studie-geldpolitik-kann-risiko-bereitschaft-von-banken-erhoehen-664770, abgerufen am 20.4.2023.
Burckhardt, J. (1972) Staat und Kultur. Manesse Verlag: Zürich.
Caspari, V. (2008) Alfred Marshall. In: Kurz, H. (Hrsg.) Klassiker des ökonomischen Denkens, Band 1, Beck Verlag: München, S. 326-347.
Chesney, K. (1989) The Victorian Underworld. Penguin: London.
Child, L. (2019) Blue Moon. Bantam Books: New York.
Collins, J. (1997) It's not what you make, it's what you stand for. Online: https://www.jimcollins.com/article_topics/articles/its-not-what-you-make.html, abgerufen am 23.8.2021.
Claeys, G. (2022) John Stuart Mill. Oxford University Press: Oxford.
Dathe, U. (2014) Walter Eucken und die soziale Marktwirtschaft. Online: https://www.eucken.de/app/uploads/sites/2/2019/11/Dathe-Ausstellung-A5-mit-Schäuble-final_4.pdf, abgerufen am 16.4.2024.

Davies, R. (1973) Eine Theorie der Revolution. In: von Beyme, K. (Hrsg.) Empirische Revolutionsforschung, Verlag für Sozialwissenschaften: Wiesbaden, S. 185-204.
De Marchi, N. (2012) John Stuart Mill. In: Starbatty, J. (2012) Klassiker des ökonomischen Denkens. Nikol Verlag: Hamburg, 266-290.
De Souza, F. (2021) Keynes: The Object of Hayek's Passion? In: Cambridge Journal of Economics, 45(1), S. 1-18. Online: https://academic.oup.com/cje/issue/45/1, abgerufen 02.02.2024.
Disraeli, B. (1981) Sybil; or the two Nations. Oxford University Press: Oxford.
Dohmen, C. (2022) Aufstieg und Zerschlagung des Rockefeller-Konzerns. Online: https://www.deutschlandfunkkultur.de/rockefeller-konzern-monopole-100.html, abgerufen am 26.2.2024.
Donne, J. (o.J.) No Man is an Island. Online: http://www.poemswithoutfrontiers.com/No_Man_Is_an_Island.htmlhttp://www.poemswithoutfrontiers.com/No_Man_Is_an_Island.html
Dorney, J. (2016) The Great Irish Famine 1845-1851 – A Brief Overview. Online: https://www.theirishstory.com/2016/10/18/the-great-irish-famine-1845-1851-a-brief-overview/#.YaEaCGDMI2w, abgerufen am 25.11.2021.
Ebenstein, A. (2001) Hayek. Palgrave: New York.
Edelstein, B. (2023) PISA 2022: Wie Leistungsniveau und Chancengleichheit in Schulsystemen zusammenhängen. Online: https://www.bpb.de/themen/bildung/dossier-bildung/543509/pisa-2022-wie-leistungsniveau-und-chancengleichheit-in-schulsystemen-zusammenhaengen, abgerufen am 2.9.2024
Eckert, D. (2019) Wie der Sozialstaat die Armut anfacht. Online: https://www.welt.de/debatte/kommentare/article202997748/Rentenreform-Wie-der-Sozialstaat-die-Altersarmut-anfacht.html, abgerufen 6.8.2020.
Eckert, D.; Bauer, L. (1996) Die »soziale Frage« more geometrico beantwortet. In: Österreichische Zeitschrift für Geschichtswissenschaften, 7, S. 247-265. Online: https://doi.org/10.25365/oezg-1996-7-2-5, abgerufen am 27.6.2024.
Eggert, W. (o.J.) Laffer Kurve. Online: https://wirtschaftslexikon.gabler.de/definition/laffer-kurve-38286, abgerufen am 19.2.2024.
Eltis, W. (2012) David Ricardo. In: Starbatty, J. (Hrsg.) Klassiker des ökonomischen Denkens. Nikol Verlag: Hamburg, S. 188-207.
Eucken, W. (1972) Grundsätze der Wirtschaftspolitik. Rowohlt Verlag, Hamburg
Eucken, W. (1944) Die Grundlagen der Nationalökonomie. Gustav Fischer Verlag, Jena
Feess, E. (2018) Pigou Steuern. Online: https://wirtschaftslexikon.gabler.de/definition/pigou-steuer-42894/version-266234, abgerufen am 12.5.2022.
Felbermayr, G. (2024) Europa muss sich rechnen. Christian Brandstätter Verlag, Wien
Fischer, M. (2015) Der Euro wird zur Weichwährung. Online: https://www.wiwo.de/politik/europa/ezb-kauft-staatsanleihen-der-euro-wird-zur-weichwaehrung/11270104.html#:~:text=Die%20EZB%20hat%20seit%20Mai,nord-%20und%20mitteleurop%C3%A4ischen%20L%C3%A4ndern%20umstritten., abgerufen am 11.9.2024
Flammer, D. (2006) Léon Walras. Online: https://www.handelszeitung.ch/unternehmen/serie-okonomen-leon-walras, abgerufen am 23.3.2022.
Fonseca, G. (o.J.) Alfred Marshall. Online: https://www.hetwebsite.net/het/profiles/marshall.htm, abgerufen am 20.9.2022.
Fratzscher, M. (2022) Die unbegründete Angst vor der Lohn-Preis-Spirale. Online: https://www.zeit.de/wirtschaft/2022-04/lohn-preis-spirale-inflation-lohnerhoehung-mindestlohn, abgerufen am 12.5.2022.
Fratzscher, M. (2017) Verteilungskampf. Piper Verlag, München
Friedman, M. (1970) The Social Responsibility of Business is to Increase its Profits. Online: http://umich.edu/~thecore/doc/Friedman.pdf, abgerufen 10.8.2020.
Friedman, M.; Friedman, R. (1999) Two Lucky People. University of Chicago Press: Chicago.
Friedman, M. (2020) Capitalism and Freedom. University of Chicago Press: Chicago.
Furet, F.; Richet, D. (1988) Die Französische Revolution. Fischer Verlag: Frankfurt a.M.
Gigrenzer et. Al. (2024) Deutsche sind die armen Schlucker Europas. Online: https://www.rwi-essen.de/presse/wissenschaftskommunikation/unstatistik/detail/deutsche-sind-die-armen-schlucker-europas, abgerufen am 2.9.2024
Gropp, R.; Wix, C. (2019) Regulatorische Nachsicht: Unrentable Banken zu retten bremst langfristig das Wachstum. Online: https://www.iwh-halle.de/publikationen/detail/lang

fristige-konsequenzen-der-finanzkrise-20082009-nachsichtige-regulierung-schadet-flexible-loehn/1/, abgerufen am 12.5.2022.
Hartwich, O. (2009) »Neoliberalism: The Genesis of a political Swearword«. Online: https://www.cis.org.au/app/uploads/2015/07/op114.pdf, abgerufen 13.6.2018.
Hayek, F. (2007) The Road to Serfdom. University of Chicago Press: Chicago.
Heilbroner, R. (2021) Adam Smith. Online: https://www.britannica.com/biography/Adam-Smith, abgerufen am 15.2.2022.
Helbling, H. (1983) Die Zeit bestehen. Artemis Verlag: Zürich.
Henderson. D. (o.J.) Léon Walras. Online: https://www.econlib.org/library/Enc/bios/Walras.html, abgerufen am 23.3.2022.
Herrmann, U. (2017) Der Sieg des Kapitals. Piper Verlag: München.
Hill, C. (1969) The Pelican Economic History of Britain. Vol. II. Penguin Books: Harmondsworth.
Hobbes, T. (2017) Leviathan. Translated into Modern English by Jonathan Bennett. Online: https://www.earlymoderntexts.com/assets/pdfs/hobbes1651part1.pdf, abgerufen am 5.1.2022.
Hobsbawm, E. (2010) The Age of Capital. Phoenix Press: London.
Hobsbawm, E. (1977) The Age of Revolution 1789-1848. Abacus: London.
Hollander, S. (1987) Classical Economics. Blackwell: Oxford.
Hollander, S. (2015) John Stuart Mill: Political Economist. World Scientific: Singapur.
Hoppe, H. (2015) Ludwig von Mises und der Liberalismus. In: Polleit, T. (Hrsg.) Ludwig von Mises, FBV: München, S. 15-48.
Hradil, P. (2012) Historischer Rückblick. Online: https://www.bpb.de/politik/grundfragen/deutsche-verhaeltnisse-eine-sozialkunde/138003/historischer-rueckblick, abgerufen am 25.11.2021.
Hülsmann, J. (2007) Mises: The Last Knight of Liberalism. Ludwig von Mises Institute, Auburn
Hülsmann, J. (2021) Mises' Geldtheorie. In: Poller, T. (ed.) Ludwig von Mises, FBV, München, S. 134 ff.
Inhoofen, L. (2017) Mehrheit sieht Kapitalismus kritisch. Online: https://yougov.de/news/2017/08/24/mehrheit-sieht-kapitalismus-krimehrheit-sieht-kapi/, abgerufen am 18.8. 2020
Jdanoff, D. (2023) Die Renaissance des Marxismus. Kohlhammer Verlag: Stuttgart.
Jevons, W. (o.J.) A Primer on Political Economy. WealthofNation Publishing, o.O.
Keller, B. (o.J.) Lohn-Preisspirale. Online: https://wirtschaftslexikon.gabler.de/definition/lohn-preis-spirale-41219, abgerufen am 12.5.2022.
Keynes, J. (1923) A Tract on Monetary Reform. Online: https://ia903007.us.archive.org/15/items/tractonmonetaryr0000keyn/tractonmonetaryr0000keyn.pdf, abgerufen 14.4.2023.
Keynes, J. (1997) The General Theory of Empoyment, Interest and Money. Prometheus Books: New York.
Klaus, E. (2002) Die Brent-Spar-Kampagne oder: Wie funktioniert Öffentlichkeit? In: Röttger, U. (Hrsg.) PR-Kampagnen. Über die Inszenierung von Öffentlichkeit. SpringerGabler: Wiesbaden, S. 99-123.
Kleinschmidt, C. (2017) Wirtschaftsgeschichte der Neuzeit. C.H. Beck: München.
Klinckowstroem, W. (2024) Walter Eucken. Ein Leben für Menschenwürde und Wettbewerb. Mohr Siebeck: Tübingen.
Kocka, J. (2017) Geschichte des Kapitalismus. C.H. Beck: München.
Kosok, M. (1989) Revolutionen der Weltgeschichte. Kohlhammer Verlag, Stuttgart.
Kries, C.G. (1855) Ueber die Gemeindesteuern in England. In: Zeitschrift für die gesamte Staatswissenschaft / Journal of Institutional and Theoretical Economics. 11(1), S. 3-52. Online: https://www.jstor.org/stable/40735156?seq=3#metadata_info_tab_contents, abgerufen am 14.2.2022.
Krings, T. (2024) Strategische Unternehmensführung. 2. Auflage, Kohlhammer Verlag: Stuttgart.
Krings, T. (2020) Liberal sein im 21. Jahrhundert. Eine Spurensuche. GRIN Verlag: München.
Krugman, P. (2012) The Conscience of a Liberal. Online: https://archive.nytimes.com/krugman.blogs.nytimes.com/2012/05/01/miltons-paradise-lost/, abgerufen am 19.2.2024.

Le Goff, J. (1988) Wucherzins und Höllenqualen. Ökonomie und Religion im Mittelalter. Klett-Cotta: Stuttgart.
Lehnert, J. (o.J.) Friedrich Naumann und der Progressismus. Online: https://www.vr-elibrary.de/doi/10.7788/9783412506858-012, angerufen am 8.2.2022.
Locke, J. (2021) Two Treatises on Government. Cambridge University Press: Cambridge. Online: https://doi.org/10.1017/CBO9780511810268, abgerufen am 27.6.2024.
MacRae, D. (2021) Thomas Malthus. Online: https://www.britannica.com/biography/Thomas-Malthus, abgerufen am 15.2.2022.
Major. J. (2012) My old Man. HarperCollins: London.
Malthus, T. (2021) Collected Works of Thomas Robert Malthus. Strelbytskyy Multimedia Publishing.
Marcuzzo, M. (1990) Ricardo and the Gold Standard: The Foundations of the International Monetary Order. Palgrave Macmillan: Basingstoke.
Menger, C. (2014) Grundsätze der Volkswirtschaftslehre. Heptagon Verlag: Berlin.
Milford, K. (2008) Carl Menger. In: Kurz, H. (ed.) Klassiker des ökonomischen Denkens. C. H. Beck, München, S. 306 ff.
Mill, J. (1848) Principles of Political Economy (Ashley ed.). Longmans, Green, and Company., online: https://oll.libertyfund.org/title/mill-principles-of-political-economy-ashley-ed, abgerufen am 12.3.2022.
Mill, J. (1869). The Collected Works of John Stuart Mill, Volume XVII – The Later Letters 1849-1873 Part IV. University of Toronto Press, online: https://oll.libertyfund.org/title/mill-the-collected-works-of-john-stuart-mill-volume-xvii-the-later-letters-1849-1873-part-iv, abgerufen am 12.3.2022.
Mill, J. (2014) On Liberty. Enhanced Ebooks, ohne Ortsangabe
Mill, J. (2021) Utilitarianism. (Annotated) (English Edition) Princeton Press, Princeton.
Minter, S. (o.J.) Flat Rate Tax. Online: https://wirtschaftslexikon.gabler.de/definition/flat-rate-tax-35288, abgerufen am 4.1.2022.
Mises, L. (1953) The Theory of Money and Credit. Yale University Press: New Haven.
Mises, L. (1981) Socialism. Liberty Fund: Indianapolis.
Mises, L. (1998) Human Action. Online: https://mises.org/library/human-action-0/html/pp/613, abgerufen am 29.8.2023.
Morgan, D. (1986) A Short History of the British People. VEB Verlag Enzyklopädie: Leipzig.
Nozick, R. (2013) Anarchy, State and Utopia. Basic Books, Philadelphia.
Osterhammel, J. (2012) 1850 bis 1880. Online: https://www.bpb.de/izpb/142117/1850-bis-1880, angerufen am 13.1.2022.
o. V. (1998) William Stanley Jevons. Online: https://www.britannica.com/biography/William-Stanley-Jevons, abgerufen am 24.4.2022.
o. V. (2012) 7. September 1762 – Erste Lebensversicherung der Welt gegründet. Online: https://www1.wdr.de/stichtag/stichtag6914.html, abgerufen am 13.5.2022.
o. V. (2015) (1) Man muss eine große Fresse haben. Online: https://www.sueddeutsche.de/politik/die-sprueche-des-gregor-gysi-man-muss-eine-grosse-fresse-haben-1.2689672, abgerufen am 6.8.2020.
o. V. (2015) (2) Holzmann-Pleite wird abgeschlossen. Online: https://www.faz.net/aktuell/wirtschaft/13-jahre-nach-insolvenz-holzmann-pleite-wird-abgeschlossen-13922646.html, abgerufen am 2.9.2021.
o. V. (2016) (1) Merkantilismus. Online: https://www.bpb.de/nachschlagen/lexika/lexikon-der-wirtschaft/20111/merkantilismus, abgerufen am 18.8.2021.
o. V. (2016) (2) Grenzen des Wachstums. Online: https://www.bpb.de/nachschlagen/lexika/lexikon-der-wirtschaft/19548/grenzen-des-wachstums, abgerufen am 3.2.2022.
o. V. (2017) 11 Fakten zum Wohlstand in Deutschland. Online: https://www.insm.de/fileadmin/insm-dms/text/kampagne/gerecht-durch-marktwirtschaft/170519-INSM-Argueliner_Wohlstand-in-Deutschland.pdf, abgerufen am 14.7.2020.
o. V. (2018) Der Indianer als Prophet der Nachhaltigkeit – ein Mythos? Online: https://www.cenak.uni-hamburg.de/aktuelles/news/2018-05-09-news.html, abgerufen am 11.8.2020.
o. V. (2020) Lange vor Wirecard: Enrons gigantischer Bilanzbetrug. Online: https://www.capital.de/wirtschaft-politik/western-von-gestern-enrons-gigantischer-bilanzbetrug-wirecard, abgerufen am 19.8.2020.

o. V. (2022) (1) Firmengründungen 1850-1873. Aus den »Berliner Börsen-Papieren« von 1874. Online: https://ausstellungen.deutsche-digitale-bibliothek.de/preussen-reichsgruendung-1871/items/show/102, abgerufen am 14.1.2022.

o. V. (2022) (2) Léon Walras. Online: https://www.britannica.com/biography/Léon-Walras, abgerufen am 24.3.2022.

Pawlik, P. (2021) Auswirkungen des Mietendeckels in Berlin. Online: https://www.immobilien-aktuell-magazin.de/topics/auswirkungen-des-mietendeckels-in-berlin/#:~:text=18.03.2021%3A%20Die%20Einf%C3%BChrung%20des,auch%20als%20Mietendeckel%20bekannte%20Regelung., abgerufen am 12.5.2022.

Piekenbrock, D. (2008) Einführung in die Volkswirtschaftslehre und die Mikroökonomie. Physica Verlag: Heidelberg.

Plickert, P. (2019) Ein Marxist kurz vor der Macht. Online: https://www.faz.net/aktuell/wirtschaft/chance-auf-britischen-premier-was-will-jeremy-corbyn-16368597.html, abgerufen am 6.8.2020.

Polanyi, K. (2001) The Great Transformation. Beacon Press: Boston.

Popper, K. (1992) Die offene Gesellschaft und ihre Feinde 1. Mohr Siebeck: Tübingen.

Raphael, D. (1985) Adam Smith. Oxford University Press: Oxford.

Rawls, J. (2020) Justice as Fairness. Philipp Reclam Verlag, Ditzingen

Regling, K. (2017) Ordnungspolitik, die Währungsunion und der ESM, online: https://www.esm.europa.eu/sites/default/files/2017_06_21_kr_eucken_vorlesung_de_0.pdf, abgerufen am 16.4.2024.

Ricardo, D. (1996) Principles of Political Economy and Taxation. Prometheus Books: Amherst.

Rieff, N. (2015) Das habe ich nie gesagt. Online: https://www.diepresse.com/4835141/gefalschte-zitate-das-habe-ich-nie-gesagt, abgerufen am 10.8.2020.

Rogers, G. (o.J.) John Locke. Online: https://www.britannica.com/biography/John-Locke, abgerufen am 15.2.2022.

Samuelson, P. (1971) John Maynard Keynes. In: Recktenwald, H. (Hrsg.) Geschichte der politischen Ökonomie. Alfred Kröner Verlag: Stuttgart.

Sandbrook, D. (2011) State of Emergency: The Way We Were: Britain, 1970-1974. Penguin: London.

Schabbas, M. (1990) A World Ruled by Numbers. Princeton Legacy Library: Princeton.

Schmackpfeffer, P. (1999) Frauenbewegung und Prostitution : über das Verhältnis der alten und neuen deutschen Frauenbewegung zur Prostitution. Online: https://oops.uni-oldenburg.de/id/eprint/655, abgerufen am 25.11.2021.

Schubert, H. (2009) Anthropometrische Geschichte der Französischen Revolution. Springer: Heidelberg.

Schumpeter, J. (2008) Capitalism, Socialism and Democracy. HarperPerenial: New York.

Sethe, P. (1966) Deutsche Geschichte im letzten Jahrhundert. Scheffler Verlag: Frankfurt a. M.

Sinn, H. (2021) Die wundersame Geldvermehrung. Verlag Herder, Freiburg.

Sinn, H. (2010) Ich halte den Euro für stabil. Online: https://www.hanswernersinn.de/de/medienecho_13275470_ifointerview-nzz-23-05-10, abgerufen am 11.9.2024

Smith, A. (2010) The Wealth of Nations. A Selected Edition for the Contemporary Reader. Capstone: Chichester.

Sorell, T. (o.J.) Thomas Hobbes. Online: https://www.britannica.com/biography/Thomas-Hobbes, abgerufen am 15.2.2022.

Spengler, J. (2021) David Ricardo. Online: https://www.britannica.com/biography/David-Ricardo, abgerufen am 16.2.2022.

Statista (2024) Bestand des erweiterten Anleihekaufprogramms der EZB von März 2015 bis Dezember 2023. Online: https://de.statista.com/statistik/daten/studie/427660/umfrage/bestand-des-erweiterten-anleihekaufprogramms-der-ezb/, abgerufen am 11.9.2024

Stigler, G. (1982) Biographical. Online: https://www.nobelprize.org/prizes/economic-sciences/1982/stigler/biographical/, abgerufen am 16.2.2024.

Streissler, E. (2012) Carl Menger. In: Starbatty, J. (Hrsg.) Klassiker des ökonomischen Denkens. Nikol Verlag: Hamburg, S. 119-134.

Stuhr, A. (2009) Der nicht mit den Wölfen heulte. Online: https://www.manager-magazin.de/finanzen/artikel/a-619917.html, abgerufen am 10.6.2024.

Swiaczny, F. (2022) Bevölkerung und nachhaltige Entwicklung. Online: https://zeitschrift-vereinte-nationen.de/suche/zvn/artikel/bevoelkerung-und-nachhaltige-entwicklung, angerufen am 2.9.2024

Swift, J. (1729) A Modest Proposal. Online: https://www.gutenberg.org/files/1080/1080-h/1080-h.htm, abgerufen am 25.11.2021.

Starbatty, J. (2016) Die englischen Klassiker der Nationalökonomie. Kohlhammer Verlag, Stuttgart.

Skidelsky, R. (2003) John Maynard Keynes. London: Penguin.

Timmins, G. (2014) Working Life and the First Modern Census, online: https://www.bbc.co.uk/history/trail/victorian_britain/earning_a_living/working_life_census_01.shtml, abgerufen am 25.11.2021.

Tönnies, F. (1991) Gemeinschaft und Gesellschaft. Wissenschaftliche Buchgemeinschaft: Darmstadt.

Veblen, T. (2005) Conspicuos Consumption. Penguin Books: London.

Von Suntum, U. (2008) William Stanley Jevons. In: Kurz, H. (Hrsg.) Klassiker des ökonomischen Denkens, Band 1, C.H.Beck: München, S. 267-286.

Wagenknecht, S. (2015) »Die wirklich teuren Flüchtlinge sind die Steuerflüchtlinge«. Online: https://www.sahra-wagenknecht.de/de/article/2192.die-wirklich-teuren-fl%C3%BCchtlinge-sind-die-steuerfl%C3%BCchtlinge.html , abgerufen am 9.10.2018.

Walras, L. (2014) Elements of Theoretical Economics. Cambridge University Press: Cambridge.

Weber, M. (1972) Vorbemerkung zu den gesammelten Aufsätzen zur Religionssoziologie. Mohr Siebeck: Tübingen.

Weber, M. (1988) Die Objektivität sozialwissenschaftlicher und sozialpolitischer Erkenntnis. In: Weber, M. (1988) Gesammelte Aufsätze zur Wissenschaftslehre. Mohr Siebeck: Tübingen, S. 146-216.

Wehler, H.U. (1969): Die weltwirtschaftlichen Wachstumsstörungen von 1873-1896. Online: http://jgsaufgab.de/intranet2/geschichte/geschichte/quellen/gr_25FCnderjahre-krise-wehler.htm, abgerufen am 11.9.2024

Winch, D. (1985) The Burke-Smith Problem and Late Eighteenth-Century Political and Economic Thought. In: The Historical Journal Vol. 28, No. 1 (Mar., 1985), pp. 231-247

Winkel, H. (2012) Gustav von Schmoller. In: Starbatty, J. (Hrsg.) Klassiker des ökonomischen Denkens. Nikol Verlag: Hamburg, S. 97-118.

Whitaker, J. (1987) Marshall, Alfred. Online: https://carleton.ca/keirarmstrong/learning-resources/selected-biographies/marshall-alfred-1842-1924/, angerufen am 20.9.2022.

Whitmore, G. (2015) Poll Tax Riots Revisted. Online: https://www.theguardian.com/gnm-archive/gallery/2015/mar/28/poll-tax-riots-revisited-in-pictures, abgerufen am 4.1.2022.

Wohltmann, H. (o.J.) Saysches Theorem. Online: https://wirtschaftslexikon.gabler.de/definition/saysches-theorem-43121, abgerufen am 19.9.2022.

Woll, A. (2018) Pigou. Online: https://wirtschaftslexikon.gabler.de/definition/pigou-45215/version-268512, abgerufen am 11.10.2022.

Nachweis der Bildquellen

Dar. 1: Dcoetzee unter https://commons.wikimedia.org/wiki/File:Thomas_Hobbes_by_John_Michael_Wright_(2).jpg
Dar. 2: Adam Aboudou unter https://commons.wikimedia.org/wiki/File:John_Locke.jpg
Dar. 3: Protonk unter https://commons.wikimedia.org/wiki/File:AdamSmith.jpg
Dar. 4: Scewing unter https://commons.wikimedia.org/wiki/File:Thomas_Robert_Malthus_Wellcome_L0069037_-crop.jpg. CC-BY-4.0, https://wellcomecollection.org/works/f4ep87xc CC-BY-4.0.
Dar. 5: P. S. Burton unter https://commons.wikimedia.org/wiki/File:Portrait_of_David_Ricardo_by_Thomas_Phillips.jpg.
Dar. 6: Scewing unter https://commons.wikimedia.org/wiki/File:John_Stuart_Mill_by_London_Stereoscopic_Company,_c1870.jpg
Dar. 7: Flominator unter https://commons.wikimedia.org/wiki/File:Walrass.jpg
Dar. 8: Miracle Pen unter https://commons.wikimedia.org/wiki/File:Jevons.jpeg
Dar. 9: Sebastian Wallroth unter https://commons.wikimedia.org/wiki/File:Carl_Menger.jpg
Dar. 10: Jerry1250 unter https://commons.wikimedia.org/wiki/File:Alfred_Marshall.jpg
Dar. 11: Gridge unter https://commons.wikimedia.org/wiki/File:Ludwig_von_Mises.jpg. CC BY-SA 3.0, https://creativecommons.org/licenses/by-sa/3.0/deed.en
Dar. 12: Opencooper unter https://commons.wikimedia.org/wiki/File:Friedrich_Hayek_portrait.jpg. CC BY-SA 3.0, https://creativecommons.org/licenses/by-sa/3.0/deed.en
Dar. 13: InverseHypercube unter https://commons.wikimedia.org/wiki/File:Portrait_of_Milton_Friedman.jpg, CC0-1.0, https://creativecommons.org/publicdomain/zero/1.0/deed.en
Dar. 14: Holly Cheng unter https://commons.wikimedia.org/wiki/File:Walter_Eucken2.jpg. CC BY-SA 3.0, https://creativecommons.org/licenses/by-sa/3.0/deed.en